La audacia de ser Reina

❧

El arte de soñar a lo grande y
de manifestar tu vida más fabulosa
sin remordimientos

Gina DeVee

La audacia
de ser Reina

El arte de soñar a lo grande y
de manifestar tu vida más fabulosa
sin remordimientos

EDICIONES OBELISCO

Si este libro le ha interesado y desea que le mantengamos informado
de nuestras publicaciones, escríbanos indicándonos qué temas son de su interés
(Astrología, Autoayuda, Psicología, Artes Marciales, Naturismo,
Espiritualidad, Tradición…) y gustosamente le complaceremos.

Puede consultar nuestro catálogo en www.edicionesobelisco.com

Colección Psicología-Autoayuda
LA AUDACIA DE SER REINA
Gina DeVee

1.ª edición: marzo de 2024

Título original: *The Audacity to be Queen*

Traducción: Raquel Mosquera
Corrección: *Elena Morilla*
Diseño de cubierta: *Enrique Iborra*

La información sobre las tendencias mundiales de la riqueza de las mujeres
procede de las dos fuentes siguientes:
The Economist Intelligence Unit: «The new face of wealth and legacy: How women are redefining wealth,
giving and legacy planning», sitio web del Royal Bank of Canada, 2018,
www.rbcwealthmanagement.com/us/en/research-insights/the-new-face-of-wealth-and-legacy-
how-women-are-redefining-wealth-giving-and-legacy-planning/detail

Carter, Shawn M.: «More women are the breadwinner at home, but most still say
men treat them differently at work», sitio web de CNBC, 23 de marzo de 2018,
www.cnbc.com/2018/03/23/more-women-are-breadwinners-
but-are-still-treated-differently-at-work.html

Edita: Ediciones Obelisco, S. L.
Collita, 23-25. Pol. Ind. Molí de la Bastida
08191 Rubí - Barcelona - España
Tel. 93 309 85 25 - Fax 93 309 85 23
E-mail: info@edicionesobelisco.com

ISBN: 978-84-1172-114-1
DL B 2696-2024

Printed in Spain

Impreso en España en los talleres gráficos de Romanyà/Valls S. A.
Verdaguer, 1 - 08786 Capellades (Barcelona)

Para mi marido Rey, el doctor Glenn A. Sisk,
cuya masculinidad empoderada y amor incondicional
me allanaron el camino para ser Reina.

Introducción

En cada mujer vive una Reina. Es inteligente, femenina, poderosa, espiritual, generosa, visible, próspera y suele tener un gran sentido del humor. A pesar de tener, disfrutar y requerir una gran riqueza material, no se doblega ante ella, ni se impone a los demás. Al contrario, vive una vida digna de su vocación.

Ser Reina consiste en convertirte en la mejor versión de ti misma. Una Reina nunca niega su capacidad ni su valía; tiene confianza en sí misma. No se conforma con migajas ni con lo mínimo. Toma decisiones excelentes con rapidez y facilidad. Sus límites están intactos y tiene muy en cuenta los de los demás. No pide permiso, se lo concede a sí misma con creces y, lo que es más importante, en el centro de la vida de una Reina está su conexión espiritual. El verdadero poder de una Reina procede de su fuente divina. Por eso nunca deja de dar prioridad a su tiempo con el espíritu y consigo misma.

Lamentablemente, la mayoría de las mujeres nos hemos familiarizado demasiado con ponernos en último lugar, lo que nos lleva a vivir a medias en lugar de desarrollar nuestro glorioso potencial. Se espera de nosotras que desempeñemos el papel de empleada, esposa, madre, hija y jefa perfectas, y todo ello con un aspecto impecable. ¿De dónde vamos a sacar tiempo para hacer lo que queremos cuando estamos constantemente atendiendo las necesidades de todos los que nos rodean? Nuestro verdadero potencial no tiene la oportunidad de manifestarse cuando las interminables cantidades de trabajo, las pésimas cuentas bancarias, las expectativas de los demás, el estrés aplastante y nuestras propias creencias limitadas de lo que merecemos nos tienen atrapadas en la camisa de fuerza de la vida. Si a esto le añadimos unos cuantos golpes a nuestra confianza en el camino, es tentador creer que nos vamos a quedar exactamente donde estamos; *para siempre*.

Lo que ha ocurrido es que a las mujeres se nos ha enseñado a luchar por el éxito a la manera masculina, siendo responsables en exceso y lamentablemente razonables, trabajando todo el tiempo, pensando que los grandes resultados sólo se obtienen haciendo en lugar de siendo, y mirando más a las hojas de cálculo que a nuestros corazones. En el proceso, hemos renunciado demasiado a nosotras mismas y a nuestros instintos femeninos naturales, de modo que acabamos por no experimentar nunca el verdadero éxito, incluida la calidad de vida que anhelamos. El resultado es que todas sufrimos. Lo he visto en mí misma, en mis amigas y en mis clientas. Si no somos conscientes, podemos estancarnos en un enfoque de la vida que nos absorbe el alma: trabajando a toda prisa de nueve a cinco (ya sea en un cubículo o en una oficina), preguntándonos por qué no tenemos amigos más interesantes y comprensivos, sintiéndonos agobiadas económicamente, viviendo en el mismo apartamento del que nos hemos quejado durante años o sin encontrar tiempo o dinero por octavo año consecutivo para tachar San Bartolomé de nuestra lista de deseos.

Hablando de patrones crónicos, al principio de mi viaje noté que mis amigas que se encontraban de forma consciente en su energía femenina (mujeres que priorizaban su conexión espiritual, vivían para los círculos de Luna nueva y vestían atuendos fluidos con alas) siempre estaban arruinadas. Al mismo tiempo, me dolía ver cómo mis amigas, inteligentes y con éxito económico, se destrozaban las glándulas suprarrenales trabajando doce horas al día, siguiendo las reglas del club masculino para demostrar su valía y, de forma inevitable, siendo percibidas por el mundo como solitarias, duras o incluso «imposibles como cita». Yo no quería formar parte de ninguno de los dos bandos, así que mi pregunta interna se convirtió en: ¿cómo puede una mujer ser femenina mientras es amada y disfruta de la vida, *y* masculina mientras crea riqueza y consigue resultados asombrosos en su carrera?

Por suerte, la solución es sencilla y sexi: despierta a la Reina que llevas dentro. La condición de Reina es un enfoque empoderado de la vida que es una mezcla magistral de masculinidad y feminidad. Ha llegado el momento de que las mujeres dejemos de quitarnos poder comportándonos de forma inconsciente como la Esclava del dinero, la Mártir, la Arpía o la Princesa. Éstos son sólo algunos de los arquetipos que roban la corona y que conocerás a lo largo de este libro. Esos personajes no nos conducen a una vida plena. Afortunadamente, cuando se le da permiso, la Reina interior es más que capaz de reclamar su trono.

El conocimiento de que tenía la capacidad de ser Reina en mi vida apareció por primera vez a mis veintitantos años, cuando leí la historia real de la Reina Ester de Persia (capítulo 4) y por fin comprendí lo que significaba ser Reina para las mujeres de hoy en día. Antes de ese momento, había leído las historias bíblicas como si sólo tratasen de otras personas: héroes grandiosos y excepcionales con poderes milagrosos, como dividir el mar Rojo y sobrevivir a ser engullidos por ballenas. Nunca había visto historias como la de Ester como propias.

Afortunadamente, ese año mi comprensión espiritual había crecido. Marianne Williamson, la renombrada maestra espiritual y autora de superventas, se había trasladado recientemente a mi ciudad. Gracias a sus conferencias, empecé a ver estas historias de forma simbólica, metafísica y arquetípica, y descubrí cómo aplicar su sabiduría a mi propia vida. A través de este nuevo prisma, recogí algunas enseñanzas excepcionales que cambiaron mi vida de inmediato.

Me obsesioné con estudiar todo lo relacionado con la Reina, devoré todos los textos relevantes sobre psicología y mitología y me apunté a todos los seminarios espirituales en un radio de ciento cincuenta kilómetros. Más esclarecedor que cualquier enseñanza fue el proceso de poner en práctica todas estas lecciones. Cuanto más profundizaba en mi feminidad (primero tuve que desaprender y volver a aprender lo que creía que era) e integraba la espiritualidad en todos los aspectos de mi vida, más experimentaba una transformación duradera en todas las áreas.

Empecé a darme cuenta de que mis deseos son reales y merecen manifestarse. Mientras que antes los juzgaba como egoístas o equivocados, o sólo les permitía aflorar en pequeñas dosis si me sobraba tiempo o dinero, ahora sabía que formaban parte de mí y que estaban aquí para guiarme a cumplir mi propósito.

Empecé a confiar en mis deseos y a decirles que sí cada vez más. Dije sí a que mis dones y talentos se utilizaran para influir de forma positiva en la vida de los demás. Dije sí a ser visible como líder del sector. Dije sí a casarme con mi alma gemela. También dije sí a contratar a una asistenta por primera vez en mi vida adulta. Empecé a decir sí a hablar sobre escenarios y más tarde dije sí a mudarme a la casa de mis sueños en Malibú. Y casi milagrosamente, tras tomar la decisión y emprender las acciones adecuadas, aparecieron recursos y oportunidades, y este elevado nivel de carrera, amor y estilo de vida se convirtió en mi nueva normalidad. También dije sí a los viajes privados, aunque desgraciadamente eso todavía no ha ocurrido (#objetivosdetransporte).

Cuando luchaba como mentora de vida, desesperada por encontrar a mi próximo cliente, estaba negando mis deseos. No estaba prosperando, ni estaba contribuyendo a la vida de los demás al nivel de mi potencial. Reclamar mi poder real y mi condición de Reina ha cambiado todo eso para mí. Convirtió mi empresa emergente en lo que ahora es Divine Living, una compañía global multimillonaria dedicada a proporcionar empoderamiento femenino, desarrollo personal y formación empresarial para que las mujeres y sus familias puedan vivir en abundancia financiera, emocional, espiritual y de estilo de vida. Me ha permitido retribuir y contribuir a causas que me importan, así como cumplir mi sueño de viajar y trabajar en todo el mundo. Todo esto ha servido de modelo a las mujeres de mis programas, que comparten estas aspiraciones, de lo que es posible para ellas.

Aunque está destinado a todas las mujeres, no todas ven posible ser Reinas. A lo largo de los años, he oído de todo: «¿Quién te crees que eres?». A algunas les provocan mis elecciones personales: «¿Cómo puedes viajar por el mundo y trabajar desde cualquier sitio?», «¿Cómo puedes cobrar tanto?», «¿Cómo puedes tomarte tiempo libre y comprar así? Estás malgastando tu dinero. Tienes que ahorrar para una casa. ¿No te preocupa tu pensión de jubilación? ¿No deberías donar más a obras de caridad?».

En mi empeño por estudiar lo que significa para todas nosotras ser Reina, me di cuenta de que estas mujeres no estaban haciendo las preguntas adecuadas. Sólo estaban juzgando mi audacia para ser la Reina de mi vida.

Entiendo por qué. Demasiadas mujeres han sido avergonzadas por el mero hecho de admitir que saben que están destinadas a algo más y que quieren lo mejor para ellas y sus familias. Se nos ha dicho que nuestro aprecio por una vida más plena nos convierte en superficiales, egoístas o irresponsables, y se nos ha aleccionado para que aplastemos nuestros sueños, trabajemos en empleos que no disfrutamos, permanezcamos en matrimonios sin amor y ahorremos el dinero de nuestro café con leche.

La verdad es que la mayoría de las personas con iniciativa tienen deseos de alta vibración, y por una razón. Lo que los críticos no suelen entender es que, aunque la condición de Reina incluye un estilo de vida sin duda fabuloso, en última instancia se trata de que una mujer haga su contribución al mundo al más alto nivel.

Si hubiera seguido haciendo sólo lo que la gente consideraba aceptable y sensato, mi vida épica, la que me hace levantarme la mayoría de las mañanas encantada de estar viviendo mi verdadero propósito, nunca habría ocurrido. Tuve que dejar de dar poder a los juicios de los demás y centrarme más en mis contribuciones y mi conexión espiritual. A través de la oración, la meditación, la lectura, el diario y el trabajo con mentores, me abrí a lo que *yo deseaba*. Dejé de pedir permiso y empecé a dármelo a mí misma. Fue liberador y funcionó. Me convertí en la Reina de mi vida.

Por qué escribí este libro

Tanto mis amigas como mi familia, mis seguidoras en las redes sociales y mis clientas me preguntan constantemente: ¿qué significa ser Reina? ¿Cómo puedo ser más femenina? ¿Cómo gestionaría una Reina esta situación? ¿Cómo puedo comunicarme con mi ser querido para que se me escuche? ¿Cómo sé que es mi intuición de Reina la que habla? ¿Cuándo debo establecer límites poderosos?

Yo me hacía estas mismas preguntas y, tras casi dos décadas de búsqueda interior, estudio de innumerables recursos externos, trabajo con miles de mujeres y puesta en práctica de lo aprendido, tengo el gran honor de reunir este compendio de sabiduría de Reina que ha obrado milagros para mí y para mi comunidad, así como para mujeres de todo el mundo.

El camino real no es un camino ordinario, y eso es música para nuestros oídos. Porque no somos corrientes. Es nuestro gran privilegio en este momento del planeta ser la generación de mujeres que han sido llamadas a ser Reinas. Esta forma de vida no es para los débiles de corazón. Sin embargo, ya ha pasado el momento de pensar que otra persona está destinada a ganar dinero, hablar, salir en televisión, ser dueña de una empresa o liderar la nación. El tiempo apremia, pues la era de la Reina es *ahora*.

Al convertirnos en Reinas, nos relegamos a un primer plano: financiero, romántico, físico, político y social. Este nuevo enfoque empoderado y femenino de la vida nos llevará a saber que podemos ser guiadas de forma espiritual, crear nuestro legado y tener un estilo de vida divino. Al prestar atención a nuestros deseos, aprovecharemos nuestros talentos naturales y nuestra conexión con el universo. Usando nuestra intuición para trabajar de forma más inteligente (no más duro), manifestaremos el éxito que está destinado para nosotras a nivel individual y colectivo.

Convertirse en Reina es desarrollar la ferocidad para cambiar nuestra relación con lo que es posible, tener el poder de ver las cosas no como son, sino como podrían ser, y cultivar la audacia para decir no al *statu quo*. Es cambiar sin pedir disculpas hacia un pensamiento mucho más grande que nos guíe para irnos de aventura por la India, lanzar ese proyecto soñado, apuntarnos a una noche de micrófono abierto, presentarnos a unas elecciones, ser voluntarias por una causa significativa o, finalmente, reactivar ese perfil de citas en Internet. Entrar en esta mentalidad visionaria cambia de forma permanente nuestra visión de lo que significa nuestra vida, el mundo y el papel de la mujer en él. Cuando una mujer decide ser Reina, todo el mundo se beneficia.

Si te estás preguntando si tienes lo que hay que tener, te prometo que lo tienes. No existen las mujeres débiles. Si acabas de terminar la universidad y buscas algo más que un trabajo de nivel inicial, si eres empresaria y estás agotada porque tu sueño empresarial se ha convertido en una pesadilla, si tienes un trabajo de nueve a cinco pero fantaseas con ser tu propia jefa, si eres asistenta y estás dispuesta a hacer más, si trabajas en el mundo del espectáculo y anhelas tu gran oportunidad, si eres una madre que necesita algo más que discutir sobre quién es el mejor profesor particular de la ciudad, si acabas de enviar a tu hijo pequeño a la universidad y te niegas a pasarte el día viendo *Judge Judy* desde tu sillón, si estás arrasando en la empresa pero temes pasar la Nochevieja sola, o si te acabas de jubilar y no puedes soportar la idea de hacer aeróbic acuático, este libro es para ti.

Ser Reina es la oportunidad que tenemos las mujeres modernas de acoger lo que nos pertenece por derecho. Para aprovechar las infinitas posibilidades de las que disponemos, para ser dueñas del verdadero impacto del que somos capaces y para sentirnos completamente seguras de nosotras mismas reclamando nuestras vidas más fabulosas. Una vez que accedes a la Reina que llevas dentro, todo se abre en tu vida.

¿Buscas claridad sobre el propósito de tu vida? Sí. ¿Confianza? Sí. ¿Capacidad para crear riqueza sin agotarte? Sí. ¿Autoestima para permitir un romance profundo y comprometido? Sí. ¿Intuición fiable? ¿Guía divina al alcance de tu mano? ¿Una carrera basada en la pasión? ¿Una vida llena de placer? ¡Sí, sí, sí y *sí*! La feminidad nunca tuvo tan buen aspecto.

Cuando hayas terminado de leer este libro, todos tus miedos y excusas se habrán desvanecido. En su lugar, encontrarás a alguien a quien besar la noche de fin de año, confianza en que tienes lo que hay que tener, seguridad en tu conexión espiritual y la posibilidad de tachar San Bartolomé de tu lista de deseos. No importa si acabas de empezar en la vida o sientes que ya has vivido nueve de ellas. Eres mucho más poderosa de lo que crees.

PARTE I

Tu vida épica te está esperando

1

Reina por designio

Al crecer en los suburbios de Detroit, no conocía a ninguna celebridad y, posiblemente como tú, sabía que quería ser una. Al igual que muchas niñas entusiastas por naturaleza, nunca evité ser el centro de atención. Bailaba en recitales de *ballet,* actuaba en todas las obras del colegio y tenía un talento increíble con los patines. Incluso gané el primer premio por mi número de *La dama y el vagabundo.*

Además de mi deseo de entretener a los demás, una cosa que me importaba mucho era ayudar a la gente. Recuerdo que, en primer curso, mi profesora, la señorita Schmidt, hizo que nuestra clase creara un libro recopilatorio en papel casi tan alto como nosotros, que teníamos siete años, ensartado con hilo. Se titulaba *Cuando sea mayor...* Todos dibujamos con lápices de colores cómo serían nuestras mejores vidas en el futuro. Había bomberos, bailarinas, policías, enfermeras y astronautas. Mi contribución decía: «Quiero ser consejera para ayudar a la gente».

Me entusiasmaba la idea de una vida glamurosa y llena de sentido. Mi madre y mi padre alentaron mis instintos naturales, inculcándome que el cielo es el límite (o eso parecía) y que todo es posible. Sin embargo, también recibí mensajes contradictorios de la sociedad y la cultura que decían: «Sé feliz con lo que tienes. Tienes que trabajar mucho para ganar dinero. Tienes que ser responsable y pragmática para que un día puedas casarte y tener hijos».

Mis padres eran maestros de escuela y, como la mayoría de madres y padres, querían lo mejor para sus hijos. En casa, después del colegio, mis días transcurrían jugando a pillar con los niños del vecindario, terminando los deberes justo a tiempo para ver *La casa de la pradera* y practicando el Canon de Pachelbel para mi próxima lección.

Mis padres se esforzaron y gastaron hasta el último céntimo para que mi hermano y yo tuviéramos un hogar en un distrito con magníficos colegios públicos, muchas actividades extraescolares y divertidas aventuras de verano, como acampadas y, más tarde, el Campamento Nacional de Música de Interlochen. Hicieron todas las «cosas correctas» que deben hacer los padres. Me inculcaron: «Sé amable con los demás», «Ve a la universidad y consigue un trabajo», y «Devuelve siempre a tiempo los libros de la biblioteca». Estaba agradecida, pero, en secreto, me estaba preparando para algo mucho más grande que una vida en Troy, Michigan. Sin embargo, en aquel momento no me di cuenta; mirando hacia atrás, puedo ver que, desde el principio, este mundo no está preparado para que las mujeres como nosotras expresemos *todo* nuestro ser. Está preparado para que o seas famosa *o* ayudes a los demás. Puedes ganar dinero para disfrutar de un estilo de vida lujoso *o* puedes marcar la diferencia.

Esta situación de o lo uno o lo otro iba en contra de lo que toda niña antes de los siete años sabe que es su verdad más profunda: que un día será Reina y, como tal, llevará una vida épica. Supongo que, al igual que tú, yo había imaginado desempeñar un papel estelar en el escenario de la vida. Según mi gran imaginación, estaba destinada a una carrera que influyera en el mundo, un amor romántico legendario y un estilo de vida en la alta sociedad que me llevaría mucho más allá de mi educación sensata y conservadora en el medio oeste.

No me malinterpretes, apreciaba mi agradable vida en el centro de Estados Unidos, pero algunas de las limitaciones y mentalidades que conocía no eran para mí, como comprar únicamente productos de rebajas, no poder ir a la universidad dentro del estado y la idea de que unas vacaciones de lujo significaban conducir por la autopista durante dos jornadas de doce horas para llegar a Florida. Hice las tres cosas a regañadientes. Seguí todas las normas y saqué notas (suficientemente) buenas, que supuestamente serían mi pasaje hacia el éxito. Imagina mi desesperación cuando sólo me llevó hasta la Universidad de Western Michigan y una dirección postal en Kalamazoo.

«¡Ésta no soy yo!», gritaba mi alma en señal de protesta. Vivir en lo que para mí era la capital de la mediocridad, y licenciarme en Comunicación porque eso era lo que los adultos de mi vida me decían que «debía hacer», me hizo llorar durante tres años enteros. «¡Ésta no puede ser mi verdadera vida! Me veo con una profesión significativa influyendo de forma positiva en la vida de los demás, además de asistir a galas en Nueva York y óperas en Viena, vistiendo de Versace y Valentino. En lugar de eso, voy vestida con ropa para la nieve, subiendo cuesta arriba con mi enorme mochila, perdiendo el tiempo en aburridas clases de educación general, como economía y astronomía, y, en general, ¡odiando la vida!».

En mi tercer extenuante invierno en Kalamazoo, ya estaba harta de la ciudad que se rumoreaba había visto por última vez a Elvis. Ya no podía ignorar las señales de alarma que me indicaban que me había desviado por completo de la vida épica que había imaginado para mí. No sabía qué hacer ni quién podría salvarme de no tener mejores opciones que ir a fiestas *grunge* en sótanos en los que atronaba machaconamente la música de Kurt Cobain. Justo cuando estaba alcanzando la mayoría de edad y me sentía entusiasmada por dar el paso hacia mi estilo glamuroso de joven adulta, me di cuenta de que estábamos a principios de los noventa, una época en la que era ilegal parecer que te habías duchado o cepillado el pelo en las últimas tres semanas.

Necesitaba una victoria, así que recurrí a la relación en la que siempre había confiado durante una crisis existencial como ésta. «Querido Dios, ayúdame, por favor», recé. «Muéstrame el camino hacia una vida magnífica y llena de sentido. Te pido un milagro. Sé que me has creado para algo más que esto».

«Pedid y se os dará…»; unas semanas después de elevar mi súplica a los cielos, una amiga mía de la infancia de Interlochen «casualmente» me llamó para ponerse al día. Abigail me contó lo mucho que estaba disfrutando de la vida universitaria en la Universidad Americana de Washington D. C., haciendo nuevos amigos, yendo a fiestas divertidas, conociendo a gente interesante de todo el mundo, disfrutando de pícnics en el National Mall y pasándoselo en grande.

Cuando le hablé de mi mala experiencia universitaria, me animó a unirme a ella en lo que parecía el centro del universo. Profundizando, aprovechando esos sueños de grandeza de niña pequeña, pensando en grande por mí misma, decidí creer que una vida universitaria mejor era posible y actué de inmediato ante lo que claramente era la respuesta a mis plegarias presentando numerosas solicitudes de prácticas de verano.

Me ofrecieron un puesto en una organización sin ánimo de lucro, el Centro Nacional para las Víctimas del Crimen. Estaba encantada de poder prestar mis servicios en la capital de nuestra nación, que estaba llena de gente que se proponía grandes cosas y estaba en lo más alto de su carrera. Por primera vez, sentí que mi contribución podría tener un propósito y un significado que afectaría a la gente a gran escala. *¡Por fin!* No sólo me levantaba con entusiasmo cada mañana para ir a trabajar, sino que no paraba de conocer a nuevos y fabulosos amigos. Mi vida social prosperaba, todas las noches en Georgetown, los fines de semana en las playas del océano Atlántico y entre semana en las campañas de recaudación de fondos, donde me relacionaba con otras personas inteligentes que trabajaban en el Capitolio o para comités de acción política y grupos de reflexión.

Me encantaba mi nueva vida, y de ninguna manera iba a abandonarla sólo porque se acabara el verano. En otoño de mi último año, había conseguido unas prestigiosas prácticas dando conferencias públicas en el Tribunal Supremo de Estados Unidos, y en mi segundo semestre conseguí el santo grial de las prácticas: trabajar para el jefe de gabinete en la oficina de la primera dama en la Casa Blanca.

¡Mi idea de vida épica acababa de llevarse el premio gordo! Reina por designio, ¡aquí estoy! Nunca me cansé de entrar a diario en el codiciado Edificio de Oficinas Ejecutivas Eisenhower, adyacente al ala oeste. Las mujeres del despacho de Hillary Clinton eran *increíbles*. Muy poderosas, inteligentes, decididas, generosas y divertidas. Estaban plenamente comprometidas con hacer del mundo un lugar mejor, y al mismo tiempo se trataban entre ellas y a todos los presentes en la oficina, incluida yo, con el máximo respeto. Me dejaban asomarme a las cenas de Estado, asistir a los despegues de helicópteros, incluso participar en algunas reuniones no clasificadas sólo para que pudiera observar y aprender. ¡Era glorioso! Esas fueron mis primeras Reinas modelo, directas y cercanas, que, para mí, vivían la vida épica.

Entonces llegó el momento de graduarse. Al recibir mi diploma, acepté un puesto remunerado en una empresa privada propiedad de un infiltrado político, que pronto descubrí que no vivía según la ética que habían modelado mis anteriores supervisores, así que, al cabo de unos meses, dimití. Había sido testigo de los bajos fondos de lo que puede ocurrir en el ámbito político, mientras trabajaba para aquel ególatra que acabó envuelto en un escándalo internacional. Aunque desconocía por completo sus manejos, a los veintiún años descubrí lo que significaba la «culpabilidad por asociación», que por definición me había *exiliado* de la vida tal y como la conocía (hablaremos más de lo que significa ser exiliada en el capítulo 4).

Al no ver otras opciones, en medio de la niebla y la bruma me mudé a Detroit, donde ahora estaba rodeada de veinteañeros que pensaban que ir a fiestas *rave* en almacenes abandonados era guay. Menuda caída en desgracia. Sentí que mi vida profesional había terminado antes de que apenas hubiera empezado. Me sumí en una depresión.

Cumplir las normas

Sin tener mi identidad directamente vinculada a puestos de prestigio en las instituciones más influyentes del mundo, estaba perdida. Pero ¿admitirlo públicamente? No podía aceptarlo. Lo que sí podía soportar era matricularme en un posgrado para que mi vida volviera a parecer impresionante. Había estado yendo a terapia tres veces por semana para «encontrarme a mí misma» y, tras un año de exploración interior que habría impresionado incluso a Freud, descubrí un programa de máster en psicología clínica y humanista. En mi cabeza, esto sería una gran excusa para pasar un año de desarrollo personal socialmente aceptable.

Durante ese programa, hice algo más que encontrarme a mí misma: aprendí de primera mano sobre el potencial humano. Me demostré a mí misma que una mujer dispuesta a crecer podía crear cualquier cosa que deseara, lo que acabó siendo el tema de mi tesis de máster, *Vivir la vida sin límites*. Mi niña interior hacía piruetas de alegría en mi corazón.

La vida épica volvía a aparecer poco a poco con claridad. Al obtener mi título, me convertí en psicoterapeuta licenciada, y ahora me tocaba a mí facilitar este apasionante proceso de cambio y transformación para los demás. Me maravillaba la resiliencia del espíritu humano: mujeres que habían sobrevivido a abusos sexuales se recuperaban; matrimonios que sufrían infidelidades salían más fuertes que antes de que se produjera la traición; niños sacudidos por divorcios hacían las paces con una nueva definición de familia; adolescentes que estaban enfadados, angustiados e incluso con tendencias suicidas, encontraban la alegría interior y la confianza; adictos activos experimentaban despertares espirituales que los llevaban a la sobriedad. Todos éramos testigos de un milagro tras otro a medida que nos adentrábamos en los terrenos internos de lo psicológico y lo espiritual. Me sentía sumamente agradecida por haber sido conducida a transformar mi propia depresión, dolor y exilio profesional en una carrera profundamente significativa. Disfrutaba tanto que la pragmática mujer del medio oeste que llevaba dentro apenas podía creer que estuviera cobrando un sueldo fijo por hacer lo que amaba.

Para mi sorpresa, tras dos licenciaturas la leyenda de la seguridad financiera aún había demostrado ser cierta. Misteriosamente, después de haberlo hecho todo «bien», seguía encontrándome con una deuda de setenta y cinco mil dólares en préstamos estudiantiles, con las tarjetas de crédito al máximo y rogándole a mi agente bancario que no volviera a cobrarme la comisión por demora. Sí, me pagaban, pero no lo suficiente. A pesar de mis estudios superiores y mi experiencia en la Administración, no tenía ni idea de cómo ganar una cantidad decente de dinero, y mucho menos de cómo crear un impacto importante en el mundo y ser la persona de éxito que había soñado ser.

¿Cómo podía ser ésta mi «vida épica»? Una vez más, había seguido todas las reglas (excepto pagar mis facturas a tiempo). Lo había hecho todo bien. Fui a la universidad, conseguí los trabajos, obtuve los títulos y no salía de fiesta (¡qué aburrida, lo sé! Intenta ser yo a los veintiocho años). Estaba dispuesta a trabajar duro, a ayudar a los demás y a ser una buena persona. Sin embargo, avanzando con rapidez hacia los treinta años, me encontraba totalmente endeudada, sin poder, sintiéndome sola e invisible, trabajando setenta y cinco horas a la semana sin llegar a ninguna parte, incapaz de conseguir una cita por nada del mundo *y* (sí, la cosa es aún peor) viviendo en casa de mis padres en Michigan.

¿Te preguntas por qué la vida no es fabulosa?

Sé que no soy la única mujer en la historia del mundo cuya vida ha estado marcada por una época como ésta. Tal vez para ti una vida épica tenga un aspecto algo diferente, pero el dolor de sentirte estancada es siempre el mismo. Como mujeres, si no tomamos de forma consciente la decisión de ser la Reina de nuestra vida épica, solemos encontrarnos trabajando muy duro, como nos han dicho que hagamos, pero sintiéndonos tristes en secreto porque nada cambia, la verdad es que no.

¿Necesitas una prueba? Hagamos un rápido inventario. Desde el año pasado, ¿qué parte de tu vida es relativamente la misma? ¿Los michelines? ¿El saldo de la cuenta bancaria más bajo de lo que te gustaría? ¿Una vida sexual monótona (o falta de ella)? ¿El mismo círculo de amigos que sigue despotricando de jefes insoportables, quejándose de gastos inesperados e insistiendo de forma patética en que esta vez va a dejar a su mujer (aunque sabes que no es así)? ¿Frustraciones familiares que se repiten desde el paleolítico? ¿Tolerar el lugar donde vivimos en lugar de hacer lo necesario para mudarnos a una casa que nos inspire y amemos de verdad? ¿Una exigente carrera profesional que en realidad no avanza, dejándonos sumidas en la esperanza de que, si trabajamos lo suficiente, «algún día» llegaremos a lo más alto? Y luego está el armario que no se ha actualizado como es debido desde que Lincoln estaba en la Casa Blanca.

Tal vez, si tienes suerte, al menos un área de tu vida haya experimentado un cambio significativo a mejor. Sin embargo, como Reina, eso no te basta.

Si te estás preguntando: «¿Se supone que la vida tiene que ser así de lenta, así de dura, y así de pesada? ¿Dónde está el salto cuántico? ¿Todos los milagros acaban de desaparecer del escenario?». No, no es así. Sólo dejamos de creer en ellos (o nunca empezamos a hacerlo).

Estar sentada en la mesa de la cocina con el pijama de anoche, con el ordenador portátil a cuestas, agobiada por una cantidad interminable de trabajo día tras día, ¡no es como se supone que serán nuestras vidas para siempre! Si hasta ahora pensabas que el mayor logro que podías conseguir este año sería terminar la limpieza del armario que empezaste el verano pasado, tu vida épica empieza con una mentalidad de posibilidad y se parece más a lanzar tu negocio paralelo, curar un trastorno alimentario, conseguir el ascenso, presentarte a las elecciones, correr una maratón o tachar «safari africano» de tu lista de deseos. Aunque antes pensabas que tendrías suerte si lograbas tener dos citas decentes seguidas, tu vida épica viene acompañada de un romance legendario con tu alma gemela.

¿Cómo es posible que tantas mujeres inteligentes nos hayamos quedado estancadas conformándonos con menos de nuestra gloria plena? Dejamos que lo épico se apartara de nuestra mentalidad. Hemos aprendido a seguir el *statu quo*, a pagar y gestionar nuestras facturas por Internet, a leer a Jane Austen y a resaltar nuestros pómulos, pero no nos han enseñado a prosperar. Nos han programado para ser una «buena mujer», una «buena esposa», una «buena madre» y, por supuesto, una «gran trabajadora». Nos han enseñado a centrarnos en las tareas importantes de complacer a nuestro hombre, a nuestro jefe y al departamento de cuentas pendientes de Amex, además de mantener un techo sobre las cabezas de nuestros hijos, así que no hemos tenido tiempo ni neuronas para pensar en cómo responder a nuestra vocación principal. En serio, ¿cuándo fue la última vez que alguien te preguntó: «¿Qué quieres *tú*?».

Lo más probable es que las otras voces fuertes de la sociedad nos hayan dicho que lo que anhela nuestro espíritu es demasiado poco realista, caro e inasumible, así que para qué preguntar. Hacer que las voces de los demás sean más importantes que la nuestra genera dudas y autoabandono. Los primeros susurros de «no puedes», o «qué pensarán», o «eso no es posible», envían nuestros amados sueños directamente al cementerio. Es como si pensáramos que nuestra visión no puede funcionar, a menos que haya un panel de jueces celebrando nuestras ideas delante de un estadio de fanes enfervorizados.

Para colmo de males, el mundo considera irresponsable que una mujer asuma riesgos; que sea lo bastante rebelde, descarada, apasionada y valiente como para ir a por algo grande que la inspire, mientras que

Henry Ford se arruinó dos veces, Walt Disney casi hunde su estudio por sobrepasar el presupuesto de su primera película de animación y Steve Jobs fue despedido de su propia empresa por ser demasiado visionario y exigente. Está claro que no les preocupaba que las llamaran «zorras» y no dejaron que la cantinela de «eso no es posible» les impidiera vivir su propósito, ganar millones y cambiar el mundo.

Sin embargo, a las mujeres se nos castiga, se nos ridiculiza e incluso se nos crucifica en Internet cuando nos atrevemos a manifestar algo más, lo que atenúa nuestra naturaleza apasionada. El mero hecho de recibir la energía displicente de un «sí, claro, estaría bien» es como si las cataratas del Niágara se precipitaran sobre la frágil llama de nuestros sueños.

Sin pasión, no tenemos ninguna posibilidad. Ninguna mujer de éxito llegó a donde está hoy con facilidad. Entiendo si alguna vez has pensado: «Bueno, ella pudo hacerlo porque creció en una familia prominente, tiene mejores genes, mantiene conexiones de alto nivel o tuvo suerte». Te lo reconozco; algunas mujeres que ya han manifestado su vida épica y lo que tú también deseas pueden haber tenido mejores recursos para empezar. Sin embargo, te prometo lo siguiente: cada mujer tiene una historia, y ninguna es fácil. También te garantizo que muchas de las que ya han manifestado lo que tú deseas tuvieron circunstancias iguales o más difíciles que las tuyas. Aun así, decidieron no abandonarse a sí mismas y descubrieron cómo elevar el nivel de sus vidas, igual que tú puedes hacerlo y lo harás.

Puede que pienses que, aunque tu sueño sea posible, supondría tanto trabajo, tiempo y dinero que al final no merecería la pena. La gran noticia es que, a medida que entres en tu condición de Reina, te convertirás en tu mayor defensora número uno, de modo que nunca renunciarás a tus objetivos y, en cambio, te centrarás exclusivamente en manifestarlos. Bienvenida a tu poder femenino.

Hacer realidad tus deseos no tiene por qué ser doloroso, lento, abrumador ni agotador, y seamos realistas, aunque fuera todo lo anterior, y cumplieras tu propósito, ¿no merecería la pena? Veo a mujeres pasar por una tortura absoluta, experimentando el dolor más intenso que jamás hayan sentido, a muchas abriéndoles el cuerpo en canal, todo para traer con alegría y gozo una nueva vida al mundo. Y luego, apenas unos meses después, las oyes decir: «¡Hagámoslo otra vez!». Para algunas, una y otra vez, y *otra vez más*. Ninguna mujer me ha dicho nunca que la razón por la que no quería tener otro hijo fuera por lo que tuvo que pasar para dar a luz al anterior. Es probable que olviden por completo, o al menos pasen por alto, el proceso del parto, porque están entusiasmadas y concentradas en el objetivo de traer a su bebé al mundo.

Sin embargo, cuando se trata de nuestros sueños, de nuestra gran vida, de lo que también somos capaces de hacer, nos detenemos ante la mera idea de que pueda resultar difícil. ¿De verdad? ¿Acaso el peor resultado posible no es vivir y morir con el remordimiento de no haber hecho lo que viniste a hacer? ¿Mirar atrás y descubrir que te quedaste al margen y viste cómo otros vivían la vida para la que sabes que estabas destinada? ¿Haber soportado todo este dolor emocional de todos modos, y descubrir que dejaste que el miedo y la duda sobre ti misma arruinaran tu vida sin necesidad?

Bueno, gracias a Dios que se ha acabado para ti este estado de agobio, querida, sea lo que sea lo que te ha hecho permanecer en un segundo plano. Decirte a ti misma que no eres lo bastante buena, seguir las normas de otras personas y ver cómo otras mujeres reclaman lo que está destinado para ti, se acaba aquí.

La decisión de ser Reina

De vuelta a Detroit, mi *statu quo* no me hacía pensar que estaba en el lugar perfecto para dar rienda suelta a mi siguiente nivel de superestrella, especialmente aquella sombría noche de viernes de invierno. Tras llegar a casa y encontrarme con un hogar vacío después de otra jornada de doce horas viendo a clientes y haciendo un papeleo interminable, puse *Entertainment Tonight* (no me juzgues) y empecé a soñar con cómo sería mudarme a Los Ángeles, ¡la tierra del Sol y las estrellas! Veía los reportajes sobre Jennifer López (mi animal espiritual) y su nuevo disco, *y* su nueva película *y* su nuevo perfume; veía a Jennifer Aniston pasear por la alfombra roja con su guapísimo novio del momento, o me ponía al día con algún clip entre bastidores en el que Julia Roberts disfrutaba en la villa de Clooney en el lago de Como con el reparto de *Ocean's Eleven*. ¿Cómo lo hacían estas fabulosas mujeres? No seguían las normas; no eran «uno de los chicos»; no decían: «¿Quién soy yo para tener tanto éxito?». Y desde luego, no vivían con el miedo, la carencia y las limitaciones a las que yo había empezado a acostumbrarme.

Derrochando feminidad y fuerza, estas mujeres no atenuaban su luz fingiendo ser menos inteligentes, menos fuertes o menos dignas de ganar dinero para que quienes las rodeaban no se sintieran amenazados. Ellas lo hacían todo; ¿por qué yo no? Yo había logrado la parte de la carrera significativa, pero no el dinero para el estilo de vida lujoso. Estas mujeres me hicieron darme cuenta de que *quería ambas cosas*. Llegados a este punto, podría haber caído con facilidad en la trampa de la comparación, pensando que está bien que las estrellas de cine vivan así, pero no las personas que se dedican a profesiones de ayuda y sanación, pero en lugar de eso reivindiqué mi deseo y dejé que estas mujeres me mostraran lo que era posible. No quería ser invisible y hacer exclusivamente lo que la sociedad decía que «se suponía» que debía hacer. Quería vivir una vida épica en mis propios términos, y sin pedir disculpas. Quería ser femenina, poderosa, rica, generosa y estar conectada con los que mueven los hilos. ¿Me entiendes? Me apasionaba tanto tener un impacto positivo en los demás como viajar por el mundo, vivir en una casa de ensueño, pertenecer a una comunidad vibrante y donar a las causas que me importaban. Quería experimentarlo todo.

Disfrutando de las palomitas de microondas y de mi nueva conciencia deslumbrante, allí mismo, durante la pausa publicitaria, decidí que había llegado el momento de cambiar de carrera. Inspirándome en las enseñanzas del famoso mentor Tony Robbins, vi una visión más amplia para mi vida. Me mentalicé y declaré (que suenen las trompetas) ¡que me mudaría a Los Ángeles y me convertiría en mentora de vida! Se acabó lo de ser una psicoterapeuta con dificultades.

No fue ni mucho menos la decisión más fácil que había tomado nunca. Me encantaba lo que hacía, pero ya no podía soportar las limitaciones económicas ni las trabas de las compañías de seguros. También acababa de malgastar otros cien mil dólares en un año de estudios de Derecho (no preguntes) y ahora optaba por despedirme de mi costosa licencia de psicoterapeuta.

Dedicada a mi decisión, contraté a tantos clientes como pude y me compré los zapatos negros y resistentes al agua necesarios para mi trabajo nocturno a tiempo parcial como camarera en Morton's Steakhouse. Luego reuní todo el valor y el dinero que pude y, de algún modo, ahorré lo suficiente para mudarme de casa de mis padres, cruzar el país en avión y establecer mi nueva vida en un pequeño apartamento de Santa Mónica. Colgué mi placa, me autoproclamé mentora de vida *excepcional* y comenzó mi viaje de emprendimiento.

Tu vida épica te está esperando

Ahora te toca a ti. Una vida épica, ¿en serio? ¡Sí! Sé que mucha gente te dice que «seas feliz con lo que tienes», y también sé lo aburrido que suena eso. Tu vida es buena y estás agradecida. Sin embargo, anhelas más: claridad sobre el propósito de tu vida, tu propia y glamurosa carrera internacional que contribuya al bienestar de los demás, el tiempo extra para darte un baño de burbujas con aroma a lavanda y disfrutar del último número de *Vogue*, nuevos amigos inspiradores que te inviten a su segunda residencia en Tailandia y la energía para tener un orgasmo más de dos veces al mes. Y todo por una buena razón.

Tienes un papel impresionante, inspirador y significativo que desempeñar en este planeta y en esta vida. Tienes cosas más importantes que hacer que simplemente existir, intentando llevar al día tus facturas, las conversaciones domésticas, el programa de ejercicios y el número de veces que tienes que sacar a tu perro. Quizá nunca supiste que, como Reina, tu calendario podría brillar con proyectos placenteros y citas con personas encantadoras.

Apégate a este concepto de Reina y nunca más te verás obligada a ponerte una americana azul marino, una etiqueta con tu nombre o un delantal e ir a trabajar a tu monótono lugar de trabajo. Tampoco te resignarás a la aburrida relación que mantienes por el bien de los niños, ni te conformarás con vivir en el mismo código postal y no salir nunca de la ciudad porque tu familia es de allí. Sea cual sea tu versión de una «vida agradable», sé lo que chupa el alma cualquier forma de conformismo para las mujeres inteligentes, vibrantes, sexis y atrevidas como nosotras.

La forma en que estás programada

Aquí tienes la prueba. Todas las formas de vida están programadas de forma natural y espiritual para prosperar. Así funciona el universo. Existe una inteligencia interior que guía todas las semillas de potencial desde el reino invisible hasta que se manifiestan en forma física. Todos los grandes de la historia han conocido esta fuerza vital que vive dentro de cada uno de nosotros y han creado las obras maestras de su vida en colaboración con ella.

Aristóteles fue uno de los primeros en poner esta idea en palabras. *Entelequia* es el término que el antiguo filósofo griego utilizó para referirse a la guía superior integrada en cada célula viva que impulsa su desarrollo. Por ejemplo, la entelequia de un embrión es convertirse en un bebé, y la entelequia de una bellota es convertirse en un roble.

Cada ser humano también tiene su propia entelequia en sus células a nivel emocional, intelectual y creativo, que contiene el camino de su nivel más elevado de sabiduría, éxito, amor y contribución. Nuestra entelequia comprende por qué estamos aquí y en quién somos capaces de convertirnos. Sabe cómo hacer uso de nuestros dones y talentos más elevados y convertir nuestras visiones en nuestras realidades. Como ves, todos estamos literalmente programados para el éxito óptimo, incluida tú.

Mientras tanto, vivir desalineada o dudar de la grandeza de tu entelequia es donde se instalan la frustración, el estancamiento, la indecisión, el miedo y la resistencia. Es donde el dar vueltas a las cosas por la noche aparece para arruinarnos la vida una y otra vez.

Cuando eres consciente de tu entelequia y conectas con ella, te conectas con la guía divina. Es el espíritu que alimenta las obras maestras, que inspira las mayores contribuciones del mundo, desde la medicina a la tecnología, pasando por el arte y mucho más. Nuestra entelequia nos empuja a un crecimiento constante.

Por cierto, ésa es la razón por la que tú y yo siempre estamos deseando más, porque estamos literalmente programadas para crecer constantemente. ¿No es increíble cómo la sociedad nos ha hecho sentir mal a las mujeres por desear más, cuando es exactamente como la naturaleza nos creó para ser? No hay nada malo en ti. No estás loca. No eres una inepta.

Puede que estés siguiendo algunos consejos realmente malos de algunas personas con muy buenas intenciones. O quizá te has sentido tan abrumada que te has perdido en el modo «ocupada» de forma permanente. En cualquier caso, eso es sólo porque la condición de Reina y toda su gloria no ha sido modelada para ti, o al menos no al nivel que anhelas. Además, como hemos creído en las formas limitadas en que los conformistas del *statu quo* nos han instruido para comportarnos y pensar, entonces nos sentimos mal, culpables o incluso avergonzadas por desear aquello para lo que hemos sido concebidas por naturaleza.

Si te sientes insegura sobre cómo acceder exactamente a esta grandeza interior para poder marcar la diferencia en el mundo, experimentar la tranquilidad económica y vivir tu vida más plena, sigue leyendo. Estás exactamente donde necesitas estar.

Cómo vivir tu vida épica

¡Es hora de volver a soñar a lo grande! Y todo empieza con esos sueños que tenías de niña. ¿Cuáles eran? Para la mayoría de las mujeres que conozco, son los recuerdos a los que puedes recurrir y que dejan muchas pistas sobre por dónde empezar hoy. El primer paso consiste en explorar cuáles eran, y probablemente siguen siendo, tus deseos, ya sea a modo de pasatiempo o como propósito de vida en toda regla.

Soñar a lo grande es un estado mental, y este estado es la base necesaria para que vivas tu vida épica. ¿Qué te apasionaba cuando eras joven? ¿Qué te gustaba tanto hacer que el tiempo pasaba volando y no te cansabas de hacerlo? ¿Con quién estabas o no estabas cuando te sentías más feliz? Cuando empieces a recordar las personas y los lugares que han dejado huella y los momentos significativos que alimentaron tu alma, anótalos.

Ahora echa un vistazo a cómo pueden traducirse en tu vida adulta actual. Quizá te encantaba jugar a disfrazarte; eso podría ser una señal para enviar invitaciones y organizar una cena temática o decir por fin a tus padres que vas a dejar la carrera de Medicina y matricularte en Parsons para estudiar diseño de moda. O si eras más del tipo artístico y te encantaba dibujar, es probable que sea el momento de matricularte en una clase de pintura o, si quieres pensar aún más a lo grande, busca quién da clases de acuarela en el Arno, regálate esa experiencia toscana el próximo verano y crea los tesoros que las galerías venderán en tu nombre.

Una vez que tengas claros algunos de tus deseos, lo siguiente es creer que algo más no sólo es posible para ti, sino que está hecho para ti. Esto es más que un bonito pensamiento, una esperanza o un deseo. Es tener plena fe en que tu entelequia está concebida para ayudarte a hacer tu mayor contribución al mundo. Toda mujer debe cultivar una profunda creencia en su interior de que sus deseos importan y pueden manifestarse, para que pueda vivir su vocación.

Como Reinas, debemos convertirnos en nuestras propias defensoras número uno de nuestros sueños. ¿Por qué? Porque se trata de algo más que de ti. Con cada vida épica llega una «doble bendición». Cuando apareces con confianza, plenamente manifestada y ejemplificando lo que es posible, eso por definición te bendice a ti y a las vidas en las que influyes de forma positiva. Piensa en alguien que te inspire o a quien admires y que esté viviendo una vida épica. Sus vidas están llenas de abundancia y bendiciones, y como resultado de que hayan entrado en su grandeza, tú también has sido bendecida.

Por último, para que la vida épica pase de la fantasía a la realidad, no sólo hace falta valor para pensar a lo grande, sino audacia para actuar de inmediato. Cualquiera puede crear un tablero de Pinterest, pero es la Reina quien decide emprender una acción inspirada en la dirección de sus sueños. Esto puede ser algo tan pequeño como comprar una máquina de hacer helados para empezar a probar recetas, o tan grandioso como firmar el contrato de alquiler de tu flamante heladería. Si aún no sabes lo que deseas, no te preocupes; confía en que tienes una vocación, y recuerda que, si te comprometes a seguir los pasos de este libro, podrás descubrirla. Es la Reina interior quien tiene las respuestas sobre *cómo* es tu vida épica y cómo la podrás satisfacer. Y estás a punto de conocerla.

Tú también has sido concebida para la grandeza, querida. No lo dudes. Nadie es más importante, tiene más talento o es más capaz. La entelequia que llevas dentro lo demuestra. Nadie tiene un destino más grandioso que tú. Te lo prometo. Has sido concebida a la perfección y para un propósito extraordinario.

Se acabó tu vida ordinaria

Qué alivio reconectar con la verdad: ¡que puedes ser, hacer y experimentar la vida de las formas extraordinarias que siempre has sabido que son posibles! Es importante que alimentes, profundices y mantengas esta mentalidad estelar, ya que es tu base para todo lo que está por venir. Sé compasiva contigo misma hasta que pensar a lo grande se convierta en tu estado natural y modo por defecto.

Eres humana, querida, lo que significa que, mientras creas esta nueva forma de pensar, es normal que te tambalees preguntándote si tienes lo que hace falta, e incluso puede que caigas en picado emocionalmente de forma temporal, pensando que la tarea que tienes entre manos es demasiado difícil. La condición de Reina te proporcionará las habilidades que te han faltado en todos tus otros intentos de transformación.

Si la medicina de este capítulo empieza a perder efecto y olvidas que los milagros son posibles o empiezas a dudar de que estés destinada a vivir tu vida épica, relee este capítulo una y otra vez para asegurarte de que está profundamente arraigado en ti. Ten presente que vivir una vida de grandeza no consiste sólo en que experimentes la vida en su plenitud, sino también en que contribuyas y marques la diferencia en este mundo. Todo lo que construyamos juntas en este libro de aquí en adelante estará arraigado en la idea de que *todo es posible*, no sólo para los demás, sino también para ti.

Ya no necesitarás atenuar la luz de tu grandeza, equivocarte por querer más, sentirte insegura porque los demás piensen que tu idea es una locura, ni frenarte de ninguna manera para jugar a tope en esta preciosa vida que se te ha dado. Ponte el Versace en casa en pleno día, sube tus tarifas, valórate lo suficiente como para pedir un préstamo e invertir en tu negocio paralelo, pide el ascenso antes de sentirte cómoda al cien por cien, no contestes al teléfono cuando llame tu suegra tóxica, reserva el viaje para ver la laguna azul de Reikiavik, ten la conversación de la ruptura con cariño y sin pedir disculpas y, por supuesto, no dejes pasar otro año sin confirmar tu asistencia a la Bienal de Venecia. Has sido concebida para la vida épica; es hora de reclamarla.

Una oración para la vida épica

Querido Dios,

Por favor, ábreme para ver cuál es mi potencial. Ayúdame a decir sí a mi propósito mayor y a creer en él profundamente. Ánclame en mi vida épica para que pueda contribuir a mi más alto nivel. Por favor, emplea mi vida para ser una luz en este mundo. Amén.

2

La espiritualidad es tu superpoder

Hablando de la forma en que has sido concebida, ¡ha llegado el momento de conectar con tu Creador! Empezaré compartiendo mi relación con lo divino. Todos los domingos por la mañana, los domingos por la noche y los miércoles por la noche nos reuníamos en la iglesia evangélica del centro de la ciudad a la que mis padres nos llevaban a mí y a mi hermano; y no olvidemos las reuniones aleatorias del Espíritu Santo los viernes por la noche. Evidentemente, ya era una cristiana ejemplar de pequeña. A los cinco años podía recitar los nombres de todos los libros de la Biblia y a los doce ya tenía don de lenguas. La mayor «bendición» de ser criada en una iglesia cristiana fundamentalista es que desarrollas una relación muy estrecha e íntima con Dios desde el vientre materno. Así que decir que el Altísimo y yo hemos estado en línea directa desde que gateaba es quedarse corto.

A lo largo de este libro, me verás utilizar *Dios, espíritu, universo, fuente, inteligencia infinita* y *guía divina* indistintamente. No dudes en insertar las palabras que te parezcan más adecuadas. Aunque, con el tiempo, algunas de las normas más dogmáticas que aprendí en esta época de mi vida se han desvanecido, mi fe no lo ha hecho. Mi relación con el espíritu siempre ha sido mi base sólida, y me siento profundamente agradecida por ello. Dios siempre ha estado ahí para mí, tanto para manifestar mis mayores deseos como para sacarme de la cuneta.

¿Me he enfadado con el universo? Por supuesto que sí. ¿He estado tan deprimida que me he dado un atracón diario de Domino's pizza durante dos semanas seguidas en lugar de consultar a Dios? Por supuesto. ¿He perdido alguna vez la fe en que mi alma gemela existe y me he convencido temporalmente de que nunca encontraría a mi hombre? Triste, pero cierto. ¿He estado furiosa por el tráfico sexual de niños, la pobreza mundial y el plástico en nuestros océanos? Sí. ¿Y me he metido en medio del *ring* con el espíritu temiendo que el dinero no apareciera? Ejem, *tal vez*.

Con el tiempo, he personalizado y transformado mi relación con el universo, y hoy es amorosa, orientadora, benevolente, indulgente, incondicional y muy comunicativa por ambas partes. Mi Dios no está enfadado, ni es punitivo, ni está encasillado, ni carece de compasión. Tampoco está ausente, ni es difícil de encontrar, ni es emocionalmente inaccesible, ni distante.

Yo, en cambio, he sido *todo* eso; sobre todo cuando no cultivo mi conexión espiritual como el superpoder que es. Al final de cada uno de estos tristes y a veces patéticos escenarios, siempre he encontrado el camino de vuelta a la fuente y, afortunadamente, cada vez me han dado la bienvenida de inmediato y, como las mejores amigas, hemos retomado la conversación justo donde la dejamos.

Lo mismo puede ocurrirte a ti. Incluso si eres aprensiva y no estás segura de hasta qué punto quieres conocer o confiar en el universo, no pasa nada; es un proceso. Tanto si has experimentado atracones similares o batallas en el *ring* de boxeo, como si el ajetreo de tu vida ha relegado accidentalmente tu espiritualidad a un segundo plano, si llevas tanto tiempo haciendo las cosas a la perfección que tu vida de oración se ha estancado en un festival de aburrimiento, si has reservado a Dios sólo los domingos o si nunca le has dado una oportunidad a un poder superior, ésta es tu oportunidad de crear (o reforzar) la base espiritual que tu alma anhela.

Cada persona tiene su propia relación individual y única con la inteligencia infinita, y tú decides qué aspecto tiene esta conexión para ti. Querida, por favor, no pienses que la tuya tiene que ser como la mía o que está destinada a serlo. Como Reina, puedes diseñar (o profundizar) tu propia relación única y solidaria con el universo.

Tu base espiritual

En el núcleo de toda Reina está su relación profundamente desarrollada con la fuente. Es el regalo más hermoso que una mujer puede hacerse a sí misma. Como Reinas, es nuestra fuerza motriz, nuestro lugar más seguro, nuestros cimientos.

¿Buscas amor incondicional, seguridad verdadera, paz completa, confianza de jefa, pertenencia profunda, apoyo total, orientación clara y poderes curativos? Dios es tu hombre. Si te interesa eliminar la sensación de que no eres lo bastante buena o no vales, no busques más.

El universo no crea seres humanos de más. Eso significa que *todo el mundo* importa y que la vida de todo el mundo es valiosa; incluida la tuya. Con el espíritu de tu lado, ya no dudarás de tus capacidades ni de tu destino para vivir la vida épica. Estés donde estés en tu viaje, tu propósito único es una fuerza indestructible en tu interior. Aunque haya estado reprimida, atrapada en interminables listas de tareas y encerrada en el pensamiento mediocre y limitado del mundo, sólo necesita reconectarse con la naturaleza ilimitada del espíritu para prosperar.

Estar ocupado es *aburrido*. Las mujeres de hoy en día nos hemos acostumbrado con demasiada frecuencia a tolerar sin sentido jornadas sin pasión frente al ordenador, insípidas ensaladas de pollo bajas en calorías y agendas sobrecargadas. En consecuencia, perdemos la práctica de utilizar nuestros superpoderes espirituales para crear milagros en nuestra vida épica y volvemos a aferrarnos a las rancias normas y restricciones de la sociedad, creadas por el hombre. «Debes ahorrar para la jubilación» dicen. «Cásate». «Asegúrate una hipoteca». «Vete a dormir temprano los días de colegio». «Vigila el contorno de tu cintura». «Ve a la universidad y consigue un trabajo». «No toques tu plan de jubilación» (como si no fuera tuyo). Añade una valla blanca a tu jardín y un monovolumen que no se llame como lo que es (Sienna u Odyssey), y verás cómo en algún punto del camino hemos vuelto a caer en el pensamiento inconsciente del mundo, basado en la escasez, y lo hemos convertido en nuestro evangelio.

Dios no juega con las reglas de la sociedad ni con las de tu bisabuelo. ¿Te guió la inteligencia infinita para llenar tu cuenta de ahorros, o fue el consejo de tu asesor financiero? ¿Fuiste guiada espiritualmente para comprar la casa (aunque no te encantara del todo), o fue tu madre quien te dijo: «Eso es lo que hacen los adultos responsables»? ¿Estás convencida de que no puedes poner en marcha el negocio de tus sueños porque aún no sabes lo suficiente? Porque está claro que no fue el universo quien estableció la ridícula norma de que necesitas diez mil horas de experiencia o varios doctorados para ser de gran utilidad en este mundo.

Hay una diferencia significativa entre lo que los humanos creen que es posible y lo que Dios sabe que es posible. El espíritu opera a ciento ochenta grados de diferencia del pensamiento de los mortales. Qué alivio. En realidad, al universo no le importan la estrategia, las estadísticas, el sentido práctico y ni siquiera la probabilidad, porque su reino consiste en posibilidades ilimitadas y milagros cotidianos.

El espíritu procede del amor, y si no tenemos cuidado, los humanos podemos funcionar casi exclusivamente desde una mentalidad basada en el miedo. El espíritu cree en la abundancia ilimitada, mientras que la gente cree en la carencia. El camino del espíritu es la generosidad y el perdón, mientras que a los humanos se nos ha enseñado a asegurarnos de que recibimos lo que nos corresponde y a levantar muros de protección.

El universo nunca quiso que la vida estuviera llena de ansiedad. Puedes esperar que disminuyan las líneas de expresión y las arrugas cuando te guíes por la fuente, a diferencia de quienes viven según las leyes mortales. El espíritu se ríe con cariño de tus creencias equivocadas cuando te oye decir que te sientes segura con cierta cantidad de dinero en tu cuenta, como si tu saldo bancario fuera la fuente misma. Al convertir a otras personas y cosas en Dios nos perdemos la oportunidad de vivir la vida épica.

El espíritu es extraordinario

He aquí otra cosa que debes saber sobre el universo. Es *extraordinario*. Quiero decir de verdad, en plan Freddie Mercury. ¿Has visto una puesta de Sol últimamente? Es fascinante. ¿Has mirado a los ojos de tu perro? ¿Puedes siquiera empezar a contar todos los matices y colores diferentes? ¿Y qué me dices de los milagros médicos? El espíritu entra y hace que los tumores se desvanezcan en el aire al instante. ¡Hablando de superpoderes asombrosos! Nos toca ser extraordinarias, querida. Cuando tenemos la audacia de mostrarnos como Reinas, cuando recordamos que el espíritu vive en nuestro interior, nuestro potencial es legendario. Podemos vivir nuestras vidas con la audacia de los iconos en los que nos inspiramos. Las Malalas y las Lady Gagas, las Oprahs y las Ellens. Son las personas «normales» como tú y como yo, que decidieron utilizar la espiritualidad como su superpoder, ir a por su destino y creer en sí mismas sin importar lo que dijeran los demás.

Las leyendas ignoran todo susurro de «no puedes», «no lo harás» o «eso no es posible», porque están en contacto con su verdad que procede de la conexión espiritual de manera profunda. Desafían constantemente el *statu quo* y se esfuerzan por ser cualquier cosa *menos* normales u ordinarias. Ven lo que ocurre actualmente en la música, el arte, el entretenimiento, la tecnología, los negocios, la moda (y la lista continúa), y se preguntan: «¿Qué *otra cosa* es posible? ¿Cómo puedo hacerlo *de forma diferente*?». Para estas visionarias, líderes del sector e innovadoras, que han elegido vivir según leyes universales frente a las tradicionales, la posibilidad no tiene límites.

Lo creas o no, lo mismo te ocurre a ti. La gente, y muy probablemente aquellos que más desearías que te animaran, intentarán protestar por tus decisiones o te dirán que te equivocas. Es porque la mentalidad tradicional no suele comprender e incluso teme la vida fuera del *statu quo*.

Esto me ocurrió a mí varias veces en la vida, sobre todo cuando decidí cambiar de profesión, mudarme a California y convertirme en una *extraordinaria* mentora de vida. «¡Acabas de invertir todo este tiempo y dinero en obtener un máster en psicología clínica!», argumentaban con firmeza mis colegas y mi familia. No podían entender mi perspectiva de que la ruta convencional y segura sólo me brindaba la «oportunidad» de seguir siendo, a los treinta años, la compañera de piso de mis padres. En lugar de eso, insistieron: «¿De verdad vas a tirar por la borda tu licenciatura y dedicarte a esa profesión no reconocida?». ¿Acaso los ingresos predecibles que me permitían pagar a duras penas el mínimo de mis tarjetas de crédito eran algo a lo que venerar y a lo que aferrarse? No, *¡gracias!*

Hizo falta mucho valor (y terapia) para tener claro hacia dónde me estaba guiando espiritualmente. Esta nueva industria de la mentoría no sólo me capacitó para obtener resultados mucho mejores para mis clientes, sino que también me llevó por el camino de tener un impacto mucho mayor en el mundo. Además, saldar las deudas, salir de Detroit y de la habitación empapelada con flores en la que hacía los deberes del instituto tampoco estaba sobrevalorado.

Cuando seguimos la guía espiritual en lugar de las normas establecidas por otros *y* tenemos la audacia de ser Reinas, cualquier carrera y estilo de vida llenos de propósito que deseemos son posibles. Las opiniones de los demás no importan (tanto) y las excusas desaparecen cuando sustituimos la vida tal como la conocemos por el compromiso de utilizar la espiritualidad como nuestro superpoder. En ese espacio de «todo es posible», manifestamos la vida épica con gracia y rapidez.

El estilo de vida liberado

Jill y yo nos conocimos en un panel de entrevistas en una conferencia de mujeres. Jill, felizmente casada y madre de tres hijos, vivía entonces en Montana y tenía bastante éxito con su negocio de consultoría en línea. Jill hablaba de lo estupenda que era su vida, de lo que había estado haciendo en su empresa emergente, de lo mucho que le gustaba ser madre y equilibrar su carrera y su familia. Luego, cuando me tocó a mí, me entrevistaron sobre el impacto global y mi estilo de vida trabajando desde cualquier lugar, respondiendo a preguntas sobre cómo había pasado largos períodos de tiempo en el sur de Francia, Bali y Australia ese año mientras dirigía mi empresa.

Fue entonces cuando Jill intervino:

—Bueno, Gina, tú puedes hacerlo porque no tienes hijos.

Intuyendo que aquel comentario a la defensiva no era más que una llamada de auxilio, le contesté:

—Jill, puedo ver lo gran madre y empresaria que eres, lo mucho que das prioridad a tus hijos y cómo lo das todo por hacer lo mejor para tu familia. Si tú también deseas viajar, ¿qué te parece utilizar a tus hijos como motivo, y no como excusa?

Sus ojos se iluminaron al instante y se quedó sin habla. Se había acostumbrado tanto a seguir el *statu quo* que no se le había ocurrido cuestionar la sabiduría convencional sobre cómo formar una familia, aunque a menudo lo había hecho en muchos otros ámbitos de su vida.

Después de la entrevista, su espíritu volvió a despertar y me llamó para profundizar en la conversación. Analizamos qué más podía hacer como madre consciente, empresaria y esposa. Al principio, se levantó una resistencia del tamaño de la Gran Muralla China para defender su *statu quo*. En el fondo, Jill descubrió una creencia profundamente arraigada de que quedarse en casa en Montana, vivir esa vida buena pero poco gratificante (para ella) y estar siempre allí para recoger a los niños del fútbol y llevarles el trombón olvidado, era lo que se entendía por «ser una buena madre».

Examinando más de cerca sus finanzas y sus sueños, empezó a ver que lo único que realmente le impedía diseñar una vida a su medida era la creencia de que debía ignorarse a sí misma para dar prioridad a sus hijos, y que vivir en Montana era «lo mejor» para ellos. Enseguida descubrimos que esta historia ni siquiera era la de Jill. Sólo hablaba su mártir interior, el arquetipo que debe sacrificarlo todo por los demás (hablaremos más de ella en el capítulo 8).

Recordándole a Jill que es una Reina, la guié para que conectara con el espíritu, redescubriera sus verdaderos valores y se fijara en lo que de verdad era posible. Cambiando su mentalidad y siendo creativa a nivel financiero, descubrió el poder de reorganizar su vida a su manera. No sólo se dio a sí misma la libertad de viajar más, sino que también se concedió un permiso «extraordinario» para vivir en cualquier lugar en el que quisiera.

Empezó a acceder a sus superpoderes y a preguntar al espíritu: «¿Cómo puedo viajar con niños y estar alineada con mi marido? ¿En qué otro lugar podríamos vivir? ¿Qué implica para mí ser una gran madre?». Se sorprendió al descubrir que su verdadero deseo era mudarse a Hawái, trabajar en su negocio a tiempo parcial y educar a sus hijos en casa para que su familia pudiera viajar siempre que les apeteciera.

Su marido, una vez que se comunicó con él como una Reina, estuvo totalmente de acuerdo, y también se sintió liberado en el proceso de transformación de Jill. Gracias a la mudanza, dejó su trabajo insatisfactorio y ¡abrió la cafetería de sus sueños en la isla! Mientras los niños prosperaban en su nueva vida hawaiana, Jill y su marido dieron un salto adelante en el camino hacia el cumplimiento de sus misiones divinas.

Descubrir tu misión divina

Tu misión divina es tu razón de ser en un momento dado. A todas se nos han asignado misiones únicas y gloriosas, grandes y pequeñas; ninguna es mejor ni peor y ninguna es aburrida. Al estar abierta a nivel espiritual y en íntima conexión con Dios, empezarás a tener más claro lo que está destinado a ti en esta época actual y en esta vida.

La misión divina para Jill consistía en analizar lo que realmente significaba ser una gran madre. Nuestra sociedad nos coloca en este mundo de o lo uno o lo otro. Cuando Jill entró en su condición de Reina, tomó partido por el «y», permitiéndose explorar cómo sería dar prioridad a sus hijos *y* a ella misma *y* a su marido. La familia de Jill al completo es más feliz porque ella expresó su verdad y cumplió su misión divina. Así es como todos ganan.

A veces te centrarás en algo trascendental, como descubrir el propósito de tu vida, aceptar a tu madre por lo que es, sufrir una transformación importante de salud o perdonar a un ex. Otras veces, recibirás una misión divina más pequeña, aunque no por ello menos importante: concertar una cita con el dentista, invitar a comer a una amiga, reanudar tu rutina de cuidado de la piel (incluido el tónico), vaciar tu bandeja de entrada o renunciar a la cafeína. Sea cual sea tu misión, está diseñada para hacerte avanzar en tu viaje épico.

La doble bendición de cumplir tu misión divina es que, mientras te conviertes en tu mejor yo y experimentas la vida en su plenitud, estás marcando la mayor diferencia en la vida de los demás como *sólo tú* puedes hacerlo.

Desarrolla tus superpoderes espirituales

Deseo

Todo lo que necesitas es el *deseo* de tener una relación más fuerte con el universo y verás manifestaciones de cocreación que añadirán resplandor a tu vida. Si esto te parece demasiado fácil o demasiado bueno para ser verdad, es sólo porque estás escuchando los caminos del mundo en lugar de la generosa invitación del espíritu. Así es. Si empiezas por hacer saber a la fuente tu interés por una conexión íntima, te prometo que se encontrará contigo donde estés, de forma que tengas la certeza de que el espíritu está apareciendo en tu vida.

Cuando comunico a Dios mi petición, mi oración es más o menos así:

Querido Dios,

Estoy preparada para más. Más diversión, más milagros, más poder, más sabiduría, más abundancia y más amor. Sé que eres la fuente de todo esto y te pido que me muestres cómo puedo profundizar mi conexión contigo. Por favor, muéstrate con más claridad en mis meditaciones, pensamientos e intuición y guía mis acciones. Muéstrame cómo ser de mayor servicio en el mundo. Te pido que fluyas a través de mí de una forma más intensa.

Gracias por mi vida, gracias por esta relación, gracias por tu amor incondicional. Que así sea.

Sanación

Si te falta el deseo de desarrollar una conexión espiritual más profunda porque «en realidad no crees en esas cosas», has experimentado heridas religiosas o estás directamente enfadada porque Dios no ha estado a tu lado cuando más lo necesitabas, vamos a sanar eso ahora.

No puedes fortalecer una relación contra la que guardas rencor en secreto. El resentimiento no te está sirviendo y te está impidiendo recibir los beneficios de una fuerte alineación espiritual. Comprendo que puedas estar convencida, debido a circunstancias pasadas y a los datos que has ido recopilando por el camino, de que ese rollo no es para ti, o que hayas decidido que la única persona en la que estás dispuesta a confiar es en ti misma.

Ésta no es la mentalidad de una Reina, y recuerda, querida, que tú eres una. Puede que lo que ocurrió en el pasado no te parezca justo. Probablemente fue muy hiriente, y te hizo cerrar tu corazón, porque así es como te han enseñado a protegerte. La única seguridad verdadera te espera en el otro lado de la sanación. La Reina interior sabe que todo lo que ocurre en nuestras vidas está ahí para convertirnos en las mujeres que somos. Es apropiado sentir niveles normales de pena o tristeza o incluso rabia cuando has experimentado algo hiriente o traumático. Sólo es necesario que no creemos más dolor, como suelen hacer las víctimas.

Si estás dispuesta, veamos qué más es posible al otro lado de este dolor. Las Reinas saben que algo más grande y mejor está siempre esperando para revelarse ante nosotras. La realidad es más amable que nuestras historias sobre ella.

La sanación comienza con una simple oración.

Querido espíritu,

Estoy enfadada. No has estado a mi lado como yo quería o esperaba. Estoy dolida y eso me ha hecho sentir que no puedo confiar en ti. Me resisto incluso a intentar tener una relación más profunda contigo porque no quiero volver a decepcionarme.

Sin embargo, si me estás escuchando, he decidido averiguar qué más es posible para ti y para mí. Te pido que aparezcas en mi vida de forma que sepa que eres tú sin ninguna duda, y que me amas y me cuidas. Estoy harta de sentirme aburrida, perdida e ignorada. Estoy buscando mi vida épica y, si una relación emocionante contigo es posible para mí, me interesa. Amén.

Después, entrégate. Dios hará el resto.

Personalización

El modo en que recibas la guía divina y desarrolles tu relación con el universo depende, por supuesto, de ti. ¿Te apetece una relación más formal con Dios? Estupendo. Inclina la cabeza, junta las manos, vístete de forma elegante y asiste a servicios religiosos en edificios con vidrieras. Reza y lee libros religiosos; duerme con la Biblia, la Torá o el Corán bajo la almohada. Sólo te recomiendo que no reduzcas a Dios a un solo día sagrado de la semana; invita al espíritu a todos los ámbitos de tu vida los otros seis días también.

¿Te apetece una conexión más casual con el espíritu? Genial. Sal a pasear por la naturaleza mientras charlas con el universo, reúnete en los festivales del solsticio de verano, medita o empieza el día con saludos al Sol. Comoquiera que decidas experimentar lo divino, te sugiero encarecidamente que *no* lo utilices para esconderte de la vida real.

¡La respuesta a todo en tu vida está directamente relacionada con que tengas y utilices tu acceso a la inteligencia infinita! ¿No ves la solución? El universo sí. ¿No puedes perdonar una herida del pasado? Dios puede. ¿Te preguntas dónde están tus clientes? El espíritu lo sabe. ¿Necesitas fuerza de voluntad para *no* enviar tú primero un mensaje de texto a tu último amor? Proviene de la fuente. Si te entregas de verdad a esta relación, si dejas que sea el vínculo más importante de tu vida, si te entrenas para confiar en Dios y en la intuición por encima del ego, experimentarás la espiritualidad como el superpoder milagroso que es.

Si has intentado innumerables veces hacer que esta relación sea emocionante y sigue cayendo en saco roto para ti, lo más probable es que estés encasillando a Dios en una caja excesivamente formal o religiosa. La emoción aparece cuando personalizas la relación. Ahí es donde accedes al reino de lo milagroso de una forma que tiene sentido para ti. No hay nada aburrido cuando experimentas abundancia extra, confianza inquebrantable y «coincidencias» innegables, como que alguien te llame justo después de que hayas pensado en él. Una relación sólo es tediosa cuando se le ha absorbido toda la vida. Espera más, eleva tu nivel de exigencia, insufla vida a este superpoder, y tú también te quedarás boquiabierta de forma regular.

> Querido universo,
>
> Sé a nivel intelectual que eres asombroso, pero en mi vida cotidiana no experimento las maravillas de las que habla la gente. Parece que los demás atraen los milagros mejor que yo. Por favor, muéstrame cómo tener mi propia relación única contigo para que permita que los milagros fluyan a través de mí a diario y, como resultado, sea una mayor bendición en la vida de los demás. Por favor, aparece en mi vida de formas que ni siquiera sé pedir. Por favor, entra en mi mente para que pueda pensar a lo grande de forma consistente y que mi gran pensamiento sea utilizado para inspirar a otros. Por favor, guíame para que mi relación contigo sea una prioridad y pueda prosperar. Que así sea.

Comunicación

Ten presente que la disponibilidad de Dios no es exclusiva de los días sagrados. Como en cualquier relación personal significativa y de confianza, la clave es la comunicación regular e íntima. A Dios le gusta oír de ti algo más que una conversación trivial. Le interesa lo bueno, lo malo, lo vulnerable, lo feo; las grandes peticiones de solucionar el hambre en el mundo y salvar tu matrimonio y las peticiones más personales de una plaza de aparcamiento delante del mercado del agricultor. Cuanto más converses con el espíritu, más despejada y menos confusa estarás.

Quizá, como muchas de las mujeres con las que trabajo, te estés preguntando: «¿Cómo sé si lo que oigo procede realmente de la fuente? ¿Es tal vez mi ego o mi miedo? ¿O es mi intuición?». Depende de cada Reina afinar su oído espiritual mediante la práctica diaria. He aquí cómo he afinado el mío.

ORACIÓN

Rezar es mi forma de comunicarme con Dios. Es cómo le pido inspiración, soluciones y claridad. Mis oraciones son sencillas y sinceras sobre cualquier cosa que ocurra en mi vida. Cuando alineo mi mente con la verdad de las posibilidades ilimitadas y mi deseo de causar un impacto, me abro a recibir percepciones que me llevan a ser mi yo más elevado.

Para invocar al espíritu en mi trabajo, rezo:

Querido Dios,
Por favor, inspira mi proceso de escritura de este libro. Que las palabras de estas páginas eleven a los lectores y los conecten con su propósito. Amén.

Si flaqueo con mi objetivo de mantenerme en forma, pido ayuda divina:

Querido espíritu,
No tengo ganas de hacer ejercicio. No estoy motivada para cuidar mi cuerpo. Por favor, cambia mi corazón y mi mente. Por favor, pon en mí el deseo de querer ir al gimnasio. Por favor, dame antojos de comida sana y nutritiva. Por favor, unifica e integra mi relación con mi cuerpo. Amén.

Si estoy pasando por una situación detonante con una amiga, soy completamente sincera acerca de mis sentimientos:

Dios mío,

Estoy muy enfadada. Me siento traicionada por mi amiga, a la que ayudé cuando estaba deprimida. Estoy resentida por haber hecho tanto por ella sólo para que me diera la espalda cuando la necesitaba. Perdóname por haberla convertido en mi fuente. Libera este resentimiento y en su lugar deposita amor por ella en mi corazón. Gracias por la lección de que siempre que confíe en alguien por encima de ti, experimentaré una decepción. Gracias por recordarme que puedo recurrir a ti en primer lugar. Amén.

MEDITACIÓN

Recibir respuestas es tan importante como pedirlas. Si la oración es cómo hablo *con* Dios, la meditación es cómo escucho *a* Dios. Hay cientos, si no miles, de formas de meditar. Personalmente, mi práctica es muy sencilla. Me siento cómodamente en un lugar tranquilo y sin distracciones. Establezco una intención en busca de una solución. Luego cierro los ojos y respiro. Al principio, los pensamientos revolotean en mi conciencia. Luego los libero con suavidad hasta que llego al punto de no tener pensamientos. Empiezo a sentir que mis ondas cerebrales se mueven, casi como si estuviera a punto de dormirme, aunque estoy muy despierta. Entonces suelto el control y dejo que la inteligencia infinita se haga cargo.

Cada experiencia de meditación es diferente. A veces veo visiones; otras veces oigo palabras o percibo un mensaje. Me elevo a un nivel de conciencia superior en el que la solución que busco se torna fácil y clara, especialmente cuando medito a diario. Sea cual sea el resultado, es la forma que Dios tiene de hablarme.

DIARIO

Por último, soy una gran escritora de diarios; lo hago todos los días. De hecho, llevo un diario desde que tenía diez años. Aunque ya no tiene un candado de combinación con un unicornio y un arcoíris en la tapa, mi diario sigue siendo mi lugar sagrado donde puedo interactuar fácilmente con Dios. Suele ser una especie de conversación en la página. Le hago una pregunta al espíritu, escribo la respuesta, y va y viene como un diálogo en el guion de una película.

Saber si es tu voz o la voz de Dios en tu cabeza se consigue con la práctica. Con el tiempo, conseguirás claridad y una sensación de certeza. Hasta entonces, confío en la *confirmación*. Si no estoy segura o no lo tengo claro, sigo rezando y pidiendo una guía inconfundible y señales que no sean meros caprichos, sino verdaderas confirmaciones.

El entrenamiento espiritual diario

Incluir a Dios como compañero a lo largo del día hace que la vida sea literalmente divina. No estás destinada a cargar con todo tú sola. El espíritu está ahí para guiarte.

Como en cualquier relación, cuanto más tiempo pasas conociendo a alguien, más os acercáis y, al igual que con el ejercicio, la constancia es clave para mantener fuertes tus músculos espirituales. Si tengo poco tiempo, mi entrenamiento espiritual diario incluye cinco minutos de lectura, cinco minutos de escritura, cinco minutos de meditación y cinco minutos de movimiento. Dedicar, aunque sólo sea veinte minutos al principio del día a conectar de forma consciente con la inteligencia infinita, alimentará tus superpoderes y hará maravillas en tu vida.

Si no tienes ningún problema para ir al gimnasio todos los días, pero sientes resistencia ante la idea de escribir un diario, sentarte en silencio o pararte a rezar, recuerda que cuanto más practiques, más fácil te resultará. Además, puedes hacer cualquier cosa durante veinte minutos. Cuanto más veas y sientas los resultados de tener clara tu intuición, más empezarás a confiar de forma natural en tu práctica diaria, a disfrutarla y a tener ganas de llevarla a cabo.

Invitación a usar tus superpoderes 24/7

Cuando supe que podía contar con Dios en todos los ámbitos de mi vida, y no sólo en los socialmente aceptables, por fin pude abandonar mi plan de huida de irme a Chipre a servir mesas cada vez que la vida no funcionaba como yo deseaba. Tener una relación sólida con la fuente no significará que tu vida esté exenta de obstáculos, pero como Reina, llegarás a verlos como invitaciones para utilizar tus superpoderes.

Verás, el acceso a la guía divina te da pasos claros en cada giro. El espíritu no diseñó la búsqueda de respuestas para que fuera tan difícil como descifrar el código Da Vinci. La verdad universal es «pide y se te dará». En nuestras almas, las mujeres lo sabemos. Ahora es el momento de pedir desde un lugar profundo y de forma constante, para que podamos reclamar la vida épica que está destinada a nosotras.

Cuando estés conectada con Dios y vivas según las leyes espirituales, ser extraordinaria te resultará natural. Con la audacia de ser Reina, estarás preparada para jugar en el espacio donde se crean las obras maestras, se forjan las leyendas y los esfuerzos humanitarios épicos ponen fin al sufrimiento. Cuando des prioridad a tu relación con el espíritu, tu misión divina quedará clara.

Haz que vivir tu vida épica, guiada por tu relación con Dios, sea tu nueva obsesión, y dejarás de permitir que entren en tu corazón y en tu mente opiniones contradictorias sobre lo que es posible para ti. Bienvenida a la devoción total y a la certeza en tu potencial. Así es como dejarás de aborrecerte a ti misma y a Dios.

3
El misterio femenino

La feminidad ha sido perseguida, atacada, escrutada, silenciada, ocultada, subestimada, escandalizada y asesinada desde la antigüedad hasta nuestros días. Algo por lo que las masas de todo el mundo se esfuerzan tanto debe ser poderoso, valioso, intimidatorio e importante. ¿Por qué si no culturas enteras de personas de todo el mundo, al principio hombres y más tarde también mujeres, criticarían la feminidad, la encarcelarían, la negarían y la obligarían a exiliarse?

¿Qué es? ¿Dónde está? ¿Quién es? Esto empieza a sonar como un libro del doctor Seuss, y lamentablemente así es también en la sociedad. La mayoría de la gente confunde feminidad con fragilidad emocional o con ponerse un delantal de cuadros de los años cincuenta. Algunos la confunden con las marchas del movimiento feminista que luchan por la igualdad salarial y los derechos de la mujer; otros la juzgan como seductora o brujeril, amenazados por lo que no pueden ver y no comprenden.

Como este concepto invisible no se enseña en las escuelas ni se ejemplifica con suficiente frecuencia en la vida real, incluso las mujeres están poco instruidas sobre lo que es realmente la feminidad. Algunas piensan que puede conseguirse con minifaldas y pintalabios, con lo que se pierden por completo su profundo poder. Otras, convencidas de que la feminidad es una debilidad, se han vuelto tan adictas a la forma masculina de salir adelante que evitan el tema por completo, con un interés aparentemente nulo en el ajetreo para salvar sus glándulas suprarrenales.

Al mismo tiempo, hay una tendencia que se está haciendo viral entre las mujeres modernas como nosotras, interesadas en descubrir y desarrollar nuestra feminidad. Sabemos que hay una forma más divina, placentera e inteligente de vivir la vida, y nuestro instinto nos dice que los misterios femeninos nos mostrarán cómo. Pero cuando se trata de sobresalir de verdad en nuestras carreras, de superar los retos en casa o de aprovechar nuestro potencial, ¿podemos confiar realmente en que ser más femeninas se traducirá en un mayor éxito?

Nuestro escepticismo es válido. *Feminidad* es la palabra más incomprendida, vilipendiada, controvertida y sospechosa de nuestra generación. Amiga, eso está a punto de cambiar. Coge una gabardina Burberry, e investiguemos cómo la feminidad ascendió al número uno de la lista de las más buscadas de Norteamérica.

El baile masculino y femenino

Desde el principio de los tiempos, el universo tenía todo preparado para que la Madre Naturaleza y todos los seres vivos prosperaran en todo su esplendor. En esta utopía divinamente diseñada, la energía masculina y femenina fueron creadas para trabajar juntas en perfecta armonía.

Al igual que la naturaleza está destinada a prosperar con el equilibrio masculino y femenino, también lo están los seres humanos. Con independencia de su sexo, cada persona tiene en su interior energía femenina y masculina. Fundamentalmente, la energía masculina consiste en *dar* y la femenina en *recibir*. La integración de ambas es esencial para toda vida. Cada energía está diseñada para potenciar y apoyar las aportaciones de la otra.

El cubo masculino está lleno de cosas como horarios y mapas de carreteras, hojas de cálculo y rascacielos. Abarca todas las cosas lineales, lógicas, tangibles y concretas. Personificada por Ed o Edith de contabilidad, que conduce un Volvo azul marino, la energía masculina es estable, de alto rendimiento, protectora y predecible. También es la energía que inicia la acción, piensa las cosas y establece estructuras y sistemas. La masculinidad potenciada en el diseño del universo es magníficamente fuerte, generosa y genial. Su finalidad es estar al servicio de lo femenino.

Tomemos como ejemplo un vaso de agua. El vaso es la estructura masculina y concreta que sostiene el agua que fluye y es femenina. El recipiente masculino es necesario para que el agua femenina cumpla su propósito de nutrir al bebedor. Sin el vaso, el agua se derrama por todas partes y no puede cumplir su función.

El agua, por su parte, engloba todas las cosas invisibles, intuitivas, bellas, placenteras y visionarias. Es la energía femenina que te conecta con tus sueños, creatividad y milagros. Al igual que tu alocada tía Ginger, que siempre se va de viaje a lugares increíbles como Bután o Bangkok y vuelve con joyas raras, artefactos asiáticos y un nuevo novio mucho más joven, la feminidad es espontánea, sexi, impredecible y descarada, y juega con sus propias reglas.

La feminidad empoderada según el diseño de Dios es milagrosa, mística y extravagante en todos los buenos sentidos. El sexto sentido está en su núcleo, al igual que el oído interno y el tercer ojo. Su propósito es recibir. Te da la capacidad de soñar con una vida que merezca la pena vivir, de jugar más allá de lo establecido, de inventar soluciones creativas, de expandir tu pensamiento y de atraer tu camino hacia el mayor de los éxitos.

Por muy estimulante que sea tu poder femenino, la sabiduría de una Reina dice que también necesitas energía masculina. Sin ella, carecemos del dinero para financiar nuestros sueños, de los sistemas y estructuras para compartir nuestros dones con los demás y de la disciplina para emprender acciones coherentes en nombre de nuestra visión. Mantener la integración de lo femenino y lo masculino es la manera en que podemos tener tanto nuestra conexión con lo divino como nuestra capacidad para hacer que sucedan grandes cosas en el mundo.

En los veinte años que llevo haciendo este trabajo, he identificado una serie de características que se relacionan con las polaridades de lo femenino y lo masculino, expuestas en la siguiente tabla. Lee la lista de izquierda a derecha y considera en qué aspectos de tu vida te muestras más masculina o femenina.

Feminidad	_Masculinidad_
Ser	Hacer
Sentir	Pensar
Espontánea	Predecible
Intuitiva	Lógica
Juguetona	Orientada a los resultados
Bonita	Funcional
Invisible	Concreta
Circular	Lineal
Dinámica	Robusta
Vulnerable	Protectora
Cuidadora	Proveedora
Comunidad (nosotros)	Individualidad (yo)
Y	O
RECIBIR	DAR

La obsesión con la masculinidad

La hermosa armonía entre lo masculino y lo femenino es la forma en que el universo siempre quiso que todos los seres crecieran, se expandieran y prosperaran. Mientras ambas energías estuvieron presentes, la vida en la Tierra floreció. Entonces, llegaron los seres humanos movidos por el miedo y estropearon la perfección, diseccionando estas dos hermosas energías dentro de cada persona, clasificando lo masculino como masculino y lo femenino como femenino, y creando el desequilibrio definitivo que todos los habitantes de la Tierra y, muy probablemente, galaxias muy muy lejanas, todavía están pagando.

Durante más de un milenio de nuestra historia, el nacimiento de un niño varón ha sido motivo de celebración. Un hijo podía esperar la mejor educación, la ropa de mayor calidad y, en la familia adecuada, el trono. El nacimiento de una niña era motivo de luto y vergüenza. A las mujeres no se las consideraba valiosas hasta que daban a luz a un varón. Ser mujer era el peor destino posible.

Al evolucionar la civilización con esta mentalidad distorsionada, se destruyó el equilibrio idílico original entre la energía masculina y femenina, así como entre hombres y mujeres. Hablando en general, los hombres cambiaron la masculinidad empoderada por el control y la dominación. Las mujeres sustituyeron la feminidad empoderada por el silencio y la sumisión. La sociedad fue entrenada para alabar lo masculino, normalmente en forma de hombres. Los hombres establecían las normas, empezaron a dominar a las mujeres, y pronto, el poder desigual y la creencia de que «los hombres saben más» se convirtieron en doctrina.

Al mismo tiempo, las artes femeninas de la intuición, la creatividad, el placer por lo desconocido y la espontaneidad se dejaron de lado en favor de lo que se podía ver, medir y controlar. Comulgar con la naturaleza, utilizar poderes curativos y crear pociones de hierbas se convirtió en herejía y, en consecuencia, ser femenina se convirtió en sinónimo de ser bruja, cercenando el camino salvaje y femenino.

Temiendo por sus vidas, las mujeres femeninas renegaron de sus habilidades naturales. Las pocas que no renunciaron a sus talentos innatos callaron por miedo o huyeron a la clandestinidad. En cualquier caso, generaciones de mujeres se vieron apartadas de su verdadero poder y, por tanto, se volvieron débiles.

La feminidad no es débil y las mujeres tampoco. Simplemente no se nos ha permitido prosperar de la forma en que fuimos concebidas.

La arraigada tradición de doblegarse ante los hombres escaló hasta la idolatría, hasta que a todos nos acabaron lavando el cerebro para hacernos creer que el modo masculino es el correcto, el modo en que las cosas deben hacerse y, por tanto, el único modo. Por supuesto, muchos hombres se tragan esta forma de pensar (es sobre lo que se construye el patriarcado), pero muchas mujeres también mantienen de forma inconsciente esta noción distorsionada.

Mientras tanto, la feminidad se ha estereotipado y reducido a una cara bonita, una figura esculpida de Barbie y un trofeo frívolo para que los hombres la acaricien, en lugar de una fuente profundamente valiosa de poder y propósito. El lado femenino de los hombres también se ha apagado. La diferencia es que es *nuestra* energía dominante. El resultado de miles de años de este condicionamiento es una cultura de hombres y mujeres que han sido entrenados para desestimar y negar su propia naturaleza gloriosa.

El defecto de ser excesivamente masculinas deja a las mujeres vacías y su feminidad aplastada. En lugar de esgrimir nuestras propias fuerzas, hemos aprendido a utilizar de forma predominante nuestras habilidades masculinas para salir adelante, ser aceptadas y sobrevivir, sobre todo en nuestra cultura laboral, donde se nos ha condicionado a idolatrar a los hombres poderosos que mandan, a someternos a sus exigencias y a imitar sus comportamientos exactos, hasta vestir el traje de raya diplomática y «hablar de negocios», porque eso es lo que los llevó a la cima, ¿no? Y a algunas de nosotras también nos lleva a la cima, pero ¿a qué precio?

¿Cuántas veces has ignorado tus sentimientos porque te presionaban para que fueras práctica? ¿Cuántas veces has sentido ahogada tu creatividad por la necesidad de hacer las cosas de un modo previsible y calculado? ¿Durante cuánto tiempo has dejado que se secara tu sentido de la curiosidad, el misterio y el placer porque aparentemente lo más importante en la vida es ser responsable de la forma en que otros lo definen? En la medida en que las mujeres de éxito están secretamente insatisfechas o totalmente quemadas, el instinto femenino herido las ha conducido a la estrategia equivocada.

El instinto femenino herido

Las mujeres modernas hemos llegado al final de una larga era de dominación masculina, que es como tú y yo perdimos el contacto con nuestra propia feminidad y nuestro verdadero poder como mujeres. Cuando las mujeres no tenemos una noción de lo que es la verdadera feminidad, no sabemos quiénes somos por naturaleza ni la profundidad de nuestro potencial, lo que nos lleva a confiar en una visión unidimensional de lo que es posible. La obsesión de la sociedad por ser excesivamente masculina ha dejado una herida colectiva abierta llamada *instinto femenino herido*, un concepto sobre el que leí por primera vez en el libro *Mujeres que corren con los lobos*.

Tenemos un instinto femenino herido en la medida en que no podemos recibir amor, atención, sabiduría y claridad en los niveles que anhelamos. Por eso no tenemos muy claros nuestros deseos, por eso decimos que sí cuando queremos decir que no, o por eso estamos demasiado tiempo paradas en el pasillo 5 contemplando indecisas qué marca de detergente comprar. Y luego nos preguntamos por qué comemos en exceso, trabajamos de más, damos demasiado y estamos excesivamente estresadas.

Obediencia y resistencia

Como resultado de la desconexión con nuestra verdadera naturaleza, las mujeres hemos recurrido de modo inconsciente a otras formas más autodestructivas de funcionar y de intentar satisfacer nuestras necesidades en el mundo. Muy a menudo, el instinto femenino herido se manifiesta en dos personalidades distintas: la obediente y la que se resiste. Cuando tu feminidad está intacta, tu verdadera naturaleza es la alianza.

Todos somos típicamente obedientes en algunas áreas y nos resistimos en otras, y no tenemos que identificarnos con todos los rasgos de una u otra lista para determinar cuál es nuestro principal *modus operandi*.

Obediencia	*Resistencia*
Vergonzosa	Obsesión con una misma
Se abochorna con facilidad	Severa
Inapropiada	Superior
Indigna	Se cree con derechos
Codependiente	Adicta
Aprensiva	Dominante
Necesita aprobación	Crítica
Complaciente	Exigente
Indecisa	Inflexible
Incómoda a la hora de decidir	Desconsiderada
Invisible	Agresiva

No desarrolla su potencial	Aprovechada
Insegura	Desagradable
Depresiva	Creída
Desbordada	Sabelotodo
Ansiosa	Dura
Da más de lo que puede	Presuntuosa
Dispersa	Rígida
Agotada	Competitiva

Obediencia

Eres obediente si, de forma habitual, necesitas la aceptación y la aprobación de los demás, crees que no eres importante, piensas que tu opinión no importa, te aterroriza lo que los demás puedan decir (o hayan dicho) de ti, temes no ser competente y te comportas como si tuvieras que pedir permiso para casi todo. Las mujeres que tienen el instinto femenino herido en forma de obediencia suelen experimentar el mundo como algo inseguro desde el punto de vista emocional, se dejan consumir con facilidad por la culpa y la vergüenza, y sienten una enorme inseguridad detrás de cada movimiento.

Tener tanto miedo a equivocarse conduce a un estado perpetuo de indecisión. Una mujer obediente siempre está confesando; no está segura de qué hacer, no sabe lo que quiere y no sabe qué decisión tomar. Al querer ser querida por encima de todo, tiene miedo de hablar y a menudo se conforma con estar mal pagada y desbordada. Al ponerse a sí misma en último lugar, acaba demasiado confundida y agobiada como para tomar grandes decisiones por sí misma, lo que la incapacita para avanzar hacia una vida épica.

Resistencia

La resistencia suele manifestarse como una forma de rebelión. Cuando una mujer siente el vacío de estar aislada de su esencia femenina y no ve la forma de satisfacer sus necesidades y vivir su verdad, es cuando aparecen todas las formas de control, imprudencia o comportamientos dominantes en un intento de llenar ese vacío.

Al igual que ocurre con la obediencia, las mujeres que se resisten también se sienten inseguras en el mundo, sólo que manejan ese sentimiento de forma diferente. La resistencia puede manifestarse como la sabelotodo que no admite estar equivocada o como la competidora despiadada que no confía en nadie. Cuando una mujer está tan decidida a que nunca se aprovechen de ella que acaba siendo la aprovechada, o tiene tanto miedo (sin que parezca miedo) de que no le den su parte, que su estrategia consiste en coger al toro por los cuernos, está en actitud desafiante. También puede estar convencida de que puede hacerlo mejor que nadie, así que es mejor que lo haga todo ella sola. Suele evitar pedir ayuda a toda costa.

Sea cual sea la forma en que estos instintos femeninos heridos se manifiesten en nuestra vida cotidiana, es crucial que tomemos conciencia de ellos. Estos hábitos heridos nos están absorbiendo literalmente la vida feroz y fabulosa, y al otro lado de su curación está la vida épica de todas nosotras.

Mi instinto femenino herido

Teniendo en cuenta la cantidad de trabajo espiritual y de desarrollo personal que he realizado, se podría pensar que tengo *dominado* esto de la feminidad. Pero estoy aquí contigo, hermana. Yo también sigo aprendiendo.

Hace unos años di un paso empresarial que tenía todo el sentido desde el punto de vista práctico. Invertí una gran cantidad de dinero en mi empresa contratando a una agencia de medios de Nueva York. El plan que me prometieron parecía de lo más lógico y responsable, con todas las cosas que «debía hacer» para aumentar mi audiencia, conseguir un contrato para un libro y compartir mi mensaje.

Al cabo de dos meses de contrato, trabajar con ellos ya era tóxico. Para empezar, mi formación para las entrevistas ante la cámara fue brutal. Cada vídeo que presentaba era despiezado y sometido a críticas denigrantes. La única vez que compartí con entusiasmo cómo creía haber incorporado sus enseñanzas en mi último intento, me gritaron: «No vuelvas a decir *jamás* que lo has clavado; te faltan años para acercarte siquiera a ese tipo de resultado».

Mientras tanto, me pusieron en contacto con un agente literario que me dijo durante casi un año que mi propuesta de libro no era lo bastante buena, además de darme vagas notas generales para mejorarla. Cada vez que volvía con la siguiente corrección, me enviaban a la misma rueda de hámster que no llevaba a ninguna parte. Nada de lo que hacía era lo bastante bueno. Parecía que nada me salía bien.

Una voz en mi interior me decía: «¡Ésta no eres tú, Gina! ¿Necesitas aprender? Sí. ¿Y que te maltraten por el camino? Ni siquiera un poquito. ¡No tienes por qué encajar en este cajón de castigo!». Pero, lamentablemente, al obedecer, acallé mi voz, como hacen tantas mujeres, e intenté aguantarme. Si hubiera seguido dudando de mis instintos, aún estaría editando esa propuesta y tú estarías leyendo ahora mismo el libro de otra persona.

En general, esa experiencia de contratar a «expertos» (que en este caso resultaron ser unos sociópatas sádicos en toda regla) porque creía que era lo que «tenía que hacer» para salir adelante casi destruyó mi confianza en mí misma y me impidió compartir mi mensaje. Todas mis aspiraciones estaban ligadas a esa relación tóxica. Finalmente, ese contrato terminó, y aunque me costó dos años, me recuperé. ¡Menudo rodeo!

Un sábado por la mañana, después de que las heridas innecesarias de mi autoestima se hubieran curado por fin, me levanté, me preparé el café y abrí mi diario. Estaba lista para formar una *alianza* en mi carrera, y para mí eso significaba que tenía que cambiar mi energía a nivel interno.

Decidí que ya no estaba dispuesta a ser una autora sin contrato. Hay una gran diferencia entre querer algo y no estar dispuesta a no conseguirlo. Al tomar esa decisión, dejé de escuchar las palabras de esa agencia de medios que me decía que no estaba preparada o que no era lo bastante buena. Dejé de dar poder a la creencia de que publicar un libro era sumamente difícil o sólo para unos pocos afortunados.

En lugar de eso, pasé a la acción al instante con mi nueva decisión: *esto es posible para mí.* Utilizando mis superpoderes, recé: «Querido Dios, ¿cómo puedo encontrar *ahora* a mi agente literario?». Inmediatamente recordé que una amiga mía de Brooklyn había conseguido un agente hacía poco. Le pedí que me lo presentara y envié mi propuesta ese mismo día.

Esa misma tarde recibí una respuesta del agente, que me dijo: «¡Tu libro no me llama, me grita!». Una vez que presentó mi propuesta, en dos semanas tuvimos siete reuniones con las principales editoriales de Nueva York, y a la semana siguiente acepté con orgullo la oferta de mi primer contrato literario.

Resultó que no necesitaba gastarme decenas de miles de dólares trabajando con una consultora de medios «experta» que claramente no me entendía ni me trataba bien. No necesitaba perder horas investigando miles de opciones de agentes, ni pasarme años reescribiendo mi propuesta. Sólo tenía que conectar con otras mujeres. ¡Qué fabuloso! Qué *femenino*.

Como puedes ver, no fue una transición de la noche a la mañana. Hoy en día, sigo descubriendo nuevas áreas de mi vida en las que me he convencido de que algo tiene que ser mucho más difícil de lo que el universo pretende. A pesar de las ideas erróneas populares, no es sólo en los negocios. ¿Lo último? Perder peso.

Cada primavera me pongo a dieta. No, no se trata de un cambio de estilo de vida, sino de un plan de adelgazamiento especializado en Gina DeVee, tipo: «He engordado nueve kilos y quiero estar buena cuando llegue a las playas de Europa este verano».

Las formas lógicas y masculinas del mundo dirían: «Es difícil perder peso pasados los cuarenta», y mi propia experiencia así lo reflejaba. Mi dieta *statu quo* es la siguiente: en algún momento de marzo, me embarco en mi régimen de «alimentación limpia» a base de proteínas, verduras, raciones pequeñas y agua suficiente para que ir al baño sea un trabajo a tiempo parcial. Los primeros dos o tres kilos de exceso de líquidos desaparecen con facilidad mientras mi hígado se deleita al encontrarme bebiendo kombucha durante la hora feliz. Entonces, creyendo en los consejos realistas, me esfuerzo, y sudo y me niego a mí misma durante el lento y duro proceso de perder medio kilo por aquí, unos cuantos gramos por allá, estabilizarme por aquí y perder un centímetro (si tengo suerte) por allá.

Con una dieta muy restrictiva y un plan de entrenamiento moderado, a la velocidad de una oruga caminando en melaza, pierdo mis nueve kilos justo a tiempo para ese vuelo de Air France. Siempre me siento orgullosa de mi duro trabajo. Consigo verme mucho mejor con ropa, pero ¿en cuanto a ese cuerpo de bikini? Digamos que aún no me han llamado de *Sports Illustrated*.

Podría haber seguido diciéndome a mí misma que ya estaba haciendo todo lo imaginable, excepto entrenamientos diarios a las cinco de la mañana, y que esto era lo máximo que iba a conseguir mi cuerpo sin soportar mucho más dolor en forma de sentadillas, saltos de tijera y una dieta de inanición. Sin embargo, intuía que algo más era posible.

Este año, estaba decidida a hacer las cosas de forma diferente, *a la manera femenina*, así que recé. Por supuesto, el universo no tardó en responder. Mientras tomábamos un café, una amiga mencionó por casualidad la gran experiencia que acababa de vivir en The Hall Center. Siguiendo la guía divina que había recibido, concerté una cita con la sabia moderna, la doctora Prudence Hall. Nos conocimos en persona en su consulta de Santa Mónica, donde estuvo *presente* conmigo. Se tomó su tiempo para hablar conmigo, hacerme preguntas y conocer mis deseos de salud, como hacen los verdaderos sanadores. Luego me recetó muchos remedios naturales para equilibrar mis hormonas y restablecer una salud óptima.

Al estar en alianza con mi cuerpo, en lugar de conformarme con el *statu quo* pensando que los palitos de zanahoria y las pesas rusas son el único camino, puedo afirmar que, en cuestión de semanas, el peso se esfumó, de forma saludable, más rápido que nunca. El mismo plazo, una dieta menos restrictiva y una creencia diferente mezclada con pociones naturales dieron unos resultados dos veces mejores. Además, aún podía disfrutar de alguna que otra noche de pasta.

Esto es la feminidad: un gran poder de atracción; recibir milagros como forma de vida y conseguir grandes resultados desde un lugar placentero.

Sanar tu instinto femenino herido te pone en *alianza* con el universo y con tu vida épica. Aquí es donde reside tu verdadero poder. Ahora que eres consciente de ello, ya no necesitarás recurrir a la *obediencia* o a la *resistencia* para satisfacer tus necesidades. Curar esta herida es un proceso, así que sé amable y cariñosa contigo misma (y también con otras mujeres).

También en este caso, lee en horizontal para que puedas ver cómo se ven la obediencia, el desafío y la alianza en la vida cotidiana.

Obediencia	_Resistencia_	_Alianza_
Vergonzosa	Obsesión con una misma	Con seguridad
Se abochorna con facilidad	Severa	Confiada
Inapropiada	Superior	Pacífica
Indigna	Se cree con derechos	Agradecida
Codependiente	Adicta	Límites intactos
Aprensiva	Dominante	Intencionada
Necesita aprobación	Crítica	Intuitiva
Complaciente	Exigente	Con propósito
Indecisa	Inflexible	Mentalidad abierta
Incómoda a la hora de recibir	Desconsiderada	Amable
Invisible	Agresiva	Curiosa
No desarrolla su potencial	Aprovechada	Valiosa
Insegura	Desagradable	Determinada
Depresiva	Creída	Optimista
Desbordada	Sabelotodo	Respaldada
Ansiosa	Dura	Enérgica
Da más de lo que puede	Presuntuosa	Generosa
Dispersa	Rígida	Integrada
Agotada	Competitiva	Capaz

En _alianza_, accedemos a nuestra capacidad femenina de crear, transformar, conectar y crecer, sin hacernos daño a nosotras mismas ni a los demás. Comprendemos que existen soluciones para todos y que todos importamos, incluidas nosotras, y los sacrificios insatisfactorios de la obediencia y la resistencia se vuelven completamente innecesarios.

Al restablecer nuestros instintos femeninos, escuchamos con claridad nuestra intuición *y* confiamos en ella. Conectadas con el espíritu, nos sentimos cómodas con lo desconocido y, cuando es necesario, somos capaces de respirar y vivir en la pregunta, en lugar de necesitar abrir la flor para forzar un resultado. Ya no tememos no ser lo bastante buenas, ya no creemos que debamos coger para obtener lo que nos corresponde, nos abrimos de nuevo a recibir.

Liberarse del hábito de obedecer o resistirse no es una transición de un día para otro. Como Reinas, tenemos que ser amables y cariñosas con nosotras mismas en este proceso. El mero hecho de darnos cuenta de un patrón obediente o de resistencia cuenta como una gran victoria. Cada vez que caigas en viejos hábitos, corregirlos es cuestión de recordar el poder de lo femenino. Para una Reina, eso suele significar tomarse un momento para detenerse, ir más despacio y conectar consigo misma y con el espíritu. Recuerda la verdad de las posibilidades ilimitadas y tu papel en un universo benevolente que está aquí para ayudarte a cumplir tu propósito.

Las mujeres que son conscientes de su poder femenino tienen una relación diferente con lo invisible, porque pueden ver las cosas no como son, sino como pueden ser y serán. Te conviertes en la mujer que no cree que sus misiones divinas tengan que ser innecesariamente duras, molestas o complicadas. Consigues diseñar tu propia experiencia sobre cómo lograrás tus objetivos.

Cuando estés en alianza con tus instintos femeninos y te sientas guiada de forma intuitiva a buscar ayuda, probar un nuevo restaurante o apuntarte a clases de salsa, ¡hazlo! Acude también a esa cita a ciegas, habla con ese desconocido atractivo y entrega esos papeles para solicitar un año sabático. Cuando te salgas de tu estado natural de una forma u otra, el simple hecho de recordar los rasgos de feminidad de la tabla te devolverá a la alianza con el universo, donde recibirás lo que está ahí de forma natural para ayudarte a cumplir tu propósito.

Una mujer es una fuerza dinámica, fluida e impredecible por naturaleza. Vive de ese modo. Cuando te des permiso para dirigir tu vida con energía femenina, tomarás decisiones desde el «yo deseo» frente al «yo debo». Es entonces cuando empiezan a suceder cosas que los demás decían que eran imposibles, sin grandes sacrificios, sin esperar eternamente o sin estar tan estresada como para tener una infección de vejiga cada dos meses.

Cómo ser una gran receptora

EJERCICIO

Paso 1. Pregúntate: ¿hasta qué punto estás dispuesta a recibir en tu vida?
Ésta es una de las preguntas más poderosas que puedes hacerte. Yo personalmente lo hago con regularidad. Si profundizas en esta pregunta, verás cómo eres tú quien se ha interpuesto en el camino de lo que deseas. Esto es en realidad una gran noticia, ¡porque puedes cambiarte a ti misma!

Fíjate en qué aspectos de tu vida has estado bloqueando tu bien, y sé consciente de que formular esta pregunta en relación con áreas concretas de tu vida te conducirá a las soluciones que buscas. Cuando haces mejores preguntas, obtienes mejores respuestas.

Tu vida será mejor cuando sepas recibir mejor. Lo femenino sabe que el universo tiene todo dispuesto para que vivas tu mejor vida y cumplas tu propósito. Pide y se te dará.

Paso 2. Toma partido por el «y»
A veces tenemos conflictos a la hora de recibir porque pensamos que tenemos que elegir una cosa o la otra. Éste es un enfoque limitado y lineal de la vida. Lo femenino toma partido por el «y». Puedes hacer tu trabajo *y* llevar a los niños a Disneylandia, asistir a la semana de la moda de París con tus amigas *y* ahorrar con tu marido para el pago inicial de la casa. En otras palabras, la próxima vez que un camarero te pregunte si quieres ensalada o patatas fritas con ese plato, tu respuesta sin remordimientos será: «Las dos cosas».

Paso 3. Practica decir «Gracias» y «Sí, por favor»
Siempre resulta incómodo antes de llegar a ser elegante, pero, querida, tú das mucho y ya es hora de que te permitas recibir. La próxima vez que alguien te diga «Qué vestido más bonito», en lugar de

responder «¿Este trapo viejo?», valora que estás estupenda y que los demás se han dado cuenta, y recibe su halago con un simple «Gracias». O cuando un amable desconocido te abra la puerta, en lugar de dudar y tratar de abrirla tú misma, recibe con amabilidad el gesto de cortesía, di «Gracias» y sigue adelante. Y si te ofrecen ayuda para meter la maleta en el compartimento superior, resulta más atractivo decir «Sí, por favor».

Recuperar tu poder femenino

Una Reina utiliza la feminidad como el increíble poder que es. Te da la capacidad de curar y transformar viejos daños y heridas del pasado, así como de crear tu vida épica. Con tus instintos intactos, oirás lo que realmente se dice frente a lo que sólo se habla. Te sentirás cómoda con lo desconocido. La espontaneidad se sumará a tu vida, y descartarás los valores de la intuición, la belleza y la conexión en menor medida.

Las mujeres están dando prioridad a las artes femeninas del juego, la creatividad y la aventura diciendo «Sí, por favor», tal y como demuestran todos los viajes de tu red de Instagram. ¿Acaso alguien *no* fue a Positano el verano pasado?

¡La vida es mucho más emocionante así!; la sociedad está empezando a darse cuenta. Las mujeres se presentan a las elecciones con agendas morales *y ganan*. También se están dando permiso para emprender negocios independientes a nivel geográfico, para *no* ser madres y para casarse con la persona que aman con independencia de cuánto dinero ganen.

Tu invitación hoy es para volver a conectar con las partes de ti que la sociedad había declarado erróneas y permitir que entren en tu vida experiencias de alta vibración. Explora todo lo que significa para ti *ser femenina*. Comprende que todos y cada uno de los bloqueos de tu vida sólo ocurren porque no te has permitido recibir. Corrige el rumbo y elige permanecer abierta a posibilidades ilimitadas. En ese momento, puedes colgar tu gabardina Burberry, servirte una copa de champán y considerar restaurado tu instinto femenino que habías perdido misteriosamente.

Mantra para recibir

Para generar claridad sobre dónde has estado bloqueando tu bien, recita este mantra tantas veces como sea necesario para abrir tus canales de recepción.

Soy un recipiente para recibir ___. Soy digna de recibir ___. Y estoy abierta a recibir el honor y la ayuda que me permitirán ___. Sé que esta bendición está destinada a mí. Gracias por este don; gracias por este honor. Hoy, lo recibo con gratitud.

4

Tu encuentro con la Reina

La mayor historia de Reinas de todos los tiempos cambió mi vida para siempre, y está a punto de cambiar la tuya. Sea lo que sea lo que hayas considerado trágico, tortuoso e injusto a lo largo de tu viaje, prepárate para replantear las circunstancias de tu vida y verlas como lo que realmente son: el universo conspirando en tu favor para prepararte para una vida legendaria.

Vamos a viajar atrás en el tiempo, al reino de la Persia ancestral en el apogeo de su opulencia, y llegamos al palacio del infame Rey Jerjes. «Había divanes de oro y plata sobre un pavimento de mosaico de pórfido, mármol, nácar y otras piedras de gran valor. El vino se servía en copas de oro, cada una diferente de la otra, y el vino real era abundante, de acuerdo con la liberalidad del Rey. Por orden del monarca, cada invitado podía beber sin restricciones, pues había dado instrucciones a todos los encargados del vino para que sirvieran a cada uno lo que deseara».

A este Rey le gustaban las grandes fiestas. Tanto es así que celebró ésta durante siete días. El último día, «animado por el vino», Jerjes ordenó que le trajeran a su esposa, la Reina Vasti, para que pudiera mostrar su belleza a sus invitados, pero ésta se negó. Furioso, el Rey «montó en cólera» y la desterró inmediatamente del reino.

Mientras tanto, estamos en el siglo v a. C. y, al mismo tiempo que el Rey de Persia disfruta de su gran poder, en el cercano Israel se desata una guerra que deja huérfana a una joven judía llamada Ester. Es exiliada a Persia, donde ella y todos los refugiados son tratados como ciudadanos de segunda clase. Afortunadamente, en esta nueva tierra, se relaciona con su último pariente vivo, Mardoqueo, que la cría como si fuera suya. Justo cuando Ester se está adaptando a su nueva vida, el Rey Jerjes promulga un decreto que cambia de forma drástica el curso de su existencia. Tras desterrar con furia a la Reina Vasti, Jerjes busca una nueva esposa. En esta antigua versión de *The Bachelor*, los hombres del Rey reúnen a todas las jóvenes y hermosas doncellas del país y las trasladan al harén del palacio, donde, durante un año, deben ser preparadas con tratamientos de belleza y alimentos especiales antes de ser presentadas al Rey para que elija a su nueva Reina.

Apartada de su nuevo hogar, Ester es llevada al palacio con las demás para su «preparación». Siguiendo el consejo protector de Mardoqueo, guarda silencio sobre su identidad judía. En cuanto llega, el eunuco de palacio (y en mi opinión, el primer asesor de vida), Hegai, se fija inmediatamente en ella. No es sólo la belleza de Ester, sino su «agradable disposición» lo que llama su atención. Hegai coloca a Ester en la mejor parte del harén durante el resto de su estancia.

Cuando le toca a Ester presentarse ante el Rey, no lleva consigo nada más que lo que le recomienda Hegai (está claro que es muy dócil). Y por una milagrosa mano del destino, Ester, la candidata más improbable, es elegida. El Rey procede a desposarla a lo grande, con un desfile espectacular y un hermoso banquete digno de la nueva Reina de Persia.

Poco después de que se calmara la algarabía matrimonial, Amán, el mejor amigo del Rey, consigue con engaños que éste firme un decreto devastador para matar a todos los judíos del país. En medio del terror y el caos, Mardoqueo envía un mensaje a Ester insistiendo en que acuda al Rey, ponga fin a todo esto y salve a su pueblo. Consciente del protocolo de palacio, Ester responde que no puede ir a ver al Rey sin que la convoquen primero. Sin aceptar excusas, Mardoqueo le dice:

—Si callas en este momento, el alivio y la liberación de los judíos surgirán de otro lugar, pero tú y la familia de tu padre moriréis. ¿Y quién sabe si no has llegado a tu posición real para un momento como éste?

Despertando a la gran verdad de sus palabras, Ester acepta la llamada a su vida, respondiendo con valentía:

—Acudiré al Rey, aunque sea contrario a la ley. Y si he de morir, moriré.

Al abordar esta hazaña que pone en peligro su vida a la manera femenina, Ester busca primero guía espiritual mediante la oración y el ayuno. Al cabo de tres días, descubre su respuesta sobre cómo proceder. Se viste con sus ropas reales y va a presentarse ante el Rey.

El Rey es conocido por ser un hombre violento, rápido para ejecutar a quienes cuestionan su autoridad. Ester es consciente de que la matarán o le concederán el favor. Cuando el Rey ve a Ester, le pregunta:

—¿Qué ocurre, Reina Ester? ¿Cuál es tu petición? Se te concederá incluso hasta la mitad del reino.

De acuerdo con la indicación divina que había recibido, Ester responde con un poderoso sentido del misterio femenino:

—Si le place al Rey, que venga hoy, junto con Amán, a un banquete que le he preparado.

Intrigado por su invitación, acepta encantado.

En el banquete, tras ser elegantemente agasajado (hay que conocer a un hombre), el Rey vuelve a preguntar:

—¿Cuál es tu petición? Se te concederá. ¿Y cuál es tu súplica? Se te concederá incluso hasta la mitad del reino.

Manteniendo vivo el encanto, ella responde:

—Que el Rey y Amán vengan al banquete que preparé mañana. Entonces responderé a la pregunta.

Tras un segundo banquete opíparo, el Rey vuelve a formular su pregunta. Finalmente, Ester le responde de forma profunda con una comunicación directa de Reina.

—Si he hallado gracia en vos, Majestad, y si os place, concededme la vida; ésta es mi petición. Y perdonad a mi pueblo; ésta es mi súplica. Porque yo y mi pueblo hemos sido vendidos para ser destruidos, asesinados y aniquilados.

—¿Quién es él? ¿Dónde está el hombre que se ha atrevido a hacer semejante cosa? —exclama conmocionado el Rey.

Ester revela que el responsable es el hombre sentado junto a él: su mejor amigo, Amán.

El Rey enfurece y manda matar de inmediato a Amán.

Según la ley persa, ni siquiera el propio Rey puede anular el decreto codificado e impedir que se cometa el atentado. Sin embargo, Jerjes consigue modificar el decreto para que, cuando se envíe el ejército, los judíos puedan contraatacar y se impongan victoriosos a los soldados persas.

Sólo porque Ester tuvo el valor de cumplir su propósito, su pueblo se salvó. Para mí, se convirtió en la heroína de todos los tiempos, sirviendo como modelo para las mujeres corrientes de todo el mundo de que todas tenemos una vocación y depende de nosotras responder a ella.

El camino real hacia la condición de Reina

Cada mujer tiene una historia. Intimar con la de Ester te ayudará a dar sentido a la tuya. Al igual que todo lo que le ocurrió a Ester la estaba preparando para la grandeza, lo mismo ocurre en tu vida. ¿Te das cuenta de cuánto trabajo costó conseguir que esa niña huérfana judía llegara a ser Reina de Persia? El Rey tuvo que derrocar a su Reina, tuvo que producirse una guerra y Ester tuvo que quedar huérfana y exiliarse, todo para que pudiera estar en el lugar adecuado en el momento adecuado y cumplir su misión. Lo que fácilmente podría haber parecido el fin del mundo en cada momento era en realidad el universo trabajando en favor de Ester.

También se han orquestado muchas cosas entre bastidores en favor de tu destino. Tú también has sido llamada para tu propio «momento como éste». Sin embargo, es difícil, si no imposible, ser Reina y vivir una vida épica cuando no comprendemos el verdadero significado de nuestros retos, no hemos hecho las paces con nuestras traumáticas circunstancias pasadas o somos ingenuas respecto al modo en que funciona realmente la vida. Una vez que veas cómo todos y cada uno de los acontecimientos vitales que has experimentado ocurrieron para ti, no a ti, comprenderás mejor que tú también has sido preparada para un propósito igualmente importante.

Sentirse huérfana

El camino real no es un camino ordinario, y el viaje de Ester para convertirse en Reina comienza cuando pierde a su padre y a su madre. La mayoría de las mujeres pueden sentirse huérfanas en algún nivel, ya sea porque fueron dadas en adopción, porque quedaron huérfanas emocionalmente o por ambas cosas. Todos sabemos cómo es la adopción, pero la orfandad emocional es un concepto menos conocido, así que vamos a explorarlo.

Si tus padres estuvieron a tu lado físicamente pero no emocionalmente, te has quedado huérfana. Esto puede resultar confuso y difícil de detectar, ya que las emociones son invisibles. Tal vez tu madre apareciera de forma física, ayudándote a vestirte para ir al colegio, asegurándose de que almorzabas y acostándote por la noche. Sin embargo, debido a su propio instinto femenino herido, tenía otras prioridades malsanas que no tenían que ver realmente con ser tu madre. Si tendía a la obediencia, puede que temiera demasiado a tu padre como para hablar en tu nombre y en el de tus hermanos. O, si no era consciente de su propia valía y desempeñaba tres trabajos a cambio de migajas, no podría haber aportado todo su ser a su propia vida, y mucho menos a la maternidad. También podría ser que tuviera un problema de salud mental legítimo y nunca lo tratara, abandonándose a sí misma y abandonándote a ti.

Si su péndulo oscilara hacia la resistencia, tu madre podría haber sido narcisista, alcohólica o adicta al trabajo, o quizá tuviera un marido nuevo cada tres meses. Todas estas situaciones la habrían hecho emocionalmente inaccesible, incoherente e insegura, dejándote así huérfana.

Lo mismo ocurre con tu padre. Si le faltaba esa energía masculina de proveedor y protector, entonces has experimentado el no tener padre en un sentido simbólico. La obediencia y la resistencia son modos por defecto también para los hombres, que los sacan de su propia masculinidad empoderada. Si tu padre era obediente, puede que tuviera miedo de establecer límites con tu madre o que no te protegiera de ella. Quizá hizo lo que le dijo su jefe y pasó su carrera desempeñando un papel secundario, lamentando no haber ido nunca a por sus grandes sueños.

Por otra parte, podría haber sido el hombre desafiante que se arriesgaba y buscaba emociones hasta la destrucción, haciéndote pasar a ti y a tu familia por una montaña rusa de subidas fastuosas y bajadas angustiosas; o tal vez fuera el adicto imprevisible que estallaba contra ti por obtener un notable bajo en tus notas o por perder el partido de fútbol, y cuanto más llorabas, más fuerte gritaba. En cualquier caso, si no tuviste ese modelo masculino protector, has experimentado la orfandad emocional.

Cuando la herida original no se cura, la orfandad emocional se extiende a la vida adulta. Si la niña que hay en ti no se sintió querida ni cuidada, eso puede manifestarse atrayendo parejas románticas que recreen la experiencia de haber sido desatendida e ignorada; o si creciste sintiéndote insegura en el plano emocional o físico, puede que atraigas un entorno laboral tóxico en el que aún te asuste cometer un error con tu equipo o te aterre meterte en problemas con tu jefe punitivo o tus clientes.

La clave para superar cualquier forma de orfandad es dominar el arte de «ser madre y padre» de ti misma. A diferencia de cuando eras joven y necesitabas que la crianza viniera de los adultos de tu vida, hoy puedes estar ahí de forma poderosa para ti misma, nutrirte y protegerte y mantenerte. ¿No te sentías vista ni escuchada? Cambia el patrón dedicando tiempo a ver y escuchar tus necesidades, miedos y deseos. Puedes escribirlos en tu diario o hablar con Dios y con las personas en las que confías. ¿No te has sentido cuidada? Prepárate un baño y añádele aceites esenciales con un aroma agradable, haciendo del cuidado personal una prioridad. ¿No te sentías protegida y segura? Aprende a utilizar la comunicación de Reina para establecer límites sanos. ¿Has tenido la experiencia de no ser mantenida? Disfruta desarrollando esa parte de ti que tiene lo necesario para ganar dinero más que suficiente.

Cuando tomé conciencia de las áreas de mi vida en las que me sentía huérfana, y me nutrí y me mantuve con constancia, fue un gran paso para transformar de forma energética la energía de niña debilitada en poder de Reina. Sin estas oportunidades no sería la mujer que soy hoy, y por ello estoy agradecida.

Una vez que decidas de forma consciente que puedes satisfacer tus necesidades y manifestar tus deseos, se te mostrará el camino. Recuerda rezar y pedir orientación. El apoyo milagroso siempre está a tu disposición. Verás formas nuevas y emocionantes de cuidar de ti misma, y también atraerás a las personas y los recursos necesarios para hacerlo. ¡La vida es mucho más divertida así!

Prosperar tras el exilio

El exilio es otro reto que muchas mujeres experimentan de forma literal o simbólica en el camino hacia la condición de Reina. Muchas de nuestras hermanas del mundo lo están experimentando, con unos gobiernos y unas economías tan desorganizados que literalmente no pueden vivir en el país que conocen como su hogar.

Otras mujeres experimentan el exilio de un modo simbólico y saben muy bien lo que significa ser desterradas de un lugar al que creían pertenecer. Para algunas, este desplazamiento proviene de la familia; para otras, puede provenir del matrimonio, el lugar de trabajo, el círculo social o el grupo religioso.

Sea cual sea el grupo del que hayas sido desterrada, la experiencia es relativamente la misma. Estás dentro en un momento y, de repente, haces algo, dices algo o piensas algo que no concuerda con el *statu quo*, y tu invitación a Acción de Gracias (o a la reunión del consejo de administración de la universidad, o a la despedida de soltera) se cancela, para no verla nunca más. Puede que ahora podamos reírnos de ello, pero sé que cuando me ocurrió a mí, sentí que me cortaban las rodillas como si me hubieran cortado las raíces.

El exilio es uno de los métodos populares para controlar a las mujeres que piensan mucho y mantenerlas a raya. Es una poderosa táctica de manipulación. Todavía podemos sentir el miedo a la excomunión en nuestras células, porque durante miles de años, cuando una mujer era desterrada de la tribu, moría. Se la comía un animal o se congelaba o moría de hambre. Así es como se mataba literalmente a las mujeres poderosas.

Al aferrarnos a ese miedo a nivel celular a no pertenecer, nos impedimos a nosotras mismas, de forma inconsciente, destacar, ser demasiado fabulosas, tener un aspecto demasiado atractivo, ganar «demasiado dinero» o comportarnos de cualquier forma que desafíe el *statu quo*. Por eso, hasta el día de hoy, seguimos cumpliendo las normas. Por eso nos aterroriza tanto lo que los demás vayan a decir de nosotras con desaprobación. Tenemos tanto miedo a esas consecuencias que preferimos no ir a por nuestros grandes sueños, o si lo hacemos, los perseguimos a escondidas. Estamos demasiado angustiadas para brillar porque nos arriesgamos a ser las marginadas.

Cuando nos exilian de forma literal o simbólica, como en la historia de Ester, no ocurre por elección propia. Es algo que *nos* hacen. Que te despidan, que te digan «he conocido a otra persona» y que tus hijos adultos dejen de incluirte en la vida de tus nietos son formas de rechazo que dejan a las mujeres sintiéndose excluidas, abandonadas y poco apreciadas.

El rechazo genera obsesión. Cuanto más nos rechazan, más deseamos ser aceptadas. Nos infligimos demasiado dolor buscando el amor, la aprobación y la aceptación de otros que no nos entienden, en lugar de recibirlo de nosotras mismas o de quienes ya nos aceptan y valoran tal como somos.

Manejar el exilio como una Reina

Las Reinas se dan cuenta de que una puerta aparentemente cerrada es en realidad una guía espiritual para avanzar en una nueva dirección. ¿Te han despedido? Lo más probable es que de todos modos no te gustara el trabajo, pero no estabas dispuesta a dimitir, así que el universo, a su manera afectuosa, ha actuado en tu favor para acompañarte a una nueva carrera en la que prosperarás. ¿Esos papeles de divorcio? Una Reina puede admitir cuando no ha sido feliz en la relación durante mucho tiempo, y ahora es libre de atraer a otra persona que sea una pareja perfectamente afín.

El cambio es necesario para que la vida se mantenga fresca. Son los humanos los que se apegan demasiado a que las circunstancias sigan siendo las mismas. El espíritu está vivo y en constante evolución, y si nuestra alma está dispuesta a crecer, podemos anticipar el cambio con regularidad. Y más allá de anticipar el cambio, cuando aparece, nuestro papel como Reinas es acogerlo, aceptarlo y abrirnos a la forma en que nuestras vidas serán bendecidas de maneras mucho mayores como resultado de confiar en la dirección del espíritu.

La clave aquí es recordar primero que, sea cual sea el exilio, no se trata de un rechazo humano, sino de la redirección del espíritu. Cuando ése sea tu punto de partida, tendrás fe en que tu bien está llegando a ti. Vivimos en un mundo gloriosamente abundante; con casi ocho mil millones de personas en el planeta, sí, tu alma gemela existe, y con infinitas posibilidades en el mercado global, hay una carrera perfecta para ti.

Creemos que somos personas de grandes ideas y, por tanto, hemos pensado en todas las opciones posibles, pero si nuestras creencias nos mantienen limitadas, tristes, abatidas o en cualquier forma de sufrimiento, te puedo asegurar que algo distinto es posible. El espíritu siempre tiene un plan.

Tu poder de discernimiento

Ester no fue víctima del monólogo interior del instinto femenino herido. No exclamó: «¡Nunca me elegirán para ser Reina! ¡Nunca pensará que soy lo bastante hermosa!». Así es como las mujeres de hoy en día nos sacamos del juego a nosotras mismas todo el tiempo: «Simplemente no tengo tanto talento. A nadie le importa lo que tengo que decir. Otras mujeres son mucho mejores que yo». Una Reina sabe que todo este discurso negativo no tiene nada de cierto.

Tener un juicio excelente sobre cuándo hablar y cuándo dejar que la situación se desarrolle es una cualidad fundamental en una Reina. Veo que muchas mujeres se autodestruyen por no desarrollar este atributo. He sido testigo de mujeres con relaciones afectivas o trabajos increíbles que no están dispuestas a hablar de cosas sin importancia y dejan que su insatisfacción se convierta en una explosión innecesaria y destruya por completo cualquier posibilidad de reparación. En la mayoría de los casos, el simple hecho de discernir por sí misma que compartir su perspectiva desde el principio era importante, le habría permitido conseguir exactamente lo que deseaba.

Aunque al final Ester reveló su verdad para salvar a su pueblo, el tiempo que pasó guardándose para sí su identidad judía fue *discernimiento*. La enseñanza aquí es que no toda la información debe compartirse con todo el mundo en todo momento. Como Reinas, debemos tener en cuenta nuestra propia seguridad física y emocional cuando elegimos qué revelar y a quién.

Energía atractiva

Una actitud positiva ayuda a tu capacidad de discernimiento. La Escritura dice que Ester tenía una «disposición atractiva». Esa energía atractiva hizo que las personas adecuadas se fijaran en ella, lo que le permitió recibir el título de Reina de Persia. No se trata sólo de tener una gran actitud cuando todo va como quieres, sino de desarrollar la madurez emocional para mantener también el optimismo cuando se presentan circunstancias desafiantes. Creer que siempre se puede obtener un resultado fantástico te abre a nuevas ideas, soluciones y abundancia. Cada pensamiento tiene una vibración, y si tienes pensamientos de alta vibración, especialmente durante un momento difícil, magnetizarás una solución de alta vibración a tu dilema.

Mentores de hoy en día

Tener un mentor fue un elemento esencial para que Ester cumpliera con éxito su misión. Aunque podía parecer que estaba abandonada y sola, el universo dispuso que siempre contara con la orientación de Mardoqueo y Hegai, y ella siguió sabiamente sus consejos.

Cuando los humanos vivían en tribus que incluían a cuatro generaciones en estrecha proximidad, la información inteligente estaba integrada en el modo de vida. Históricamente, las mujeres recibían consejos de los ancianos, tanto hombres como mujeres, sobre ritos de paso, espiritualidad, relaciones, cocina, crianza de los hijos, artes, supervivencia, y demás.

Las mujeres de hoy en día, criadas en la cultura occidental, están mucho más aisladas, lo que hace necesaria la orientación profesional para navegar con éxito hacia su pleno potencial. Se sabe que todas las personas en la cima del éxito (atletas profesionales, olímpicos, actores de primera línea, estrellas de rock con discos de platino, magnates de los negocios y jefes de estado) trabajan con preparadores, mentores, asesores y expertos. Y una Reina no es una excepción.

Entonces, ¿por qué no está más extendido en nuestra cultura tener un mentor? La mentoría consiste en recibir apoyo. Así que, si una mujer no tiene esto previsto para sí misma, es porque el instinto femenino herido se ha interpuesto en su camino. Muchas mujeres obedientes no contratan a un mentor porque no quieren «molestar» pidiendo ayuda o no se han dado permiso para invertir en sí mismas.

Las mujeres que se resisten pueden ser reacias a recibir apoyo porque piensan que las hace parecer débiles o creen con obstinación que sólo ellas tienen todas las respuestas y pueden «arreglárselas». Una Reina sabe que la orientación de un experto es esencial para lograr el mayor de los éxitos.

Piensa en tu propia vida. ¿En qué área te beneficiarías de recibir apoyo personalizado? Afortunadamente, el abanico de temas es ilimitado, desde el ámbito personal al profesional. ¿Quieres volver a salir con alguien, salir adecuadamente de una relación tóxica o mejorar tu matrimonio? Miles de asesores y terapeutas cualificados en relaciones están dispuestos a aceptar nuevos clientes. ¿Buscas profundizar en tu intuición y conexión con lo divino?

Una gran cantidad de mentores espirituales están esperando para ayudarte. ¿Tienes una idea para un negocio paralelo, pero no sabes por dónde empezar? Contrata a un asesor empresarial. ¿Estás lista para adelgazar y aumentar tu energía? Innumerables entrenadores de salud y naturópatas que han sanado sus propios cuerpos están dispuestos a ayudarte a alcanzar tus objetivos de bienestar. ¿Tienes problemas con tu hijo pequeño o adolescente? Un orientador o consejero parental experimentado puede ayudarte a recuperar tu cordura y tu rutina matutina.

Sea cual sea el área de tu vida que se beneficiaría de la mentoría, encuentra a alguien que ya haya hecho lo que deseas o lo más parecido posible.

Hay todo tipo de servicios, desde programas gratuitos hasta programas de alto nivel entre los que elegir. Encuentra el punto de partida adecuado para ti y concierta una cita hoy mismo. He participado en todo tipo de ayudas, desde formaciones gratuitas hasta inversiones importantes, y no estaría donde estoy a nivel personal o profesional sin todas las personas increíblemente sabias y con talento de las que me enorgullece decir que han sido mis mentores.

¿Cuál es tu papel real para «un momento como éste»?

Sólo podrás cumplir tu propósito desde la posición de Reina. La condición de Reina da a cada mujer el poder, los recursos, la influencia y la confianza para desempeñar un papel más importante en el mundo. Para mí, el momento en que Ester se convirtió de verdad en Reina no fue el día de su boda, sino cuando aceptó su misión divina, abandonó sus propios miedos y pensamientos limitados y se puso a disposición de su rol y de su pueblo.

Así que te toca a ti preguntarte: «¿Cuál es tu "momento como éste" y quién es tu pueblo?». No tiene por qué ser algo tan intenso como una situación de vida o muerte, pero tu vida épica depende de que tengas claro cuál es tu papel y digas sí a tu llamada.

Todos tenemos un propósito para estar aquí en este planeta en este momento. Aceptar el tuyo afectará de forma positiva porque has decidido jugar a lo grande. Si no estás segura de cuál es exactamente tu misión divina, reza para que te sea revelada; y sigue leyendo. Gracias al desarrollo de tu conexión espiritual y al conocimiento más profundo de ti misma a través de los ejercicios de este libro, dejarás de tener dudas sobre cuál es exactamente tu vida épica.

Utilizar la oración como primer recurso

No sé tú, pero si mi vida y la de todo mi pueblo estuvieran al borde del exterminio, probablemente tomaría cartas en el asunto, me dirigiría a toda prisa a los aposentos del Rey y exigiría: «¡Escucha, esto no es justo y tienes que cambiarlo ya!». Eso es lo que hacemos las mujeres cuando estamos desconectadas de nuestra feminidad. ¿Verdad? Entramos por defecto en la energía masculina e intentamos controlar una situación, a menudo tratando de superar al Rey.

Respondiendo con sabiduría femenina, Ester recordó confiar en su relación con Dios, donde reside el verdadero poder. Primero recurrió a la oración para pedir la solución, porque la solución siempre existe.

Pide y se te dará. Cuando utilizas la oración y la meditación como primer recurso, recibes indicaciones claras sobre lo que debes hacer. Si te dices a ti misma: «Ya he hecho esto y no ha funcionado», no te rindas. Desarrollar tu intuición y tu capacidad de escuchar al espíritu es como desarrollar un músculo. La fuerza crece de forma gradual, y es un proceso. Con tiempo y con constancia serás capaz de recibir mensajes claros invitando al espíritu a fluir a través de ti. Ya no tendrás que cargar tú sola con el peso de los retos, ni cuestionar tu capacidad para resolverlos. La inteligencia infinita siempre te guiará hacia tu zona de genialidad.

Comunicarse como una Reina

La comunicación propia de una Reina es un gran tema, y lo exploraremos de mil maneras a lo largo de este libro. La lección de la historia de Ester es articular tu mensaje con claridad, en el momento oportuno y con la estrategia adecuada, sin disculparte. Recuerda que cuando llegó el momento de exponer su petición al Rey, Ester estuvo a la altura de las circunstancias, sin renuncias ni descalificaciones.

Demasiadas mujeres de hoy en día empiezan las frases diciendo «Probablemente sea una pregunta estúpida», «Siento molestarte, pero…» o «Espero que no te importe…», debilitando su posición de inmediato. Por favor, elimina «lo siento» de tu vocabulario; no te sirve ni transmite tu mensaje. Si tienes que reparar un error de verdad, no dudes en decir «Te pido disculpas»; es una declaración mucho más contundente.

Las mujeres suelen tener miedo de exponer quiénes son en realidad y de compartir con el mundo lo que les importa. Así que hemos diluido nuestras voces hablando en círculos o distrayendo la atención de lo que queremos decir con largas historias.

Una Reina no teme ser visible y decir su verdad; participa con confianza en las conversaciones que le importan y no busca la aprobación pública. Como tiene sentido de sí misma y una intuición intacta, es capaz de exponer su punto de vista con claridad. La gente escucha lo que dice porque primero se ha escuchado a sí misma.

Parte de ser una gran comunicadora es ser una gran oyente. Como Reina, escuchas al espíritu, a ti misma y a los demás. Al hacerlo, podrás utilizar tus palabras para crear, sanar, dar poder, bendecir e inspirarte a ti misma y a los demás. El lenguaje es poderoso, y al elegir las palabras de forma consciente, una Reina eleva su autoconversación interna y utiliza su voz al servicio de su vocación.

Estas lecciones de la historia de Ester son eternas. Nunca te descalifiques a ti misma. Reza en lugar de dejarte llevar por el pánico cuando la vida te plantee un reto. Comunícate con confianza y la gente te ayudará con reverencia. Así es como una Reina responde a las crisis de la vida y se conduce con gracia a través de cualquier obstáculo. Tú también tienes acceso a esta poderosa voz femenina interior, y ha llegado el momento de que la conozcas.

La vida secreta de los arquetipos

Mientras estudiaba para obtener mi máster, me preguntaba cómo las mujeres corrientes como nosotras, con nulas perspectivas de sentarnos en ningún trono real, podríamos experimentar plenamente la condición de Reina con todo su impacto y glamur en nuestras propias vidas. Cuando estudié la obra del famoso psiquiatra Carl Jung, amigo por correspondencia de Freud, que creía que casi todo el comportamiento humano puede entenderse a través de la lente de los arquetipos, se produjo un momento *¡Ajá!*

Los arquetipos, que residen en nuestro «inconsciente colectivo» y cobran vida en mitos y fábulas, son personajes extraordinarios que dan forma a nuestros pensamientos y creencias más íntimos, a nuestras acciones y reacciones, impulsando el drama humano a lo largo de todos los tiempos. Todos tenemos un sistema operativo interno que interpreta el mundo clasificando a las personas, los lugares, las cosas y las experiencias en arquetipos.

Jung creía que todas las personas nacían con el mismo modelo subconsciente de lo que es un «héroe», un «mentor» y una «búsqueda», y por eso personas que ni siquiera hablan el mismo idioma se inspiran en las mismas historias.

La evolución de los arquetipos en la cultura pop se hizo aún más reconocible cuando Joseph Campbell introdujo el viaje del héroe en su libro *El héroe de las mil caras*. Lo vimos en acción en *La guerra de las galaxias*, donde conocimos a Luke Skywalker, Darth Vader y Yoda, que representan al héroe, la oscuridad y la sabiduría interior.

También vimos el *viaje de la heroína* en *El mago de Oz*, donde Dorothy y sus amigos representan nuestros deseos y poder interiores, así como nuestras inseguridades y miedos. Cuando me di cuenta de que estos personajes extraordinarios no sólo viven dentro de nosotras, sino que son las fuerzas que contribuyen a fortalecer o destruir nuestras vidas, me obsesioné con cómo utilizar los arquetipos de forma magistral para vivir la vida épica.

Conoce tus arquetipos internos

De todas las figuras simbólicas de la psique humana, fue el arquetipo de la Reina el que realmente me hipnotizó. Es la feminidad en su forma más poderosa y, sin embargo, no es del todo femenina, lo cual me encantó. No es una diosa ni una sacerdotisa; es una mezcla magistral de lo masculino y lo femenino. Como ilustra la historia de Ester, a veces está en su energía masculina, iniciando, liderando, comunicándose directamente y actuando en nombre de su propósito. Otras veces, es muy femenina, alimenta su conexión espiritual, recibe tratamientos de belleza o se viste con sus mejores galas reales.

La Reina capta la totalidad de la vida y la naturaleza humana. Como verás a lo largo de este libro, cada vez que acudas a tu Reina interior en busca de orientación, te sorprenderá el poder y la claridad que residen en ti. A la inversa, todos tenemos arquetipos internos (normalmente inconscientes) que, si no los controlamos, nos hundirán. Ilustraré la forma en que estas sombras oscuras pueden aparecer para sabotear nuestro éxito y calidad de vida, y cómo volver exactamente a tu estatus de Reina.

Los peligros de ser Princesa

Empecemos por explorar en qué se diferencia la mentalidad de Reina de la de *Princesa*. Las Princesas esperan ser salvadas por su príncipe y necesitan que todo en su vida sea perfecto o, de lo contrario, reaccionan de forma desagradable. Además, son ingenuas y esperan que el mundo les sea servido en bandeja de plata. Una Reina, en cambio, es sabia y comprende que, a pesar de lo que pueda parecer, todo sucede *para* ella, no a ella, como preparación para vivir su propósito. Es consciente de su poder y sus capacidades y sabe que en ningún momento está sola, porque está cocreando con el universo.

He aquí otras distinciones esenciales entre los arquetipos de Reina y Princesa:

Princesa	*Reina*
Quiere caer bien	Segura de sí misma
Emocionalmente perdida	Orientada a un propósito
Ingenua	Sabia
Evasiva	Afronta la vida con confianza
Vive en la fantasía	Crea su propia realidad
Espera que la vida sea perfecta	Sabe que hay una razón para todo
Espera ser salvada	Asume su responsabilidad personal
Teme los retos	Obsesionada con buscar soluciones
Se menosprecia	Se comunica directamente
Se queja y culpa	Da a los demás el beneficio de la duda
Siente que tiene privilegios	Benevolente

La era de la Reina es ahora

Cuando me di cuenta del poder de entrar en este arquetipo, decir que me obsesioné con todo el tema de la Reina es quedarse corto. A través de actividades como organizar retiros de la Reina Ester e impartir cursos sobre temas de cómo convertirte en Reina de tus finanzas y relaciones, me sentí impulsada a compartir esta historia transformadora y su poderoso mensaje con mujeres de todo el mundo.

Nunca ha habido un momento más importante en nuestro planeta para ser una Reina. Éste es tu momento para mostrar al mundo quién eres y de lo que eres capaz. Éste es tu momento para conectar con tu Dios y aclarar con seguridad *tu* propósito único. Ya no tienes que malgastar tus años escondiéndote por los rincones, y no tienes que disculparte por quién eres y cuál es tu destino. Para eso viniste, para hacer tu contribución más valiosa, con un mayor sentido de poder y un propósito completo. Estás siendo llamada para un momento como éste.

Aceptar tu llamada a ser Reina

EJERCICIO

Es tu turno de obtener claridad y profundizar en tu comprensión de cuál es tu propósito. Reflexiona: ¿qué significa para ti ser una Reina? Saca tu diario y escribe tu visión. No puedes hacerlo mal (sólo una Princesa tiene miedo de no hacerlo bien). Piensa para qué te ha estado preparando el universo que has estado postergando.

«Para un momento como éste», ¿te han empujado a poner en marcha un proyecto que te apasiona, a acoger a un niño, a volver a estudiar, a escribir un libro, a colaborar como voluntaria en una campaña o a formar una familia y, sin embargo, quizás te has comportado como una Princesa, diciéndote a ti misma que no tienes tiempo, que no sabes lo suficiente o que no estás preparada?

Mientras que una Princesa evita su vocación por miedo, una Reina declara: «Voy a dedicar tres horas al día a trabajar en mi propuesta de libro, segura de que mi manuscrito marcará una diferencia en la vida de los demás». Como aprendimos de Ester, una Reina nunca pone excusas, ni descarta su capacidad, ni dice que no puede hacerlo, ni deja para el futuro cosas a las que debería prestar atención hoy. Pide orientación espiritual, toma una decisión y actúa. Empieza ahora reflexionando sobre cuál es tu vocación y afirmando que con Dios todo es posible, y actúa hoy en favor de tus sueños.

PARTE II
Tu iniciación real

5

Salir de las sombras

¿Vida épica? ¿Instintos femeninos? ¿Posibilidades ilimitadas? ¿Ser Reina? ¿Cómo se supone que vamos a crear una vida fabulosa y dar prioridad al placer cuando nuestro perpetuo estado de agobio hace que nuestra mayor victoria posible consista en llevar los cuatro grupos de alimentos a la mesa esta noche? ¿Cómo es posible ser descaradamente extraordinarias cuando estamos tan estresadas a nivel económico que la sola idea de entrar en nuestra banca electrónica es suficiente para que nuestro sistema nervioso entre en código rojo? ¿Cómo podemos estar seguras de nuestra vocación cuando el compromiso de comprar un billete de avión doméstico nos parece tan arriesgado y definitivo como el de hacernos un tatuaje y adoptar a un niño de Papúa Nueva Guinea a la vez? Si la vida épica nos parece inalcanzable, es porque hemos desterrado a la Reina de su trono. En su ausencia, la niña de siete años que llevamos dentro ha tomado las riendas, ha huido del castillo a caballo y ahora trota de forma temeraria por los desvíos de la vida.

Estamos a punto de aclarar con compasión por qué la mayoría de las mujeres no viven como Reinas y cómo poder darle la vuelta cuanto antes. No te preocupes: *no estás sola* y *no es culpa tuya*. Es la misma razón por la que sientes que «no tienes lo que hay que tener», crees que no eres digna de ser amada o andas por ahí preguntándote cosas: «¿Quién soy yo para conseguir un ascenso, contratar a una asistenta, conducir un Porsche o hablar de los asuntos del mundo?».

Sin rodeos: *a todas nos han lavado el cerebro* hasta los siete años. Puede sonar aterrador, pero afortunadamente para una Reina la situación es totalmente reversible, y eso es lo emocionante. Tenemos la oportunidad de recibir esta aterradora noticia como lo que realmente es. Diseñar su mentalidad es una de las habilidades más divertidas y fortalecedoras que una mujer puede desarrollar. Descubrirás tu capacidad de controlar tus pensamientos y, por tanto, de moldear el resultado de tu vida, y no al revés. Si tu cerebro está produciendo resultados menos que ideales para ti, es porque ha sido programado con falsedades y ha estado funcionando con el piloto automático de la escuela primaria desde entonces.

Permitir que las falsas creencias de otras personas, comúnmente conocidas como *condicionamiento*, se apoderen de tu vida termina ahora. Este capítulo te pondrá en consonancia con lo que realmente te importa para que puedas retomar las riendas, volver al palacio y sentar a tu yo adulto en el trono para siempre.

¿Qué es el condicionamiento?

Tu cerebro es una poderosa máquina de materializar. La popular filosofía «los pensamientos se convierten en cosas», acuñada por el autor del nuevo pensamiento, Prentice Mulford, allá por el siglo XIX, describe cómo todo lo que vemos y experimentamos en el mundo se origina en nuestra mente. Sí, nuestros pensamientos crean nuestra realidad, y nuestras mentes se empeñan en darnos lo que *creen* que deseamos, basándose en lo que nos han condicionado a creer.

Mi preciosa e inteligente amiga Katie, por ejemplo, parecía tener la peor de las suertes con los hombres. Siempre se enamoraba de tipos emocionalmente inaccesibles o de los que no estaban «en sus cabales», por lo que estaba siempre sin pareja. Cuando por fin consiguió pasar tres meses apasionados y tórridos con Rob, un abogado divertido y de éxito con un apartamento elegante, no podía creerlo. Durante la cena me confesó:

—¡No puedo creer que quiera que lo nuestro sea exclusivo! Es mejor de lo que podía imaginar. Está hecho para el matrimonio.

La estancia de Katie en el séptimo cielo duró poco. Lo que empezó como un gozoso asombro pronto se convirtió en desconfianza. La calidez inicial de Rob se enfrió de un modo sutil que Katie temía mencionar, no fuera a ser que la llamaran loca. Sin embargo, no podía ocultar su inseguridad neurótica. En el fondo, no se creía merecedora de un buen partido. Al crecer con un padre que entraba y salía de su vida, su condicionamiento era que no se podía confiar en que los hombres permanecieran a su lado a largo plazo. Como en realidad no creía que un romance duradero fuera posible para ella, empezó a comportarse como la mujer indigna que tanto temía ser: buscando peleas constantes, necesitando la afirmación constante de Rob y descuidando su propia vida en el proceso. Estaba tan centrada en el miedo a que Rob nunca la quisiera lo suficiente que al cabo de seis meses consiguió exactamente eso, cuando él la llamó diciéndole que necesitaba un poco de espacio.

En psicología, el *condicionamiento* es la programación que se ha incrustado en la reserva más profunda de tu mente, tu subconsciente. Sean cuales sean los pensamientos de tu programación subconsciente, positivos o negativos, tu cerebro intentará conseguirlos por ti. Hasta que no seamos conscientes de los pensamientos que hemos dejado vivir en nuestra mente, no seremos capaces de dirigir los resultados de nuestras vidas.

Para ser justos, el condicionamiento no siempre tiene que ver con creencias de baja vibración y pensamiento limitado. También podemos dar las gracias a quienes nos criaron por nuestra visión positiva del mundo. Digamos que tu madre tenía un don para encontrar una buena oferta de casa en la mejor zona de la ciudad y, por eso, ahora tienes un excelente karma inmobiliario, asegurándote siempre la residencia ideal. Crecer con un padre divertido que creía que la vida es corta, así que es importante festejar con los que quieres a lo grande, podría explicar por qué te has convertido en una organizadora de fiestas *extraordinaria*. Además, tu corazón se enternece de forma natural al recordar cómo tus padres te condicionaron a ser generosa con los necesitados, de modo que, hoy en día, siempre te aseguras de que haya suficiente dinero en tu presupuesto para la donación mensual que elijas.

Sea cual sea el maravilloso condicionamiento que tengas y que esté alineado con tus valores, asúmelo y fortalécelo. El resto de este capítulo te ayudará a ver las áreas que te frenan y te empequeñecen para que puedas reemplazar tu condicionamiento negativo con pensamientos y creencias que servirán a tu gran propósito.

Condicionada a aspirar a poco

Con el condicionamiento, lo que hemos dado por cierto son creencias como éstas: «Sólo se puede ganar una cierta cantidad de dinero»; «Todos los hombres buenos están ocupados»; «Perder peso llevará una eternidad»; «Comprar una casa es la opción responsable y nada es más importante que ser responsable»; «Es difícil encontrar una buena ayuda»; «La semana en yate nunca será una opción; aunque suene bien, no puedes convertirte en tu propia jefa y reemplazar tu salario corporativo». ¡Ay! Tu alma (no tus pensamientos) siempre supo que esto no era cierto.

Mientras creamos en la verdad de los demás y no en la nuestra, viviremos una versión de la vida sin vivir. Sean cuales sean las historias que guionizan tu realidad, todas estamos condicionadas a pensar que la vida es así. Los trabajos «seguros» que nos alejan de la carrera de nuestros sueños, las tres mismas prendas en nuestro armario a las que estamos limitadas desde que engordamos esos kilos porque son las únicas que nos quedan bien, la tensión mandibular después de las llamadas telefónicas de nuestra suegra que desearíamos no tener que coger; todo se reduce a la creencia fundamental de que no somos merecedoras de algo mejor.

No es que no haya soluciones para todos nuestros deseos. Es que nos han programado para creer que no estamos concebidas para tener ese nivel de salud, felicidad y éxito. Nuestro condicionamiento nos hace esperar menos de lo que el universo diseñó. Nuestros pensamientos están constantemente funcionando como una máquina, creando acciones y hábitos para producir exactamente lo que creemos y nos decimos a nosotras mismas. Hemos tomado los datos de nuestras experiencias de vida, lo que nuestros padres nos enseñaron, y cómo la sociedad y la cultura nos dijeron que fuéramos, y hemos utilizado esos datos para definir nuestra verdad y, lo que es peor, nuestro futuro.

Hasta que no entremos en nuestro poder femenino y seamos lo suficientemente conscientes como para desarraigar estas creencias preprogramadas, ninguna cantidad de deseo o trabajo duro puede disipar la influencia que tienen para crear un sufrimiento innecesario e interminable. Ni siquiera las pruebas de la vida real de nuestra capacidad para triunfar demostrarán que están equivocadas. Al menos no durante un período de tiempo significativo. Muchas mujeres consiguen alcanzar cierto nivel de éxito con fuerza de voluntad, pero el condicionamiento es astuto si no se cuestiona. He visto a muchas de mis amigas y clientas más inteligentes y exitosas ceder bajo el peso de sus historias condicionadas, dejando que el pensamiento limitado de otras personas les impida desarrollar todo su potencial profesional y amoroso, incluso después de haber demostrado lo capaces que son.

La Saboteadora ataca

Siendo una joven ejecutiva insatisfecha en la vida empresarial, Michelle se sintió impulsada e inspirada desde el punto de vista espiritual a crear su propia empresa. Estaba dispuesta a trabajar duro, así que al principio se convirtió en «emprendedora de fin de semana» y estuvo a caballo entre ambas responsabilidades durante unos años. Agotada por tanto malabarismo decidió buscar apoyo y orientación para dedicarse por fin a tiempo completo al negocio de sus sueños. Se inscribió en uno de mis programas de mentoría para recibir la formación empresarial, el desarrollo personal y la orientación espiritual necesarias para reprogramar su mentalidad desde la pequeñez y la carencia. Con sus nuevas creencias basadas en la posibilidad y no en lo que aprendió de niña, presentó su dimisión con valentía, se liberó de las esposas de oro y se marchó lo suficientemente segura como para dedicarse a tiempo completo a su visión empresarial.

Todos sabemos cómo es empezar algo nuevo. Ya sea seguir tu carrera de cantante, hornear un suflé o apuntarte a clases de danza clásica después de un paréntesis de tres años en el gimnasio, los resultados pueden sufrir altibajos al principio. Del mismo modo, mientras Michelle seguía trabajando para reprogramar su mente, sus ingresos esporádicos reflejaban sus creencias tambaleantes. La preparé para superar su condicionamiento basado en el miedo y desarrollamos un sólido plan de *marketing* para atraer a los clientes y el dinero que deseaba. La reté a que siguiera el asesoramiento, se centrara en ello y se comprometiera a obtener los resultados de los que era capaz.

Como la mujer poderosa que es, Michelle entró con toda su fiereza femenina, recitando sus mantras y dando prioridad a sus rituales diarios. Siguiendo su rutina matutina con jornadas de trabajo muy estructuradas e intencionadas, en treinta días ganó veinte mil dólares, su mes de mayores ganancias hasta la fecha.

Increíble, ¿verdad? Ahora bien, podrías pensar que esta historia termina con Michelle en un caftán vaporoso, en un yate en algún lugar del Mediterráneo, en una conferencia telefónica con Oprah y Richard Branson. Vamos, que, si puedes ganar veinte mil dólares en un mes, de la nada, puedes hacer cualquier cosa, ¿no?

Sin embargo, al mes siguiente, en lugar de aumentar o al menos repetir sus ingresos probadamente posibles, Michelle se ausentó sin aviso de su negocio y de sus compromisos de mentoría conmigo. Dejó de participar en nuestras llamadas de asesoramiento en grupo e ignoró los correos electrónicos de reconexión de mi equipo.

¿Quizá sólo necesitaba un respiro antes de volver a su negocio? Ojalá. Cuando por fin reapareció en una llamada, le pregunté cómo iba su estatus de estrella del rock. Fue entonces cuando me comunicó que el negocio se había ralentizado hasta estancarse, que se había endeudado y que, en consecuencia, iba a cerrar el negocio, actualizar su perfil de LinkedIn y regresar a rastras a la vida empresarial.

A continuación, Michelle confesó que, tras su rápida victoria financiera, había optado por tomarse doce días libres para irse de crucero y de compras hasta el punto de gastarse *todo* el dinero que había ingresado. ¡No me extraña que no pudiera mantener a flote su nuevo negocio! La última vez que hablamos, yo había respaldado sus deseos y afirmado que sus vacaciones y su vestuario de alto nivel estaban destinados a ella, en cuanto consiguiera que su negocio le permitiera mantener ese estilo de vida, y también le había explicado que, como nueva empresaria, necesitaba reinvertir una gran parte de los ingresos en su negocio para estabilizarlo. Michelle reconoció que estaba de acuerdo, pero no había seguido la mentoría.

Llegados a este punto, muchas mujeres se preguntarán: «¿Y si Michelle fue guiada espiritualmente para perseguir esta visión "poco práctica" y en realidad estaba destinada a conducirla al éxito?». Es cierto que el espíritu a veces te guiará para que des prioridad al placer o para que asumas lo que parece un riesgo, pero no fue así en este caso. El espíritu nunca te orientará para que sabotees tu éxito o caigas en una borrachera de hábitos autodestructivos. Se puede afirmar con seguridad que el hecho de que Michelle abandonara su negocio gastando todo su dinero no fue una guía divina, aunque su Princesa interior estuviera tentada de creerlo así. Como Reina, tener una intuición intacta y un claro poder de discernimiento es la forma de distinguir entre las verdaderas directrices espirituales y los impulsos basados en el miedo.

Aunque las rachas de autosabotaje no son precisamente infrecuentes, siempre tengo curiosidad por saber cuál es el condicionamiento específico cuando una mujer tan inteligente se hace esto a sí misma. Así que le pregunté a Michelle *por qué*, después de experimentar su propio poder y potencial como Reina con plena autoría sobre su propio éxito financiero, había renunciado a vivir su sueño supremo y había tirado su negocio a la basura.

Me respondió:

—He sido muy irresponsable. Creo que no sirvo para esto. No puedo mantener la pasión y el compromiso.

—¿Incluso después de haber ganado veinte mil dólares en un mes y haber demostrado que podías ganar mucho más dinero por tu cuenta que en tu trabajo en la empresa? –pregunté, sabiendo que había un bloqueo más profundo.

—Bueno… ese mes de veinte mil dólares fue sólo algo puntual –dijo Michelle, tratando de convencerme–, como maná caído del cielo. Tuve suerte y no creía que volviera a ocurrir.

Mientras seguía asesorándola, desentrañamos la diferencia entre los pensamientos de Michelle y sus creencias. A nivel intelectual, Michelle es superinteligente y *sabe* que puede mantener un negocio rentable haciendo lo que le gusta. No obstante, al mismo tiempo sus *creencias* le decían lo contrario. Cuando crees que tienes talento y, sin embargo, tu objetivo no se cumple, es una señal inequívoca de que tu condicionamiento está dirigiendo el cotarro.

En el fondo, Michelle creía que no era capaz de ser nada más que una estrella de un solo éxito. Cuando se decía a sí misma que siempre «se aburre fácilmente y abandona», su cerebro convertía eso en su realidad, saboteando su potencial. Lo que a primera vista podía parecer un exceso de confianza, en realidad era miedo inconsciente. Deseaba un negocio de éxito a nivel de pensamiento, pero en realidad nunca creyó que fuera posible. Así pues, tenía tanto miedo de no poder tener su carrera y su estilo de vida deseados que, en señal de desafío, se dio el atracón compulsivo de vivir toda su fantasía de Princesa de golpe.

A partir de ahí, descubrimos que, de niña, Michelle aprendió de sus padres toda esta historia basada en el miedo.

«Mi padre tenía grandes sueños, pero miedos aún mayores», me dijo. «Nos llevaba a jornadas de puertas abiertas de casas de lujo, entusiasmaba a toda la familia con la idea de mudarse y luego se echaba atrás en el último momento porque tenía demasiado miedo a invertir. También vi a mi madre probar muchas profesiones distintas. Se obsesionaba con algo nuevo, se lanzaba a por ello y lo dejaba en el último momento. Considero a los dos como personas que no ven las cosas con claridad, y ahora yo estoy haciendo lo mismo».

Rendirse era el condicionamiento de Michelle. Lo que vio en sus padres se convirtió para ella en su identidad. Aprendió que las cosas buenas de la vida eran demasiado difíciles, demasiado inciertas o demasiado trabajo para «alguien como ella». Inconscientemente, estaba tan comprometida con su autoimagen de no perseguir sus sueños, que su condicionamiento la sedujo con rapidez, alejándola de su camino espiritual, guiado por un propósito, y devolviéndola a las garras del sueldo empresarial. Como ves, Michelle no había adoptado el arquetipo de Reina a la hora de dirigir su negocio. En su lugar, era otro personaje el que dirigía el espectáculo: la *Saboteadora*.

Como recordarás del capítulo 4, los arquetipos son los personajes internos que dirigen nuestras vidas en secreto. Adoptamos por defecto ciertos arquetipos porque nos los han presentado como la forma de actuar en la vida. En nuestras experiencias formativas, buenas o malas, aprendimos que representar esos papeles es la forma de sobrevivir, prosperar y establecer nuestro valor. Alinearnos con estas viejas líneas argumentales es la forma en que obedecemos para mantener un sentido de pertenencia en nuestras familias o nos apartamos en señal de resistencia. Eso es lo que le ocurrió a Michelle. Por desgracia, justo cuando estaba a punto de volar a través del techo de cristal de la historia de sus padres, apareció la Saboteadora y le cortó las alas.

Michelle no es la única que deja que su condicionamiento de falta de poder le robe el espectáculo. Todas somos mujeres inteligentes a las que la Saboteadora nos ha sorprendido en las áreas de nuestra vida que más nos importan. Su ataque furtivo suele producirse cuando estamos a punto de crecer y tememos el cambio de forma inconsciente. Totalmente empeñada en limitarnos, la Saboteadora puede paralizarnos con la duda sobre nuestra capacidad para lograr lo que más deseamos. Su artimaña suele consistir en hacer que nos escondamos de nuestros amigos y mentores para que no puedan pedirnos explicaciones. Mientras nadie, y mucho menos nuestra Reina interior, está mirando, la Saboteadora nos convence para que hagamos lo contrario de lo que sabemos que nos llevará a nuestro objetivo final. Seducidas por su sofisticada lógica, no nos damos cuenta de su intromisión hasta que el daño está hecho.

Para las Reinas como nosotras, esta autodestrucción demasiado común termina ahora. Identificar dónde te has estado saboteando a ti misma y haciéndote pequeña, echándote atrás en el último minuto y dejándote llevar por un desvío tras otro, arrojará una luz abrasadora sobre las sutiles artimañas de la Saboteadora. Éste es tu momento para reclamar la verdad de que estás al mando y reacondicionar tus creencias para que la malvada S sea expulsada de tu vida de forma permanente.

Retomar las riendas

Te honro por tu valentía al echar un vistazo profundo a tu vida y ser honesta sobre cuáles son tus propias creencias condicionadas limitantes y cómo pueden estar alimentando a tu Saboteadora interior. Recuerda que no es culpa tuya que hayas llegado a ser así; simplemente has seguido lo que te enseñaron. Escuchando a los arquetipos privados de poder es como has sabido estar a salvo.

Te lo dice una mujer cuya antigua Saboteadora la mantuvo arruinada, endeudada y soltera durante más de una década: puede dar miedo desafiar lo que hemos asumido como sagrado durante tanto tiempo y reescribir las reglas. Puede parecer infundado cuestionar lo que durante toda tu vida han sido tus creencias fundamentales. Sin embargo, al final resulta liberador. Identificar exactamente dónde aparece la Saboteadora te conducirá a tu verdad. Se acabaron los días en los que prestabas atención a las historias de los demás.

Fin del sabotaje

EJERCICIO

Es hora de encender los focos de tu propio condicionamiento saboteador para que tu Reina pueda volver a ocupar el centro del escenario. ¿Qué creencias limitadas te han mantenido oculta entre bastidores? ¿Te has estado diciendo que no eres digna de la dicha matrimonial o del éxito de una superestrella, y desde luego no de ambas cosas a la vez? ¿Has estado escuchando a la voz que dice que tus sueños no son realistas y que no tienes lo que hay que tener para lanzar un canal de YouTube, conseguir una ronda de financiación para tu empresa emergente o contratar ayuda a tiempo parcial para poder disfrutar de la fiesta del quinto cumpleaños de tu hijo en lugar de limpiar los restos de la piñata?

Este ejercicio te ayudará a identificar cómo te has estado autosaboteando y por qué, para que puedas liberarte de las creencias limitantes que te han estado frenando. ¡Saca tu diario y despidamos a la Saboteadora para siempre!

Paso 1. *Pregúntate dónde anhelas algo mejor en tu vida*

Piensa en un área de tu vida que sea importante para ti, en la que sigas esperando que una situación mejore y, sin embargo, nada cambia. Puede ser cualquier cosa, grande o pequeña. ¿Sigues haciendo tareas sin sentido que dominas en el trabajo, aunque sabes que eres capaz de emprender proyectos más emocionantes? ¿Sigues quejándote de tus ruidosos vecinos mientras descartas tu deseo de tener una casa en el campo? ¿Sigues diciendo que vas a darle un toque picante a tu matrimonio, pero no recuerdas la última vez que fuisteis a cenar sin estar los dos pendientes del teléfono todo el rato, de modo que realmente pareciera una cita?

Para guiarte a través del ejercicio, pongamos el ejemplo de que te has marcado el objetivo de perder algunos kilos de más y lucir un cuerpazo en ese traje de baño nuevo para cuando tú y tu pandilla vayáis a Phuket a celebrar los cuarenta años de tu amiga.

Paso 2. Identifica dónde tus acciones están en discordancia con tus palabras

Una Reina comprende que desear algo, e incluso saber que puedes tenerlo, no basta para manifestarlo, sobre todo cuando las creencias limitadoras dicen lo contrario. Puede que pienses que lo estás «intentando todo» para alcanzar tu objetivo de perder peso para tu escapada a Tailandia, pero seamos sinceras. Sí, has reactivado tu suscripción al gimnasio; también te has comprometido a beber litros de agua al día, a hacer ejercicio a primera hora de la mañana y a subsistir a base de ensaladas de col rizada. Hecho, hecho y hecho. Entonces llega el tercer día. Son las ocho de la tarde; ha sido un día largo y duro y te pones a pensar en pasta y chardonnay. Cedes al antojo, te sirves una copa de Chablis, hierves agua y, una vez que los *cavatelli* están perfectamente *al dente* y generosamente untados con mantequilla, espolvoreas el queso parmesano por encima.

A la mañana siguiente, cuando suena el despertador, pulsas inmediatamente el botón de posponer. Todavía te sientes llena y aletargada. El último lugar al que te apetece ir es a la clase de pilates fusión en el gimnasio. Te das la vuelta y te dices que irás mañana, y este patrón de «voy, no voy» se convierte en el *statu quo* durante semanas. Mientras tanto, el número de la báscula no se mueve. La Saboteadora te ha parado en seco.

Tanto si has elegido tu salud, tu carrera, tu matrimonio o la decoración de tu habitación de invitados, escribe las formas exactas en que tus acciones no están alineadas con tus palabras, lo que te aleja de tus objetivos. Identifica cómo te has estado saboteando a ti misma para que podamos liberar el poder de tus condicionamientos.

Paso 3. Enfréntate a la Saboteadora

Es mucho más difícil gestionar lo que no puedes ver, así que corramos la cortina y revelemos la identidad de la Saboteadora. Visualizar cómo es este arquetipo para ti te ayudará a ver venir sus ataques furtivos. Pasa a una página nueva de tu diario, cierra los ojos y pide a la Saboteadora que te muestre su aspecto. A veces es una persona, a veces es una imagen, o pueden ser palabras u objetos. Dibuja lo que veas. Hace falta valor para enfrentarse a lo que puede parecer una energía muy negativa, y es comprensible que quieras evitarla. Este dibujo es tu oportunidad de ver quién es la Saboteadora y sacarla de tu cuerpo, y sabes que da mucho más miedo dejarla ahí, en las sombras.

A continuación, explora por qué ha aparecido la Saboteadora, preguntándole qué mensaje o mensajes tiene para ti. Todo arquetipo trabaja siempre en favor de un beneficio secundario, un beneficio inconsciente que puede socavar tu objetivo consciente y que, sin embargo, te ayuda a sentirte «a salvo» de una experiencia temida. En el caso de nuestra dieta antes de ir a Phuket, podrías decir: «¿Por qué sigues apareciendo para sabotear mi pérdida de peso?». La Saboteadora responderá con palabras, frases o imágenes. Podría responder con un mensaje como: «Si sigues engordando, podrás posponer el hacerte una foto y crear tu perfil de citas por Internet, y no tendrás que enfrentarte a tu miedo al rechazo romántico»; demostrando claramente que la ganancia secundaria que obtienes por seguir engordando y sabotearte a ti misma tiene que ver con tu necesidad de sentirte protegida en tu vida amorosa.

Puede que la Saboteadora te haga creer que «Haga lo que haga, nunca tendré un cuerpo estupendo»; o «Perder peso es demasiado trabajo y llevará demasiado tiempo». La razón por la que tienes esta creencia es que viste a tu hermana mayor, a la que idolatrabas, probar todas las dietas y todos los programas de adelgazamiento que existían sin perder nunca esos kilos, y ahora estás recreando su realidad, que te sirvió de ejemplo. La ganancia secundaria de seguir sus pasos es encajar en tu familia al no ser considerada más fabulosa que ella.

Detrás de cada acto de autosabotaje hay una creencia limitante (o treinta). Echa un vistazo a cuáles son las tuyas. ¿Crees que no puedes hacer lo que te gusta y ganar mucho dinero? ¿Crees que la única forma de tener más tiempo libre es reducir el tamaño de tu empresa? ¿Tienes miedo de que, si tienes demasiado buen aspecto, intimides a tus amigos, y te aísles? ¿Te dices a ti misma que tus días de gloria han quedado atrás? ¿Has renunciado a la idea de que tú y tu pareja podáis divertiros juntos en esta vida? ¿O te has convencido de que nunca atraerás a una persona con la que realmente tengas química?

Una vez que hayas recibido el mensaje de la Saboteadora, puedes desestimar su poder respondiéndole: «Gracias por revelarme por qué has estado dirigiendo el espectáculo. Ya no necesito tu ayuda con mi cuerpo, mi salud y mi forma física; ya no quiero tus consejos sobre el amor, y ya no seré presa de las limitaciones de mi hermana mayor. Ahora vete; ya no tienes poder sobre mí. He decidido buscar consejo en otra parte».

Paso 4. Invoca a tu Reina interior

La forma más fácil de llamar a tu Reina es a través de la meditación. Siéntate en un lugar tranquilo y sin distracciones, cierra los ojos y respira profundamente. Pídele simplemente que se revele ante ti.

Hola, Reina.

Necesito tu ayuda. Deseo tomar mejores decisiones en el ámbito de la pérdida de peso, y sé que tú tienes las respuestas. Ahora sé que he estado utilizando mi inseguridad corporal para mantenerme a salvo en mi soltería y evitar el miedo a exponerme. Sin embargo, no me ha mantenido a salvo; me ha mantenido sola. Te pido que me guíes para tomar decisiones positivas y sanas a la hora de salir con alguien, de modo que ya no tenga que cargar con esos kilos de más. Por favor, enséñame por dónde empezar. Por favor, dame el valor de abordar las relaciones con la convicción de que puedo ser amada y apreciada por alguien de quien esté locamente enamorada.

Además, en lo que se refiere a la comida y el ejercicio, recuérdame que puedo tomar las decisiones adecuadas para mí y seguir las que me lleven al éxito de forma placentera, sin privaciones y con grandes resultados.

Al invocar a tu Reina interior, accederás a un nivel adulto de madurez emocional y a una mentalidad liberada. Te dirá cuál es la solución y qué puedes hacer de inmediato para poner en práctica el paso 5 y trascender tu condicionamiento.

Paso 5. Prepárate para el éxito

Igual que donde hay luz no puede haber oscuridad, el autosabotaje no puede existir cuando tu Reina está al mando. Si te ve tentada a desviarte del camino, te recuerda tu objetivo. ¿Es realmente importante perder peso? Querer no cuenta. Una Reina es realista sobre cuál es su prioridad y toma una decisión en un sentido u otro.

A veces las mujeres se autosabotean porque han mezclado sus propios deseos con lo que ven hacer a otras personas. Por ejemplo, he visto a nuevas empresarias fijarse objetivos financieros agresivos con sus empresas emergentes porque han visto los grandes resultados que han conseguido las superestrellas emprendedoras, comparando el principio de su viaje con la mitad de otro. Pero luego siguen quedándose cortas y castigándose por no dedicar el tiempo necesario, hasta que se dan cuenta de que no tienen ningún problema en ser mantenidas económicamente por su pareja, y trabajar muchas horas para avanzar a toda prisa hacia las seis cifras no es su necesidad ni su verdadera prioridad como Reina.

Por otra parte, si una Reina determina que alcanzar sus objetivos financieros es la máxima prioridad, hará lo que haga falta para ser fiel a su palabra. Si ponerse en forma y estar estupenda en bañador este verano es su objetivo, activará su fuerza de voluntad y disfrutará de sus entrenamientos y comidas macrobióticas. Garantizará su éxito siguiendo una política de cero excusas y se proporcionará a sí misma el apoyo y la responsabilidad que merece.

Recibir ayuda no significa que seas débil, y las Reinas no son tacañas consigo mismas. El enfoque femenino en cualquier situación de autosabotaje continuo es empoderarte para recibir ayuda y conseguirla rápidamente. Es tener la sabiduría de comprender que, si hubieras podido hacerlo sola, ya lo habrías hecho. La ayuda para ponerte en forma puede consistir en concertar una cita con un entrenador personal, un compañero para correr, un asesor de salud o programar un servicio de reparto de comidas. Para tu deseo u objetivo específico, puedes optar por trabajar con un terapeuta para conocerte a ti misma, apuntarte a Toastmasters para preparar tu conferencia en el Lincoln Center, contratar a un asesor empresarial para poner en marcha tu marca multimillonaria, apuntarte a clases de canto para conseguir tu contrato discográfico o matricularte en un programa de formación de profesores de yoga para poder dirigir retiros de bienestar en Bali. Hazlo; cueste lo que cueste.

Escribe cuál es tu decisión y cómo vas a rendir cuentas. Afirma que tu deseo es posible para ti: «Soy capaz de cumplir mis objetivos de forma física y me comprometo a llamar *hoy* a mi mejor amiga para que sea mi compañera para salir a correr». Una reina sabe que debe actuar en el presente y prepararse para el éxito, así que no te demores. Tu vida épica y tu cuerpo playero te están esperando.

6

La enfermedad de querer agradar

Por fin has conseguido la codiciada reserva en el nuevo restaurante del que hablan maravillas todos tus amigos amantes de la buena comida. Vas a derrochar, pero te lo has ganado y te vas a dar un capricho esta noche. Te decides por el filete de *wagyu* cubierto de trufas blancas. Mientras cortas con entusiasmo el perfecto manjar japonés que se deshace en la boca, se te cae el alma a los pies. Ves que tu filete «poco hecho» está en realidad al punto (y un poco más). Acabas de confesar tu extrema decepción a tu amiga cuando el camarero se acerca para preguntar:

—¿Qué tal está todo?

En un acto reflejo, esbozas una sonrisa y, como un rayo, mientes descaradamente: «¡Genial, gracias!», porque no quieres parecer demasiado exigente ni molestar al cocinero.

Es probable que hayas sentido este mismo impulso de endulzar tu verdad al menos una vez en la peluquería. Como aquella vez que pediste ondas playeras y flequillo a lo Taylor Swift y te encontraste con Chewbacca mirándote en el espejo. «¡Perfecto!», le dices con cierta incomodidad a tu estilista, porque prefieres salir de allí cuanto antes para irte a casa y arreglarlo tú misma antes que herir sus sentimientos.

Y probablemente hayas estado en un vuelo largo en el que, a pesar de tus esfuerzos por hidratarte, has acabado tan sedienta que darías con mucho gusto tu número de la seguridad social a cambio de un vaso de agua. Te sientes aliviada al ver acercarse a la azafata hasta que compruebas que está bastante ocupada y no muy contenta de que el pasajero

17B haya pulsado el botón «llamar a la azafata» *otra vez*. Así que bajas la mano porque no quieres ser una pesada y molestarla.

¿Por qué este ridículo miedo entre las mujeres a que si hablamos no vamos a caer bien, ni nos van a aceptar, incluso cuando nuestra verdad es simplemente «tengo sed»? Sé que mi marido no dudaría en hacer señas a la azafata por muy apretado que llevara el moño. ¿Por qué nos da tanto miedo incomodarnos y sacrificar nuestras necesidades?

Ya sabes por qué. Es tu instinto femenino herido que se siente incómodo al recibir, pero esta vez se manifiesta en forma de enfermedad de querer agradar. Lo que empezó en la infancia como tu deseo y necesidad de agradar a tus padres, a tus profesores, a tu dentista y a Tiffany, la chica guay del patio del colegio, acabó convirtiéndose en una enfermedad de agradar a casi todo el mundo: cónyuges, hijos, mascotas, jefes exigentes, cuñadas estiradas, amigos que requieren mucho mantenimiento, plantas necesitadas y Hacienda.

Mi diagnóstico sorpresa

Cuando era una joven de veintitantos años con un máster en psicología clínica, no me identificaba *en absoluto* como una persona complaciente. Como había ido a terapia desde séptimo curso y había hecho mucho trabajo de desarrollo personal y de mi niña interior, no me consideraba insegura ni mucho menos codependiente.

Codependencia es el término clínico utilizado para describir la adicción a satisfacer tus necesidades emocionales y de autoestima a través de otras personas o cosas. Lo más habitual es que esta adicción se aferre a una sola persona, de ahí la famosa *relación codependiente*. Sin embargo, la codependencia también puede manifestarse en la dependencia de las drogas, el alcohol, los «me gusta» de las redes sociales u otras fuentes externas de validación.

Había estudiado las formas en que la codependencia aparece en la vida de una persona. Aun así, en mi mente, era algo propio de personas débiles o rotas y no podía aplicarse a esta mujer aparentemente segura de sí misma, de grandes pensamientos y extrovertida por naturaleza (por no mencionar que también era psicoterapeuta), ¿verdad?

Ejem. Digamos que mi burbuja de creencias inconscientes estalló en cuanto puse en marcha mi propio negocio, también conocido como el mejor seminario de desarrollo personal del planeta (he oído que la maternidad también ocupa un lugar bastante destacado). Estaba tan emocionada y preparada para lanzar mi primer sitio web cuando me encontré con un espejo que reflejaba mi arraigada necesidad de aprobación pública.

¿Cuál era la verdad que encontré al mirarme? Me aterrorizaba hacerme visible en la red. Durante semanas me obsesioné con cómo verían los demás mi nueva condición de empresaria: «¿Qué dirán de mí? ¿Quién me creo que soy para ayudar a otras personas con sus vidas cuando la mía es un trabajo en curso? Si ven mis tarifas, ¿pensarán que sólo lo hago por dinero?».

En lugar de perseguir mi sueño con confianza y confiar en el espíritu (que me condujo a este nuevo sector en primer lugar), pasé varios meses más de mi preciosa vida encorvada frente al ordenador en la mesa del comedor de mi pequeño apartamento de Santa Mónica, dándole vueltas al futuro y a mis miedos. En lugar de ponerme en situación de cambiar vidas y ayudar a la gente, seguía arruinada, endeudada, sin amigos y sintiéndome totalmente desgraciada porque no estaba cumpliendo mi vocación, utilizando mis dones, ayudando a los demás ni viviendo mi gran vida.

Depender de la aprobación de los demás es estar obsesionado con uno mismo. Y ahí estaba yo, ¡totalmente controlada por el hecho de obtener mi valía de otras personas! Lo veía en las conversaciones con aquellos a los que admiraba y con los que quería entablar amistad. Tanto si no les gustaba lo que decía como si simplemente no estaban de acuerdo conmigo, su respuesta me producía tal vergüenza al instante que me sentía indigna incluso de estar viva.

Luego estaban los miembros de la familia, a cuyas opiniones daba más importancia que a las mías o incluso que a las de Dios. Buscando desesperadamente su bendición, los coloqué en pedestales y los convertí en omniscientes, todopoderosos y siempre acertados. Calculaba cada uno de mis movimientos sólo para complacerlos. Y cuando, Dios no lo permitiera, cruzaba la línea de lo que sabía que ellos consideraban aceptable, me sumía en el pánico y me lanzaba al purgatorio.

No era un comportamiento desinteresado en absoluto, sino que estaba totalmente impulsado por el ego. De forma inconsciente, intentaba manipular a todo el mundo para agradarles. En el fondo, creía que la única forma de estar a salvo en el mundo era ser la *Señorita Perfecta*. Es el arquetipo que necesita agradar a todo el mundo con tanta desesperación que vive en un constante estado de terror. Su mayor miedo es cometer un error que pueda molestar a alguien. Ser dura consigo misma es quedarse corta; este arquetipo hará que te obsesiones con cada pequeño detalle antes de que puedas, siquiera, hablar, compartir tu trabajo o revelar tu verdad. El peligro de la crítica y la desaprobación es demasiado.

Durante años, la Señorita Perfecta me engañó haciéndome creer que, si conseguía ser lo bastante buena para estar a la altura de las ideas de los demás, mi derecho a existir sería incontestable. Me presionaba para que hablara, actuara y me comportara a la perfección según los demás, como si fuera una maestra Jedi iluminada en lugar de una humana corriente de treinta y tantos años. Así es como un correo electrónico de un cliente expresando la más mínima insatisfacción bastaba para que, además de ofrecerle sesiones gratuitas, me arrastrara pidiendo perdón eternamente; y cada vez que disgustaba a alguien o no era capaz de estar a la altura de sus irrazonables expectativas, las consecuencias solían ser comprometedoras y totalmente devastadoras.

Vivir mi peor pesadilla

Entonces llegó la crisis más dramática de la Señorita Perfecta, junto con la curación definitiva de mi codependencia. Ocurrió pocos años después de que mi sitio web estuviera (por fin) en línea. En ese momento, mi negocio iba viento en popa. A pesar de mi nuevo éxito, no sólo tuve que seguir luchando contra esta enfermedad de querer agradar dentro de mí, sino que también tuve que ver cómo los mayores miedos de la Señorita Perfecta se manifestaban en persona y a través de Internet.

Hacia el principio de mi viaje empresarial, conocí a una mujer en un grupo de contactos en Los Ángeles. Se convirtió enseguida en una fan y quería que le enseñara a hacer crecer su negocio. Aprovechó la oportunidad de apuntarse a mi curso de un año, firmó el contrato y pagó la primera cuota del plan de pagos. Era una auténtica joya de participante, siempre hacía preguntas estupendas, participaba mucho en la comunidad, y enviaba regularmente correos electrónicos a mi equipo con actualizaciones entusiastas sobre lo agradecida y emocionada que estaba por obtener resultados tan importantes en su propio negocio como consecuencia de lo que estaba aprendiendo en el programa. Según ella, yo caminaba sobre las aguas.

Así que imagínate mi sorpresa cuando, apenas tres meses después, recibí un correo electrónico que decía: «Quiero dejarlo. Ya no quiero un negocio de mentoría, quiero empezar algo nuevo».

Como se había desenamorado de su idea de emprender, insistió en que la dejara rescindir su contrato, claramente establecido, aprobado por un abogado, sin derecho a devoluciones ni cancelaciones. Esto es como firmar un contrato de alquiler de un BMW y tres meses después decir: «En realidad, ya no me apetece conducir un BMW; me gustaría cancelar el contrato porque ahora me interesa un Land Rover».

Por mi parte, tener un contrato en vigor era una decisión consciente de defender la calidad de mi trabajo y de que mis clientes se comprometieran al cien por cien con su éxito, además de tener un sólido sentido comercial. Asumo compromisos logísticos y de personal en función del número de personas que participan en mis programas. Si dejo marchar a una persona, tengo que hacer lo mismo con cualquiera que me lo pida. ¿Para qué tener un contrato si no cumple su función?

Fui transparente sobre mi razonamiento y mantuve mis límites. Ojalá pudiera decir que ella respondió: «Lo entiendo perfectamente, gracias por explicarme tu política». La versión corta (de nada) de la historia real es que se puso como una fiera. Despotricó de mí en todos los foros de Internet que encontró y se quejó de mí a todas las personas que quisieron consentir su campaña de ciberacoso. Mi nombre y mi reputación quedaron manchados. Amigos y conocidos me llamaban cada dos por tres diciendo: «La gente habla de ti en todos los rincones de Los Ángeles».

¡Rebobinemos! Estamos hablando de Gina DeVee, la autoproclamada Señorita Perfecta. Alguien que necesitaba desesperadamente que la gente la quisiera, la aprobara y la aceptara. ¡No se trataba de una preferencia personal! Era una cuestión de vida o muerte.

Evadiendo la humillación pública, desaparecí durante semanas. Con la nevera llena y las persianas bajadas, me puse el pijama, oscilando entre demonizarme a mí misma como el peor ser humano del planeta y fantasear con hacer un muñeco de vudú de aquella exclienta irracional. En un momento, no era digna de seguir viva; al siguiente, había sido degradada a la categoría de demonio. En cualquier caso, en un momento dado una de las dos iba a ser castigada.

Después de haber sufrido lo suficiente aquella ira, ansiedad y depresión vertiginosas, recé. Recordé que el espíritu es benévolo. A pesar de lo catastróficas que sean mis circunstancias, en mi corazón sé que todo está ocurriendo *para* mí, no *a* mí. Pedí: «Querido Dios, por favor, muéstrame mi papel en la creación de este dolor. Por favor, revélame lo que debo ver para transformar esto».

Y así, sin más, vi que *estaba convirtiendo a esta clienta tan poco ideal en Dios*. Me consumía el deseo de obtener su aprobación, a pesar de que carecía de la integridad necesaria para cumplir nuestro contrato. Entendería que estuviera así de disgustada por un conflicto con mi mejor amiga de toda la vida, pero ese nivel de obsesión por el tipo de persona que no cumple sus compromisos me parecía una locura. La dejé ir con amor y me rendí ante toda la situación.

> *Querido espíritu,*
> *Gracias por recordarme que siempre que haga de otro humano mi fuente y busque su aprobación por encima de tu guía, me sentiré decepcionada. Te devuelvo esta persona y esta circunstancia. Libero cualquier control que las opiniones de otros tuvieran sobre mí y vuelvo a mi conexión contigo. Así sea.*

¡Libertad! Ya no veía el ataque difamatorio de esa clienta como un reflejo de mí o de mi valía. Vi que su opinión sobre mí no hacía que yo fuera mala o estuviera equivocada. *Me di cuenta de que cuando no me importa lo que los demás piensen de mí, estoy en paz.*

Al reconectar con el espíritu, me liberé de mi enfermedad de agradar. Sí, el crecimiento es un proceso que dura toda la vida y siempre hay capas más profundas de codependencia que trabajar. Pero ya no es ni de lejos el nivel de disfunción que era. Al final de esta historia, era más fuerte, pues me sentí inspirada para volver a centrarme en servir a las clientas que valoraban mi trabajo y estaban comprometidas con sus sueños más que con su drama.

La gente puede reconocer la locura. Las mujeres que estaban en esto para triunfar y se tomaban en serio la garantía de su propio éxito vieron esta campaña de desprestigio como el complot de venganza basado en excusas que era, y apreciaron que yo tuviera suficiente fe en mis propias políticas para soportar aquella presión injusta. Mi respuesta les demostró que yo era una mentora con la que podían contar para recibir comentarios sinceros y asumir una responsabilidad total: una líder que defendería su grandeza y les apoyaría para que nunca se rindieran.

Por supuesto, *éstas* eran las mujeres con las que me apasionaba trabajar. Así que, en lugar de seguir intentando complacer a cualquiera que consiguiera que trabajara conmigo, mi Reina interior me dio un gran consejo. Me hizo crear una lista de comprobación de requisitos para clientes y perfeccionar mi mensaje en consecuencia, de modo que estuviera capacitada para atraer a las clientas ideales que deseaba. Mis programas se convirtieron oficialmente en una zona donde no había quejas ni renuncias. Manteniéndome firme en mi convicción sin ningún tipo de disculpa, atraje a un público mucho mayor y a un gran número de clientas de ensueño, y el enfoque de todas nosotras volvió a ser transformar vidas.

Así es como una Reina responde con fuerza a la desaprobación, la condena y las habladurías, cuando la Señorita Perfecta se habría derrumbado derrotada. La triste realidad es que no hay ninguna mujer de éxito que *no haya* recibido su dosis de comentarios negativos. No importa lo correcta que seas, lo clara que sea tu comunicación, lo auténtica que sea tu energía o lo positiva que sea tu contribución: muchas personas comprometidas con sus heridas no lo verán así. Así que cuando sufras un intento de asesinato de personaje, debes saber que no estás sola. Depende de las mujeres de gran entusiasmo como nosotras mantenernos unidas y apoyarnos mutuamente para seguir siendo fieles a nuestra visión. Y depende de cada una de nosotras a nivel individual asegurarnos de que la única fuente de validación, aprobación y seguridad a la que recurrimos es Dios.

Dejar marchar a la Señorita Perfecta

Este drama de nivel de tragedia griega me reveló que había llegado el momento de bajarle el telón a la Señorita Perfecta. Tenía que salir por la izquierda del escenario para que yo pudiera convertirme en Reina. Ahora te toca a ti.

Piensa en cómo la Señorita Perfecta dirige el espectáculo de tu vida. ¿Se pasa treinta minutos redactando un correo electrónico de dos frases para tu jefa, obsesionada por saber si aprobará tu petición o si estará de acuerdo con tu punto de vista? ¿Está analizando una y otra vez todo lo que dijiste en la cena de amigas, asegurándose de que nada fuera ofensivo, estúpido o exagerado? ¿Se pasa toda la noche horneando cinco tipos distintos de magdalenas sin lácteos, sin gluten y sin azúcar para la fiesta de bienvenida al bebé teniendo en cuenta las hipotéticas necesidades de todo el mundo? Si vas a asistir a una boda, ¿se castiga por ser la única que lleva un vestido alegre y colorido cuando todos los demás invitados llevan colores neutros? Si estás centrada en hacer crecer tu plataforma, ¿te está arruinando el día preguntándote por qué no conseguiste mejor interacción en esa publicación, o si era demasiado vulnerable o no lo suficientemente? Si estás en un seminario de tu sector, ¿te impide levantar la mano para hacer esa pregunta candente? Para la Señorita Perfecta, el enorme miedo a parecer inculta, poco elocuente y de algún modo imperfecta delante de toda una sala supera con creces los beneficios de contribuir a la conversación y recibir ideas valiosas.

Es hora de darse un respiro. ¡Las mujeres somos muy duras con nosotras mismas! Si te has propuesto vivir como la Señorita Perfecta, te invito a bajar de tu pedestal. Estoy aquí para darte la bienvenida de nuevo a la imperfecta y fabulosa raza humana. Nadie es perfecto; incluidas tú y yo. La *única* excepción es J-Lo.

Comprendo que tengas miedo de lo que crees que los demás van a decir de ti. Pero ¿sabes una cosa, querida? Probablemente ya lo han dicho, y seguramente desde hace mucho tiempo. Esos familiares y amigos de casa que no creen que puedas alcanzar tu sueño han convenido en que estás loca y eres una irresponsable o que nunca lo vas a conseguir. Así que lo que temes ha ocurrido de verdad. ¡Qué alivio! Ya has sobrevivido a lo que más temías.

Permiso para ser humana

La cura para esta enfermedad tóxica y paralizante de agradar empieza por obtener tu seguridad a partir de tu conexión espiritual en lugar de a través del gallinero. Es hora de darte permiso para ser tu verdadero yo. Tendrás más éxito, atraerás a amigos fabulosos y te divertirás mucho más con quienes te aprecian de verdad y comparten tus valores.

Una vez que seas consciente de tu codependencia condicionada, lo siguiente es ponerte a disposición de la transformación. Cuando surja la ansiedad o el miedo, pide de inmediato a la fuente que te muestre lo que es verdad. En mi situación con el descontento que canceló el contrato, aprendí que, como tenía un miedo inconsciente a meterme en problemas, atraía a clientes que me proporcionaban la experiencia de estar equivocada y tener la culpa. Como ocurre con todas las situaciones y retos, las personas de tu vida son un espejo de tu mentalidad. Si crees que otras personas tienen el poder de decirte que estás equivocada, entonces atraerás a clientes, jefes, parejas sentimentales y amigos que te pondrán repetidamente en la situación de tener problemas. *Voilà*, ¡otra vez tu cerebro te da lo que cree que quieres! Esto es exactamente lo que quiero decir con «obtienes aquello en lo que te centras».

La realidad siempre es más amable que tu interpretación de ella. Siempre tienes acceso a la inteligencia infinita, lo que significa que todas las ideas que necesites están a tu disposición cuando elevas tu consciencia a la vibración del nuevo pensamiento.

Cuando pedí al espíritu que sanara esta percepción, la afirmación que recibí para disipar a la Señorita Perfecta fue ésta:

Soy amada. Marco la diferencia en la vida de las personas. Hay una gran cantidad de personas que necesitan y desean lo que yo puedo ofrecer. Sólo estoy disponible para trabajar con personas que me aprecien, asuman su responsabilidad personal y estén abiertas al crecimiento.

Valores para Reinas sin complejos

Es hora de deshacerse de la Señorita Perfecta y de su enfermedad devoradora de vidas por agradar. Estás preparada para liberarte de ese condicionamiento y vivir con mentalidad de Reina. Aquí tienes unas cuantas afirmaciones que quizá quieras imprimir y colgar en tu pared, que me han dado poder para vivir la vida según mis condiciones.

Lo que los demás digan de ti no es asunto tuyo

A las Reinas no les interesan las conversaciones de terceros sobre ellas. Cualquier cosa que diga alguien es, en última instancia, un reflejo de sí mismo. Las personas felices, seguras de sí mismas y con buen humor, se centran en las soluciones y las posibilidades; las personas inestables, inseguras y con mal humor se centran en los problemas y las limitaciones. Nos interesa más lo que tienen que decir las primeras.

Discúlpate cuando te equivoques; si no, no lo hagas

Cuando surja un conflicto, evalúa las circunstancias. Si ves que te has equivocado o que has contribuido al conflicto, asume tu responsabilidad personal. Aprende a disculparte y a pasar página rápidamente. Si el asunto no tiene nada que ver contigo o con tus acciones, no digas «lo siento» y asumas así la culpa de lo que no te corresponde. Si no te pondrías las joyas de otra persona, sus heridas y sus miedos tampoco te quedarán bien.

Entrega a la otra persona al espíritu

No eres responsable de salvar a nadie. En última instancia, su camino no depende de ti. Si no está disponible para encontrarse contigo en un terreno común para transformar la situación o avanzar contigo, déjala marchar con amor. Dios se encarga de eso.

¡Ve a vivir tu vida!

Aunque tienen una compasión ilimitada por los demás, las Reinas se centran sobre todo en vivir su propósito. Así es como van a tener el mayor impacto positivo en lugar de fijarse en la visión negativa del mundo de una persona.

Hasta luego, hostigadores

Nuestras vidas épicas nos esperan al otro lado de la enfermedad de querer agradar. Una vez que rompemos las cadenas de la codependencia y embarcamos a la Señorita Perfecta en un tren sin retorno, el miedo a lo que piensen (o digan) los demás ya no tiene ningún poder para impedirnos vivir nuestra verdad.

Claro que todas nos encontramos con críticos cascarrabias por el camino. No hay mujer de éxito que no lo haya hecho. Como Reinas, tenemos que dominar lo que toda persona de éxito tiene: el poder de encontrar la bendición en los que odian, no hacer de los juicios de los demás nuestra verdad, y no dejar que un trol de la red vuelva a arruinarnos el día. Este camino hará que te sientas cómoda expresando tu opinión con confianza, sin preocuparte de ser una molestia, de que te juzguen o de herir los sentimientos de alguien.

Una vez que dejes de centrarte en tus detractores, apreciarás la belleza del hecho de que la mayoría de las personas de este planeta no son quejicas, lloronas, criticonas y, en definitiva, abusonas. Todo se puede curar, especialmente la enfermedad de querer agradar.

Hoy no tengo miedo de decirle al atareado camarero que mi filete no está medio hecho, y no doy por sentado que mi estilista se sentirá herido si le pido más rizos. Los auxiliares de vuelo y yo mantenemos una comunicación abierta durante todo el trayecto, y si alguien necesita lanzar una campaña de desprestigio, no la asumo. Al elegir ser Reina, da tu enfermedad de querer agradar por curada. Tu libertad para brillar empieza aquí.

7
La trampa de la comparación

«¿Ha salido *otra vez* en el programa *Today*?». Brrrr. «¿Que han contratado a una niñera a *tiempo completo*?». ¿En serio? «¿Es que no tiene *nada* que le tape el ombligo? Ya sabemos que tiene unos abdominales de infarto». «¿Ha cerrado *otro* acuerdo de seis cifras este trimestre?». *¡Uf!* «¿Que la llevó en avión al lago de Como sólo para el fin de semana?».

Todos sabemos que comparar nuestras vidas, nuestros cuerpos o nuestras relaciones con las de los demás no tiene nada de positivo ni de edificante. No puede salir nada bueno de ello, tanto si te menosprecias a ti misma como si juzgas a otra persona. Sin embargo, todos lo hacemos a diario.

No podrías pasar más de tres segundos en las redes sociales y no activar de inmediato la comparación al más alto nivel. Tanto si te fijas en su barriga, en su maquillaje o en cuántos «me gusta» y comentarios ha recibido su publicación, un inocente vistazo puede convertirse enseguida en territorio hostil, o bien en el derrotado reino del «eso nunca me pasará a mí» o del «ojalá mi vida fuera como la suya»; *y eso sólo en las redes sociales.*

Amiga, ¿qué vas a hacer para no caer en las trampas ilimitadas de la comparación en la vida? ¿No estás cansada de que toda la envidia, la atención y el interminable tiempo que pasas obsesionada con las mujeres que están «muy por delante», o juzgando a las que te pisan los talones, drenen tu energía?

Las Reinas no tienen tiempo para ser crueles. Cuando comparas, estás siendo cruel con ella, contigo misma o con tu creador, y las tres cosas te roban tu poder.

Ésta es tu llamada de atención real para que te centres exclusivamente en ti y en tu vida épica. Ser Reina nos da la capacidad de no volver a caer en la trampa de la comparación o, si acabamos allí, de saber cómo liberarnos de la insensatez al instante.

Las Reinas no comparan

Una Reina no siente la necesidad de minimizarse para que los demás se sientan más grandes. No atenúa su luz durante las copas con una amiga porque sería demasiado incómodo revelar todos los detalles románticos de la cabaña privada con chimenea *y jacuzzi* de la que disfrutó durante su escapada a Vermont el día de San Valentín, cuando la gran cita de su amiga era en Chipotle. Tampoco menosprecia a los demás para animarse a sí misma.

Como cuando fisgoneas en el perfil de otra mujer de tu sector, juzgándola por no tener ni de lejos tanto talento como tú. Sin embargo, cuando sigues curioseando en su página, te preguntas cómo ha llegado a tener tanto éxito como tú, dejando que tu creatividad y tu alegría se desvanezcan en una nube de superioridad y juicios.

La comparación se da en innumerables combinaciones, y todos sabemos cuál es la cepa que golpea más fuerte: la envidia. Cuando *ella* vive en la casa de sus sueños y nosotras en la caja de zapatos; cuando *ella* está en Santorini y nosotras en Scranton. Esto nos lleva a la familiar espiral descendente del miedo que hunde nuestro espíritu en la depresión del «no puedo tener eso... *nunca*».

Es ahí donde nos encontramos con nuestro condicionamiento más profundo, basado en el miedo. Nos han entrenado para creer que no hay suficiente para todas, o que de algún modo otras mujeres tienen más suerte o gozan de mayor consideración por parte de los cielos, haciéndonos pensar que la grandeza no está hecha para nosotras. Olvidando nuestro propio potencial vital épico y nuestra conexión con la inteligencia infinita, nos decimos a nosotras mismas: «Nunca llegaré tan lejos»; «Soy demasiado vieja»; «Supongo que ella tiene más talento que yo»; o «No todo el mundo tiene el toque de Midas».

Como vimos en el capítulo 2, el espíritu no creó todas estas reglas ridículas. Son leyes terrenales que infestan nuestro subconsciente, haciéndonos imaginar erróneamente que vivimos en un mundo en el que los suministros de amor, dinero, oportunidades y alegría son limitados. Vemos a otra persona conseguir lo que deseamos, y pensamos que hemos perdido, que nos hemos quedado atrás para siempre. De repente, el mundo vuelve a cerrarse para nosotras. La vida nos parece pesada e interminable, sin esperanza de cambios a la vista. Es suficiente para que nos rindamos y nos anestesiemos con demasiadas tarrinas de Ben & Jerry's, dejemos que nuestra bandeja de entrada se acumule tanto como nuestra colada y malgastemos nuestros preciados días volviendo a ver *Breaking Bad* por tercera vez. ¿Estás harta de estar desanimada y agotada? Yo también.

Una Reina, por supuesto, recuerda la verdad de la abundancia antes de sacar la tarrina de helado. Está demasiado en sintonía con su fuente espiritual como para permitir que se apodere de ella una mentalidad basada en la escasez. Así es como no deja que el pitido celoso de la comparación la enjaule en una depresión. Puede que se compadezca por un momento; sin embargo, tiene cosas mucho más importantes que hacer que conectarse a Netflix y volver a ver la espiral descendente del drogadicto Walt en la tercera temporada.

La Derrotista

Dios mío, los ángeles deben estar rascándose la aureola preguntándose por qué dudamos de nuestro poder, olvidamos que existen los milagros y acabamos dejando que la *Derrotista* dirija nuestras vidas.

Este arquetipo nos ve envidiando a los demás y enseguida proclama el fracaso. Está aquí para firmar nuestro permiso para quedarnos en casa y no asistir a la escuela de la vida hoy (o este mes). La Derrotista sabe que no podemos pasar a la acción y manifestar nuestros sueños si nuestro corazón está en una alcantarilla y nuestra alma ha entrado en hibernación.

Sé lo que es ir dando saltitos por la vida y que baste un pensamiento basado en la comparación para invitar de forma inconsciente a la Derrotista a engullirte por completo. Es como recibir un chute de veneno e instantáneamente estar convencida de que tu vida épica no puede suceder ni sucederá, porque por alguna razón los guías espirituales han bendecido a la persona con la que te has comparado más que a ti. Empiezas a creer que estás destinada a ser sólo «buena», no genial, y que básicamente todo en tu vida está por debajo de lo ideal.

He estado sentada en esas nubes oscuras, mirando fijamente a la pared y retorciéndome las puntas abiertas. Como si se hubiera dictado una sentencia de muerte para mi sueño, y sin importar lo que hiciera, el resultado que anhelaba nunca llegaría a producirse. Entonces mi ego cogía el micro, subía el volumen y anunciaba lo vergonzoso que sería cuando todo el mundo descubriera que no podía alcanzar mis metas. Por el altavoz de mi mente, transmitiría lo perdedora que soy porque esa otra mujer había hecho lo que yo quería y, evidentemente, tenía más talento, más apoyo y más información privilegiada que yo. O tal vez su destino era simplemente más grandioso que el mío, concluiría la voz narradora.

Parece real, ¿verdad? Esos momentos de silla giratoria en los que la melancolía nos drena la vida. Seguimos adelante, atendiendo a nuestras necesidades y responsabilidades básicas. El mero hecho de ducharnos se convierte en un triunfo diario. ¿Pero esa chispa de posibilidades infinitas? Ha desaparecido.

¿Dónde se te aparece la Derrotista? ¿Qué áreas de tu vida son más vulnerables a su irrupción? A medida que aumente tu conciencia, la verás venir antes de que se destruya la tarta y los invitados decidan irse a casa antes de tiempo. Tanto si estás comparando tu vida amorosa, tu hogar, tu salud o tu carrera, resiste la tentación de escuchar la lista de reproducción de autoflagelación hecha a medida por la Derrotista.

Estas viejas tristezas familiares no sólo matan las vibraciones, sino que también afirman tu visión percibida (y condicionada) de la realidad, reconfortante en cierto nivel, y a años luz de la verdad de lo que es posible. Como ves, el plan de la Derrotista es mantenerte en esta dimensión sombría, donde nada nuevo y emocionante puede recibirte. Una vez que estás atrapada en las garras de la trampa de la comparación, este arquetipo te mantendrá allí todo el tiempo que sea posible.

Derrotar a la Derrotista

La solución siempre existe, y la Derrotista sólo te impide verla. Veamos el caso de Chrissy, por ejemplo.

Desde una perspectiva externa, Chrissy no tenía ningún motivo para sentirse más que fabulosa. Lo tenía todo: un prometido sexi, una carrera de éxito dirigiendo talleres y retiros para creativos, un cuerpo de yoga perfectamente tonificado y alimentado de forma orgánica, y pertenecía a la comunidad por excelencia de San Francisco, que hace que vivir allí sea un festival de amor total. Era una gran pensadora con una perspectiva positiva que siempre buscaba la expansión espiritual y nunca se perdía un Burning Man.

Bajo su gran sonrisa, había algo que no encajaba. Vi una publicación emocionalmente vulnerable que escribió en las redes sociales, en la que compartía información personal que destilaba una sensación de derrota. No era la Chrissy que yo conocía, así que me puse en contacto con ella y le pedí que me llamara. En cuanto sonó el teléfono aquel martes por la tarde, le pregunté:

—¿Qué sucede?

Empezó con las cortesías habituales. Sintiendo una punzada en mi intuición, interrumpí la charla y volví a preguntarle:

—¿Qué *sucede en realidad*?

Al mismo tiempo, mi perra Lily, emocionalmente en sintonía, saltó sobre mí y empezó a lamerme como si quisiera colarse por el teléfono.

—Chrissy… tengo un claro mensaje del reino animal para ti. Lily quiere que me digas la verdad. ¿Qué está ocurriendo?

—Estoy perdida, Gina –admitió, rompiendo a llorar–. Nunca había estado tan perdida. Mi depresión ha empeorado tanto que hemos aplazado nuestra boda. Ya no dirijo retiros y tengo problemas económicos. No sé qué hacer.

Me di cuenta de que era la Derrotista, y no Chrissy, la que hablaba. En el fondo, su Reina siempre tenía acceso a las respuestas.

—Chrissy, ¿qué ha provocado estos sentimientos? –le pregunté con ternura.

—Bueno, hace dos años mi exnovio empezó a salir con una artista increíble. Hace todo lo que yo quiero hacer. Ahora es como si estuviera obsesionada con ella. La espío en Internet y pierdo mi fuerza vital cada vez que lo hago.

—Bueno, ¿qué es lo que te obsesiona de ella?

Sin perder un segundo, Chrissy respondió rápidamente:

—¡Se puede expresar *plenamente*!

—¿Qué significa eso para ti? –le pregunté.

—Está haciendo un espectáculo en solitario y, básicamente, ¡hace todo lo que *yo* quiero hacer!

Es increíble cómo no nos vemos a nosotras mismas con claridad. Chrissy es una mujer joven, guapa, divertidísima y extrovertida. Su poder de estrella es cómicamente obvio.

—Chrissy, eres una artista. No estás obsesionada con ella, estás obsesionada con la autoexpresión. Estás matriculada en una clase de monólogos. Es obvio que necesitas hacer *tu propio* espectáculo en solitario. –El silencio era ensordecedor (incluso la cola de Lily se quedó quieta)–. Está haciendo todo lo que está destinado a ti –continué–, y acaba de aparecer en tu vida para enseñarte cómo.

—¡*Sí!* –gritó, con una hermosa sensación de excitación infantil.

Ser Reina hace la vida mucho más sencilla de lo que nos han enseñado. La libertad está a un pensamiento de distancia. Cuando tomas una decisión desde el lugar de Reina y la acompañas de una acción rápida, obtienes resultados también rápidos.

—Chrissy, ésta es tu misión. Mañana, busca locales *y reserva uno*. Esboza tu guion. Haz que corra la voz y listo.

Así de fácil, ¡esta mujer estaba *entusiasmada*! A la mañana siguiente, saltó de la cama y se puso manos a la obra, enviándome un mensaje de texto esa misma tarde: «¡Gina! He encontrado el lugar perfecto para mi espectáculo en solitario y lo he reservado para el mes que viene». ¡Vaya! Con más pasión y energía de las que había tenido en años, se sumergió en la escritura y rápidamente encontró oro creativo. Ya no necesitaba procesar *otra* emoción en terapia ni conformarse con publicar *otra* aburrida invitación en Facebook promocionando *otro* taller que no le entusiasmaba. *Ahora* estaba preparada para avanzar en una nueva dirección con su carrera, su forma de vivir y el propósito de su vida.

De la comparación a un salto cuántico

¿No es irónico que la comparación que creíamos que era nuestra criptonita esté dirigida en realidad a revelar lo que está destinado a nosotras? Puede ser un reto ver esto por nosotras mismas (casi imposible si la Derrotista está cerca). Chrissy casi había olvidado quién era en realidad.

Toda Reina merece una mentora, y entre los beneficios de seguir los consejos de una experta se incluyen resultados como los de Chrissy. Una vez que experimentó el poder de ser vista y apoyada, llegó su momento *¡Ajá!,* y su Reina apareció e inmediatamente pasó a la acción para reclamar la oportunidad que siempre tuvo delante.

¿Y el espectáculo especial de Chrissy? Las entradas se agotaron en una semana y el local estuvo lleno. Con toda su fuerza de artista, hizo reír y llorar a ciento diez personas durante toda su actuación. En ese escenario, Chrissy compartió historias profundamente personales que pocos se atreverían a revelar, con sus padres entre el público y todo. Compartió ideas y sabiduría aprendidas de los traumas, sacó a la luz sus propias luchas humanas y creó un espectáculo tan conmovedor como desternillante. Sin duda podría decirse que Chrissy se «expresó plenamente». También podría decirse que fue pionera en un nuevo género de comedia transformadora.

Una semana después del evento, Chrissy me envió este mensaje de texto: «¡Otra celebración! ¡He vendido todas las entradas para el próximo espectáculo! ¿Y adivina quién compró las dos últimas entradas? Mi ex y su prometida, la mujer que me inspiró a crear este espectáculo en primer lugar. Oh, el círculo completo de la sanación». Es una historia real (lo sé, *sólo* ocurre en San Francisco). Y continuó: «He recuperado totalmente el ritmo y ahora el dinero entra con facilidad. Y esta vez estoy subiendo de nivel, ¡vendiendo también entradas para la retransmisión en directo!».

Chrissy tomó su momento de envidia como una pista en la dirección de sus sueños y salió disparada de la trampa de la comparación. No perdió el impulso por dudar de sí misma. Ahora que era consciente de ello, no se demoró en su obsesión, no dudó de su capacidad ni se preguntó si aquello era realmente para ella. En lugar de eso, eligió centrarse en su camino y en el de nadie más.

La épica vida de Chrissy ya está oficialmente en marcha. Al salir de lo que «se suponía que tenía que hacer», ella y su chico descubrieron que, aunque están profundamente enamorados y comprometidos, la gran boda no era su verdad. Hacer las maletas, elegir trabajar desde cualquier lugar y disfrutar de un apasionante estilo de vida trotamundos sí lo era. En medio de esta romántica aventura de su vida, Chrissy se encuentra actualmente en todo su esplendor creativo, escribiendo con gran placer su próximo espectáculo en solitario, con un teatro aún más grande reservado para la próxima representación, que todos sabemos que agotará las entradas. Una vez que la Reina gira la llave para abrir la trampa de la comparación, es *definitivo*.

Escapar de la trampa

EJERCICIO
Paso 1. Recuerda la vida épica

La comparación paraliza a las mujeres cuando debería impulsarnos. Si recuerdas que la vida épica está, sin ningún género de dudas, hecha también para ti, no volverás a quedarte atrapada en esta trampa. Una Reina sabe que es más que capaz de manifestar cualquier cosa que desee y que su potencial es ilimitado. Así es como la comparación deja de ser una invitación para invitar a la Derrotista a tomar el té, cotillear y compadecerse de escenarios catastrofistas que nunca llegan a cumplirse. Mantente centrada en tu propósito, y ya no te convencerás con tanta facilidad de que lo que deseas no es posible para ti. Y si por casualidad te olvidas de tu corona y te dejas provocar por las grandes noticias, las ganancias inesperadas, el audaz cambio de carrera o el fabuloso apartamento inaugurado de otra persona (lo entiendo, ¡eso pasa!), la primera pregunta que debes hacerte es: ¿de dónde has sacado la suposición de que eso *tampoco* es posible para ti? ¿Apareció tu Derrotista y te engañó para que no te permitieras ir a por ello? ¿Qué tiene que decir tu Reina al respecto? Recuerda que ver lo que deseas en otra persona es una señal de que estás destinada a experimentar tu propia versión de lo mismo, y por una buena razón.

Paso 2. Pide apoyo a la Reina

La primera forma de conseguir apoyo para tu sueño es invitando a las fuerzas espirituales a que te ayuden. Como se afirma en *Un curso de milagros:* «Los milagros ocurren de forma natural como expresiones de amor». Para que tu sueño se manifieste, es probable que necesites un milagro, una aceleración o un despertar espiritual. Todos ellos están a tu alcance cuando estás conectada con lo divino y abierta a recibir orientación. Te recomiendo encarecidamente que no esperes a que aparezca la Derrotista ni utilices la oración como último recurso. Empieza ahora preguntando al espíritu qué está destinado para ti y creyendo que lo que deseas está en camino.

La siguiente forma de obtener apoyo para mantenerte a salvo de la trampa de la comparación y en el camino hacia lo que deseas es recurrir a un mentor. Como he mencionado antes, los mentores son esenciales para ayudarte a crecer a lo largo de tu vida. No sólo pueden ayudarte a conseguir lo que nunca pensaste que fuera posible, mantenerte en un alto nivel de exigencia y hacerte responsable de cada paso del camino, sino que también son estupendos para ayudarte a ver la verdad ante la que te has quedado ciega. Al igual que me ocurrió con Chrissy, un gran mentor tiene una visión de ti mayor que la que tú puedes tener de ti misma. Eso, Reina mía, no tiene precio.

Paso 3. Envía una nota de agradecimiento cósmica

Éste es uno de mis mejores regalos. Funciona *siempre*. No siempre vas a poder eliminar la tentación de comparar; sin embargo, aquí tienes cómo lidiar con ello, y de forma rápida. Permítete fijarte en otras personas y en su éxito, pero no te minimices en el proceso. Date la libertad de explorar lo que te inspira en ellas. Nunca vuelvas a decirte a ti misma: «Bueno, yo no puedo porque [inserta la razón, obstáculo o excusa]», o «¡Bueno, ella sí puede porque es más joven, tiene más estudios, tiene un fondo fiduciario, no tiene hijos pequeños, tuvo mucha suerte o se casó con un hombre rico!».

Cuando veas a alguien con una relación perfecta, un cuerpo sexi que llama la atención, una piel tan suave como el culito de un bebé, una familia perfecta y feliz durante las vacaciones con pijamas a juego, o una carrera glamurosa de las de «¿Cómo es posible que ese sea su trabajo?», envía a esa persona una nota de agradecimiento. Así es; puede ser mental, verbal o puedes utilizar papel de carta personalizado. Escribe:

Querida ___,

¡Felicidades por ___! Me he dado cuenta del éxito que has tenido con ___. Quiero que sepas que me siento realmente inspirada y profundamente agradecida de que me hayas servido de modelo de lo que es posible. He estado deseando ___ y, después de ver cómo te ha sucedido a ti, sé que también puede sucederme a mí. Gracias por mostrarme el camino.

Recuerdo la primera vez que me sentí enormemente celosa de una mujer que tenía una importante colaboración con varios nombres famosos de mi sector. Ella era un pez más pequeño que yo (pero ¿quién compara?), y el hecho de que interactuara con los peces gordos me hizo morder el anzuelo que me lanzó a la envidia instantánea. Se diría que había pisado una medusa. ¡Oh, menuda picadura! Era doloroso.

Tenía que asumirlo; ¡quería entrar en un juego más grande y que me conocieran esas personas de alto nivel! Al parecer, ella también, pero fue la única que puso en práctica sus deseos. A mí nunca se me había ocurrido acercarme a ellos, dando por sentado que no estaba a su altura. Así que tomé mi propia medicina, me senté y le escribí la nota de agradecimiento que acabo de compartir contigo. Eso me dio una gran fuerza. Ella respondió dándome ánimos y yo tomé iniciativas que antes no habría tomado.

Una estrella entre estrellas

Una Reina sabe que cuando ensalzas a otra mujer al tiempo que eres dueña de tu propio poder, se dice que eres una estrella entre estrellas. Durante nuestra infancia, nos han enseñado que, si alguien recibe más atención, hay menos para nosotras. Nos han entrenado para pensar que sólo puede haber una supernova brillando en la habitación. Pues bien, querida, las Reinas no atenúan su luz; nunca. Y menos entre otras Reinas. Estamos reescribiendo las reglas a la manera femenina. Dios nos creó a todas para brillar, para ser admiradas y para admirarnos mutuamente.

Así que saca tu papel de carta de lino y tu bolígrafo de plumas. ¿Quién es la inspiración de tu próxima nota de agradecimiento? Escribirlo te llevará un paso más cerca de vivir tu vida épica.

Nunca vuelvas a envidiar a otra mujer

Cuando eres Reina, tienes tan clara tu vocación que nunca vuelves a envidiar a otra mujer.

Ahora tienes la oportunidad de utilizar la comparación a tu favor. Éste es tu nuevo reflejo instantáneo al ver a otra persona con lo que deseas: «¡Increíble! Soy la siguiente». La Derrotista ya no tendrá poder para convencerte de lo contrario. Bienvenida de nuevo al reino de las oportunidades y a quien realmente eres: una Reina; una mujer que está tan iluminada por su propósito y por contribuir al mundo de la forma que sólo ella puede, que nadie más se le puede comparar.

8

Doblegar el espacio y el tiempo

Cuando vivía en Michigan, tenía un largo trayecto diario al trabajo; tardaba casi una hora en cruzar la ciudad. Todas las mañanas, unos cinco minutos antes de llegar a la oficina, para mi cansado deleite, veía a una niña de unos cinco o seis años, vestida con su vestido de baile de lentejuelas moradas y su sombrero alto y puntiagudo de purpurina, recorría la manzana en su patinete amarillo, varita en mano, como si fuera la creadora del universo y todo estuviera bajo su mando.

Tenía poderes místicos *y ella lo sabía*. Amaba su vida, se vestía de acuerdo con su papel y se tomaba en serio la responsabilidad del resultado de su día. Era guapa, sí, pero era más la esencia de cómo se comportaba lo que resultaba convincente.

Estaba segura de sí misma y tenía una misión. Una *gran* misión. Nada podía detenerla ni frenarla; era capaz de cumplir su misión con valentía. Encarnaba lo que el filósofo alemán Martin Heidegger denominó *Dasein*.

Heidegger describe esta forma fenomenal de existencia como «estar en el mundo». Con el *Dasein*, una persona trasciende las trilladas y numerosas preocupaciones temporales que conducen a una vida sin autenticidad y se ocupa, en cambio, de satisfacer su potencial real. Para Heidegger, el punto focal omnímodo del estar en el mundo pasaba trágicamente desapercibido en las realidades cotidianas de la existencia humana. «Saber» era una especie de existencia, y el *Dasein* sólo se descubre a sí mismo cuando comprende la realidad.

Traducido en términos generales, para los que no tenemos un doctorado decimonónico ni un don para la filosofía existencial del siglo xx:

la mentalidad de baja intensidad que nos ha permitido llenar nuestros días con tareas mundanas ha anulado nuestro pensamiento mágico. En lugar de acceder a nuestros poderes milagrosos para convertir la paja en oro y el agua en vino, hemos invitado de forma inconsciente a la mediocridad y a sus malvadas hermanastras «¡No puedo!», «Lo haré el año que viene» y «Estoy segura (es decir, espero) que nuestra relación mejorará», a dominar *nuestra* forma de estar en el mundo.

El arte regio de trascender nuestras circunstancias y manifestar nuestras vidas más fabulosas es lo que yo llamo *doblegar el espacio y el tiempo*. Accedemos a este poder teniendo el profundo conocimiento de que las soluciones más allá de lo que podemos ver siempre están a nuestro alcance, y de que estamos destinadas a cumplir nuestro propósito *ahora* de una forma extraordinaria. El universo nunca pretendió que malgastáramos décadas a merced del destino aleatorio, esperando a que un miembro del panel de jueces pulsara el botón dorado de nuestras vidas. Como Reinas, la corona ya es nuestra.

La elección sin elección

Pensar que somos impotentes sobre el espacio y el tiempo es la forma en que demasiadas mujeres inteligentes, capaces y bienintencionadas acaban atrapadas en el asentamiento. Nos sentimos perpetuamente encajonadas por nuestros orígenes, nuestros cuerpos, nuestros códigos postales y nuestras interminables responsabilidades. Atadas a nuestras elecciones pasadas y a nuestros escuálidos sueldos, estamos cegadas ante las infinitas alternativas que tenemos a nuestro alcance en cada momento. Nos quedamos afrontando lo que creemos que es la elección sin elección.

En retrospectiva, puedo mirar atrás en mi vida y ver todas las formas en que dejé que mi varita se empolvara. Al olvidar que tenía poderes místicos, yo también pensé que no tenía otras opciones: trabajar en exceso en empleos mal pagados, suponer que llamar a la oficina de préstamos estudiantiles para pedir a Mildred que aplazara mis pagos cada tres meses era normal, considerar los viajes internacionales un lujo y algo que sólo cabía esperar en el futuro.

Lamentablemente, dejé que la Mártir que llevaba dentro tomara las riendas y me mostré tan dispuesta a cambiar dólares por horas que eso limitó mi libertad, tan excesivamente responsable que eso sofocó mi juventud, tan obediente a mi familia que eso limitó mi vida social y una estudiante de religión tan aplicada que eso limitó mi vida sexual. Todas estas elecciones me han dejado años de experiencias perdidas que nunca recuperaré; el mayor de los arrepentimientos.

En resumen, olvidando los poderes mágicos que la niña que todos llevamos dentro sabe que tenemos, me conformé. Me conformé sin pensar por mí misma, viviendo según las reglas de los demás y sin ser más curiosa en cuanto a qué más era posible para mí. Sin embargo, nunca renuncié por completo a mis sueños, pero, como no sabía cómo doblegar el espacio y el tiempo, toleré mi *statu quo* con la adicción a la esperanza de que «algún día» llegaría mi vida épica.

El síndrome de esperar el momento adecuado

¿Has soportado alguna vez una relación insatisfactoria, aferrándote a la fantasía de que mejoraría «algún día» porque de algún modo estabas *segura* de que tu pareja cambiaría? ¿O has tolerado una carrera de actriz en apuros, un cuerpo que parece la tarta llena de bultos de tu hijo, la creencia de que la vida es difícil o que estás «bien» estando soltera? Si algo de esto te resulta familiar, lo siento, porque significa que a ti también se te cayó la varita y olvidaste que podías doblegar el espacio y el tiempo.

Para millones de mujeres de gran corazón de todo Norteamérica, la *adicción a la esperanza* es el bálsamo que adormece el dolor de sentirnos estancadas, impidiéndonos actuar para manifestar nuestras vidas épicas. Permanecemos en trabajos decepcionantes y matrimonios infieles. Conducimos coches sencillos y vivimos en barrios normales. Nos encontramos en la misma empresa y en el mismo puesto durante años, aunque hayamos trabajado muy duro todo el tiempo.

Normalmente, sabemos que podemos hacerlo mejor, sólo que no es el «momento adecuado». Estamos esperando ese ilustre «día» en el que tendremos una holgada cuenta de ahorros y un espacio vacío en nuestros calendarios del tamaño de Texas.

Los meses de estancamiento se convierten en años de vida sin vivir. Día tras día, seguimos posponiendo las cosas, diciéndonos a nosotras mismas que en cuanto enviemos al más pequeño a la universidad, paguemos la hipoteca y consigamos el siguiente cliente, además de tachar todas las cosas de nuestra lista de tareas pendientes, por fin tendremos tiempo para crear la presentación de nuestra idea para una nueva empresa, aprender francés *en* Francia o reformar nuestra cocina verde oliva de los setenta para convertirla en la versión de mármol blanco de nuestro tablón de ideas.

¿Puede alguien decirme, por favor, a quién se le ocurrió este concepto de «el momento adecuado» y nos dejó a todas fantaseando con que está en camino? La verdad es que nunca te parecerá el «momento perfecto» para dejar el trabajo, pedir el divorcio, formar una familia, ¡y la lista sigue! Si te has quedado atrapada en la adicción a la esperanza, en lugar de ser una Reina que activa sus superpoderes para doblegar el espacio y el tiempo, no es culpa tuya. Has sido manipulada por un arquetipo muy convincente con un don para la amenaza.

La Mártir entra en escena

La *Mártir* es el viejo arquetipo que mantiene a las mujeres bienintencionadas agotándose en una rueda sin fin de deberes imaginarios, perdiéndose la vida épica. Su infame eslogan es: «Bueno, no puedo hacer eso [inserta aquí una experiencia gloriosa y épica, o incluso una siesta] porque tengo que hacer este trabajo, pagar todas las facturas, ser responsable y cuidar de los demás». Su historia habitual es que, si ella no lo hace, nadie más lo hará; así acalla las ansias por conseguir más con apetitosos susurros de esperanza, manteniéndonos enganchadas a la fantasía de que nuestra vida futura será diferente. Nos convence de que algún día lo conseguiremos, aunque en realidad ella está demasiado condicionada para sacrificarse y perderse como para pulsar alguna vez el botón de «Vamos a crear un cambio real». Sólo tienes que comprender que depende de ella que el día salga bien, incluso el recoger el correo del vecino mientras está fuera disfrutando de la temporada de la trufa blanca en Italia.

Puede que te sorprenda encontrar a la Mártir rondando por tus pensamientos. Sé que a mí desde luego no me habría sonado el término cuando tenía veinte años. Quién me iba a decir que, bajo mi visión optimista de la vida, la Mártir era la que me cegaba con el deber, la sumisión y el pensamiento pequeño.

Mujeres. Nos hemos vuelto demasiado responsables, serias y masculinas, sobre todo en nuestras carreras. Hemos depositado más fe y confianza en los sueldos que en la oración y las posibilidades. Al perder el contacto con nuestros superpoderes espirituales y ser empujadas fuera de la alianza, nos hemos sometido a lo que la Mártir dice que debemos hacer para tener valor en este mundo.

En el fondo, una mujer poseída por la Mártir ha sido condicionada a creer que el mundo que la rodea se derrumbará si no hace sacrificios por su familia, sus clientes, sus compañeros de trabajo o su carrera. Ser la salvadora desinteresada es la forma en que este arquetipo confiere significado y lógica a la locura de la esperanza y la adicción. Es la culpable de fenómenos como las bolsas bajo los ojos que se llevan como insignias de honor, ganadas tras pasar la noche en vela para preparar la presentación sola porque nadie más del equipo conoce al cliente como lo hace la Mártir. Con falsas promesas de gloria futura, la Mártir excusa cualquier situación con la que se haya conformado una mujer. Puedes encontrarla señalando con el dedo las responsabilidades importantes en la vida de una mujer y culpándolas de sus enfermedades, canas, decepciones, sueños truncados, vida social inexistente y cenas a base de barritas de proteínas. El resultado es que cada elección en su vida la hace sentir como «condenada si lo hago, condenada si no lo hago». Cuando la Mártir está al mando, nunca salimos ganando (que suenen los violines).

La Mártir toma Manhattan

El triste resultado de este arquetipo abnegado que campa a sus anchas en la conciencia femenina son legiones de mujeres con talento que soportan entornos laborales que desgastan su vida durante mucho más tiempo del necesario. Al igual que cualquier relación estancada en la que permaneces demasiado tiempo, los trabajos en los que estás rodeada de gente tóxica o haces exactamente lo mismo año tras año, se vuelven rancios, monótonos y aburridos, porque si no estás creciendo, estás muriendo.

Sin embargo, la Mártir nos convence de que no tenemos otras opciones: «Es difícil encontrar un buen trabajo»; «Las esposas de oro no están tan mal»; «Tengo que ser yo quien lo haga, no tengo elección». Estamos tan convencidas de que hacer lo «práctico» es lo correcto que ni siquiera nos permitimos mirar qué otra cosa es realmente posible. Entonces la Mártir nos calma los nervios con ilusiones de que un día nos iremos, seremos nuestras propias jefas, nos descubrirán o recibiremos una herencia inesperada al nivel de *Rústicos en Dinerolandia*.

Beth, una alta ejecutiva sorprendentemente elegante que trabajaba en el centro de la ciudad ganando seis cifras considerables, asistió a uno de mis retiros para Reinas en Nueva York para explorar qué otras posibilidades había en su futuro. No hay forma de suavizar la descripción que hizo de su puesto en la empresa; lo odiaba con toda su alma. Subida a un avión nueve veces al mes, lejos de su marido, alojada en hoteles de aeropuerto de color beis y rodeada de gente a la que no le importaba nada más que «lo que siempre se ha hecho», Beth no tenía exactamente la sensación de estar viviendo el propósito de su vida. Era el raro rayo de Sol en su gris e institucionalizada empresa. Líder nata con un talento asombroso para la contratación y la creación de equipos, Beth sabía cómo sacar lo mejor de los mejores profesionales y, en el fondo, sabía que tenía mucho más que dar si tan sólo pudiera hacer el trabajo en sus términos.

En el vórtice espiritual y femenino del retiro, descubrimos un poco más sobre la visión de Beth. Soñaba con ser su propia jefa y utilizar sus dones para formar a ejecutivos de un modo que le resultara inspirador y que tuviera un impacto en empresas impulsadas por los beneficios que estuvieran cambiando el mundo de forma activa.

Sin embargo, la Mártir interior tenía su alma totalmente reservada para el deber hasta el infame «día» en que llegara el «momento adecuado». Esperando el momento oportuno para «ir a por ello» sin riesgos y planificando la seguridad, la Mártir se había acomodado de forma peligrosa a que su única experiencia vital se cocinara a fuego lento en un segundo plano de forma indefinida. Una parte de ella tenía incluso la adicción a la esperanza de que su trabajo mejorara, aunque a nivel intelectual sabía que la cultura de su empresa nunca sería una en la que ella pudiera cobrar vida plenamente.

Una Reina, por supuesto, no está dispuesta a soportar esa conciencia crónica de bajo nivel y, afortunadamente, Beth entendió el mensaje. Notablemente inspirada por la alta vibración del retiro, se vio impulsada a fijar por fin una fecha límite para presentar su dimisión. Compartió su audaz plan con el grupo: «Dentro de tres o cinco años, dejaré mi trabajo y montaré mi propio negocio de formación de contratación de ejecutivos».

Aunque el grupo era demasiado compasivo como para poner los ojos en blanco, ninguna de nosotras se lo creyó. No hay nada real en un plan de dejar el trabajo en tres o cinco años, así que ¿por qué perder el tiempo y el dinero en asistir a un retiro para hablar de algo que nunca sucederá?

Sabiendo lo rápido que Beth podría reemplazar su salario corporativo si empezara ahora y tomara las medidas adecuadas, sentía curiosidad por saber por qué estaba tan atrapada en la adicción a la esperanza.

—¿Por qué no antes?

—Ahora mismo, económicamente, no es un buen momento para nosotros.

Su Mártir interior justificó rápidamente su decisión. *Mentirosa.*

Verás, en mis retiros nos sinceramos y compartimos detalles de nuestra vida personal. En el caso de Beth, ya había revelado que tenía unos ahorros *importantes*.

Con este arquetipo basado en el miedo y aferrado a una mentalidad corporativa, Beth estaba realmente convencida de que su familia tardaría entre tres y cinco años más en estabilizarse a nivel económico. Casi como un castigo, estaba dispuesta a pasar ese tiempo bajo custodia corporativa.

Nunca se dio cuenta de que podría ganar más dinero en menos tiempo, ser una esposa más realizada y tener flexibilidad para formar una familia si se independizara. Nadie le había dicho nunca que tenía poderes mágicos.

La Mártir asume el matrimonio

La relación de Angela era un caso clásico de asentamiento adicto a la esperanza. En lo que empezó como una historia de amor de cuento de hadas, esta poderosa doctora se casó con su novio de la Facultad de Medicina. Cuando nos conocimos, estos dos médicos llevaban juntos casi veinte años y tenían tres preciosos hijos menores de diez años.

Por lo que veían las demás madres, Angela lo tenía todo. Lo que nadie sabía era que vivía con un enorme agujero en el corazón. Aunque su marido, Justin, era un buen sostén económico, un padre devoto e incluso una gran persona, no era un buen compañero sentimental. Como tantas otras mujeres, Angela seguía esperando que, después de que él asistiera a terapia de pareja, leyera el último libro sobre «cómo restaurar tu relación» y llamara con frecuencia los lunes al programa de radio de la doctora Laura, él cambiaría. Estaba segura de que el matrimonio mejoraría y de algún modo sería más satisfactorio.

Olvidando dónde había dejado su varita, se conformó con el tipo de acuerdo de convivencia previsible en el que, aunque se querían, ya no estaban *enamorados*. En consecuencia, a lo largo de los años, Justin se perdió y empezó a buscar la atención y el afecto de otras mujeres.

Se sentía fatal por lo que, en secreto y luego no tan en secreto, estaba haciendo a Angela y a su familia. El sentimiento de culpa que le invadía por el engaño le llevó a beber hasta emborracharse, a la depresión y al bloqueo emocional total. Mientras tanto, Angela, con su gran corazón y su voluntad de mirar hacia otro lado, seguía con la adicción a la esperanza de que su matrimonio mejoraría. Además, ante la mera idea de la separación, la Mártir le decía que no podía hacerles eso a los niños.

Cuando se trataba de la relación más importante de su vida, escuchar a la Mártir significaba anteponer a todos los demás, dejando a Angela en último lugar. Durante más de una década, mientras su dolor, sus deseos y sus preferencias quedaban desatendidos, su alma se volvió más pesada. Toleraba un matrimonio que la dejaba vacía, un marido en el que no podía confiar y la mentira de que estaba haciendo «lo correcto» para mantener unida a su familia, mientras su propia felicidad y autoestima se iban por el desagüe matrimonial. Con la Mártir bloqueando la visión de sus posibilidades, no consideró que podría ser una madre mejor y estar más presente para sus hijos si daba prioridad a su bienestar. No vio que, como Reina, tenía la oportunidad de servirles de modelo para gestionar el cambio con compasión y darles permiso para vivir una vida plena en una relación sana.

Lo más triste es que, como tantas otras mujeres, Angela se sentía atrapada por la decisión que había tomado veinte años antes y, como la Mártir también la convenció de que tenía que hacerlo todo ella misma, no veía cómo iba a tener tiempo para criar a los niños sola mientras trabajaba a tiempo completo en el hospital. «Quizá cuando vayan a la universidad», solía pensar, «*entonces* seré libre».

La Mártir se pone al volante

La Mártir no sólo se compromete a sacrificar tus sueños profesionales o tu relación sentimental. También puede tener mucho que decir sobre tus elecciones personales. Deja que te presente a Marissa, mi preciosa, inteligente y trabajadora clienta. Marissa dejó su trabajo de diseñadora corporativa y su salario de seis cifras para montar su propio negocio de decoración de interiores.

Para una madre soltera, fue un salto arriesgado. Dependía exclusivamente de Marissa proporcionar una educación y un estilo de vida excelentes a su hijo adolescente, estrella del baloncesto en el instituto, y afrontó esa responsabilidad con un amor y un cuidado ilimitados, como hacen la mayoría de las mujeres. Hasta ahora, su elección de trabajo, su domicilio en Colorado y su horario personal se habían orquestado en torno a lo que ella consideraba mejor para él, sin tener apenas en cuenta sus propios deseos.

Al convertirse en Reina, Marissa encontró el poder para silenciar a la Mártir, presentar su dimisión y firmar el contrato de alquiler de un pequeño estudio de diseño perfecto en la ciudad. Se hizo visible, en Internet y en el mundo real, y habló de sus ofertas a todos los miembros de su red. En noventa días ya estaba atrayendo a clientes de alto nivel y obteniendo beneficios.

Al cabo de cinco meses, Marissa levantó la mano en una llamada de mentoría para repasar sus objetivos e intenciones del mes. Me dijo cuál era su objetivo financiero y le pregunté:

—¿Para qué quieres ese dinero?

—Para un coche nuevo –respondió con la velocidad de un rayo.

—¿Por qué un coche nuevo? –pregunté.

—El monovolumen que conduzco tiene ciento ochenta mil kilómetros y la misma edad que mi hijo de catorce años.

—Bueno, ¡ya va siendo hora! Como Reina, ya te toca o hace tiempo que te tocó.

También le recordé algunas normas de seguridad, pues no me parecía prudente conducir su cacharro en el gélido invierno de Colorado. Como Marissa tenía dinero más que suficiente en su cuenta de ahorros para cambiar el monovolumen y alquilar un coche nuevo, le encargué que fuera a buscar un coche ese fin de semana.

Su avance se produjo con chillidos de alegría.

—¡No me lo puedo creer, Gina! Siempre dije que primero tenía que ganar más dinero para poder comprarme un coche nuevo. ¡Es increíble que por fin me dé permiso para hacer esta renovación ahora!

—¡Sí, Marissa! Estás preparada para ello. ¡Llámame el lunes y cuéntame lo que has elegido o comprado!

Al transcurrir una semana y no recibir la llamada, tuve la sensación de que las salidas a jugar al baloncesto a temperaturas bajo cero del invierno seguían produciéndose con el vehículo usado. Así que me puse en contacto y pregunté:

—¡Hola, Marissa! ¿Qué estás conduciendo estos días?

—No pude hacerlo –confesó–. Odio conducir esta vieja chatarra. Odio llevar *así* a mi hijo al entrenamiento de baloncesto y odio que mis dos exmaridos se hayan comprado Teslas este año. Pero no podía desprenderme del dinero de mi cuenta de ahorros.

Como madre soltera, Marissa sentía que necesitaba tener el dinero en el banco más de lo que necesitaba cumplir su deseo. Estaba apegada a las viejas reglas del dinero que dicen: «No alquiles, debes pagar el total», y no se sentía cómoda con que su cuenta de ahorros bajara un poco más de lo que ella prefería. Justo cuando estaba a punto de alcanzar su siguiente nivel, la Mártir intervino y dijo: «Sé responsable, espera a tener suficiente dinero en el banco para pagar el coche en su totalidad al contado», apagando la delicada llama de su deseo. No se dio cuenta de que, mientras la Mártir tuviera el control, el «dinero suficiente» sería siempre una vaga cifra imaginaria, que aumentaría sin cesar y le impediría llevar su sombrero puntiagudo o desplazarse en su patinete amarillo mágico.

El peligro de ser demasiado responsable

Puede ser de lo más fácil que la Mártir dirija el espectáculo y nos mantenga conectadas a la seguridad en lugar de a nuestra espiritualidad. Beth, la elegante ejecutiva neoyorquina con el poder de las estrellas para lanzar su propia empresa, depositaba su seguridad en un sueldo fijo con la creencia de que tenía que soportar un trabajo que le absorbía el alma por el bien de su familia. Angela, la brillante doctora que toleraba aventuras y adicciones en su relación con el padre de sus hijos, depositaba su seguridad en la idea tradicional del matrimonio y de ser una «buena madre»; y Marissa, la madre soltera que conducía el viejo monovolumen por calles heladas, depositaba su seguridad en su cuenta de ahorros, que la Mártir insistía en que era sólo para emergencias (como si ésta no lo fuera). Las tres son mujeres inteligentes, espirituales y trabajadoras, y sin embargo ninguna de ellas consultó en realidad a Dios sobre su capacidad de doblegar el espacio y el tiempo para hacer realidad sus deseos. Es comprensible que la Mártir nos haya lavado el cerebro para que pensemos que esas decisiones responsables y razonables son lo que debemos hacer para mantenernos a salvo. Somos mujeres bienintencionadas llevadas por el mal camino.

De secretaria a directora general

Lo que nunca olvidamos como Reinas es nuestro poder para doblegar el espacio y el tiempo. Casi cualquier previsión sobre cuánto tardará algo o por cuántos aros llameantes tendrás que pasar no es más que un límite trazado por ti misma en torno a tu pensamiento. El espíritu ve más allá de los muros que hemos levantado. Estamos hablando del reino infinito.

El arte femenino de doblegar el espacio y el tiempo empieza contigo y con tu conexión espiritual. Cuando una mujer entra en su condición de Reina y accede a sus poderes mágicos, la realidad cambia a gran velocidad.

Pregúntale a Brynna. Tenía preprogramado el café de la clínica de naturopatía integral del centro de Portland para que se preparara todas las mañanas a las 7:40. Como un reloj, a las 7:45 entraba por la puerta principal, preparada y entusiasmada para otro día muy productivo como recepcionista. Programando citas, supervisando todas las operaciones y dirigiendo a todo el personal, Brynna, con su taza de café en la mano, básicamente dirigía la operación para su médico visionario.

El médico llevaba un año de luto por su difunta esposa y, comprensiblemente, se había distraído de las necesidades ejecutivas del equipo y las finanzas de la clínica. Gracias a la dedicación, el amor, el liderazgo, la creencia apasionada en el trabajo del médico, que cambiaba vidas, y el subidón de cafeína de Brynna, la operación estaba en marcha y el negocio se recuperaba poco a poco. Aprovechando todas las oportunidades de crecer y ser una intermediaria para sanar, Brynna se convirtió en una asombrosa representante de los tratamientos curativos de vanguardia de la clínica y a menudo vendía por teléfono paquetes de intervenciones de alto precio. A pesar de sus normas perfeccionistas y su preferencia por que «todo se haga ahora y correctamente», todo el equipo la adoraba y respetaba. El médico la tenía en gran estima. Era un caso raro de «¡Mi trabajo es increíble!».

Sin embargo, Brynna estaba lista para un cambio. Se había conformado con el puesto que le habían dado y secretamente tenía sueños mucho mayores, así que ella también se apuntó a uno de mis retiros de transformación. Su objetivo para el fin de semana de trabajo conmigo era trazar un plan para convertirse en directora general de la clínica en tres años. Cuando Brynna propuso este plazo, supe que ella también había perdido su varita mágica y extraviado su vestido de fiesta, pues no veía su magnificencia. Me di cuenta de que *ya era* la directora general.

La miré y le dije:

—Brynna, tres años o tres días. Tú eliges. Puedes reclamar ese puesto de directora general ahora.

La expresión de su cara era de puro desconcierto. Mi sugerencia desencadenó de inmediato sus sentimientos de «¿Tengo lo que hay que tener?». Dejó de reconocer su verdadero talento e inventó un montón de razones por las que no iba a funcionar.

—¡No se me dan bien los números! –insistió. No sé *exactamente* lo que implicaría el puesto. ¡Y no quiero pisotear a nadie!

La ayudé a ver lo que sabía en el fondo.

—Tienes una idea de lo que implica este trabajo. Puedes formarte en lo que no sabes, y le quitarás todo este trabajo al doctor. Estará encantado de poder centrarse en su verdadera pasión: ¡sanar a la gente!

La Reina Brynna se abrió a una nueva perspectiva. Una vibración más elevada. Se vio a sí misma de otra manera. Vio que, de hecho, ya era una directora ejecutiva.

Después de volar a casa, a Portland, tres días más tarde, le preguntó a su jefe si podían tener pronto una conversación, a lo que él respondió:

—Claro, ¡tengámosla ahora!

Sorprendida, y al no haber formulado tantos mantras preparatorios del tipo «¿Podría obtener un ascenso?» como esperaba, hizo su petición a trompicones, como un primer intento de tango. Aun así, consiguió salir airosa de la situación, y él dijo que sí.

A diferencia de la Mártir, la Reina aprovechará cualquier oportunidad para doblegar el espacio y el tiempo. Cuando lo haga, el universo se reunirá con ella.

Al acceder al reino de lo milagroso, transforma las excusas en razones para emprender acciones inspiradas. Cuando una victoria que pensabas que te llevaría tres años sucede en tres días, es que estás *doblegando el espacio y el tiempo*. Toma nota, éste es tu guion para desafiar la atracción gravitatoria del asentamiento adicto a la esperanza: «¿Cómo es posible mi deseo (o el camino hacia él) ahora?»; «Estoy disponible para alcanzar mi nivel superior en este momento. ¿Qué puedo hacer de forma inmediata?».

Sé más grande que tus circunstancias

Las mujeres siempre podemos elegir. Podemos conformarnos o podemos doblegar el espacio y el tiempo. Podemos ser la Mártir o la Reina. Podemos jugar a no hacer mucho, o podemos hacer milagros. ¿Cuándo decidimos que es «responsable» esperar meses o incluso años para pedir algo que realmente deseamos (o incluso necesitamos)? Llegados a este punto, ¿no te parece mucho más irresponsable dejar para más tarde tu vocación?

Se acabaron los días en que las mujeres se menospreciaban a sí mismas, se callaban y miraban para otro lado. También se ha acabado la época de pensar que debemos hacerlo todo nosotras mismas o ser las salvadoras de los demás. Doblegar el espacio y el tiempo a menudo incluye conseguir apoyo. Tanto si necesitas pedir comida a domicilio para tu familia una noche a la semana para poder estudiar tu licenciatura como contratar a un asistente personal o a una niñera para poder escribir tu piloto o poner en marcha tu blog, mereces apoyo para poder centrarte en hacer lo que sólo tú puedes hacer.

Si es humanamente posible para una de nosotras, también lo es para todas. Ninguna de las mujeres que conociste en este capítulo sigue sometiendo su alma a un *statu quo* insatisfactorio.

Recoger la varita

Para la ejecutiva Beth, impulsada por la seguridad, doblegar el espacio y el tiempo era cuestión de colapsar su curva de crecimiento consiguiendo el apoyo de mentores y conectando con una comunidad de otras mujeres femeninas y espirituales que también estaban comprometidas con sus propios grandes y audaces objetivos. Viendo la asesoría que hice con Brynna el segundo día del retiro, Beth encontró su varita perdida, se sacudió el polvo y se abrió a lo que era posible para ella y acortó su plan de tres a cinco años para dejar su trabajo corporativo a un año. ¡El plan de salida se puso en marcha oficialmente!

También me complace compartir que la doctora Angela ha dejado de hacer de Mártir de su matrimonio. Eligió coger su varita y ser la mejor madre posible dando prioridad a su bienestar, hizo de sus hijos la razón, no la excusa, para ser Reina. Doblegar el espacio y el tiempo fue tan sencillo como decidir que no necesitaba esperar a que terminaran el instituto para ser feliz. En lugar de seguir viviendo un matrimonio infeliz, Angela está ahora amistosamente divorciada y criando felizmente a sus hijos desde su nuevo hogar, que le encanta.

Y en cuanto a Marissa, ¿la mujer inteligente y con éxito que conducía aquel cacharro peligroso mientras se destartalaba ante sus ojos? Se replanteó el nivel de conformismo que había estado permitiendo en todos los ámbitos de su vida. No sólo se puso el sombrero puntiagudo y el vestido de gala y cambió su dirección de Colorado por una nueva en el sur de California, sino que, tras equipar el garaje de su nueva casa con puertos para cargadores, finalmente cambió el monovolumen de *Saford and Son* por el Tesla de *sus* sueños.

¿Dónde puedes doblegar el espacio y el tiempo?

Ejercicio

Sea cual sea el triste escenario en el que te hayas instalado, no es ni demasiado tarde ni demasiado pronto para doblegar el espacio y el tiempo y experimentar lo que realmente deseas. Una vez que tengas claro dónde has transigido porque no sabías hacerlo mejor, o te has rendido porque no conocías bien las posibilidades que se te ofrecían, o directamente tenías miedo de decidirte a cambiar las cosas, no te preocupes, querida; juntas recuperaremos el tiempo perdido.

Este ejercicio puede ser una actividad de diario o una meditación. ¿Dónde estás arruinando tu vida por ser la Mártir? Esto puede resultar difícil de admitir, pero sé que puedes hacerlo porque yo lo he hecho. Una vez que identifiques un punto de estancamiento en tu vida en el que te has instalado, llévalo al primer plano de tu mente. Invita a tu Reina interior a acceder a tu gran pensamiento y empieza a formular preguntas que te lleven a doblegar el espacio y el tiempo.

¿Quién puede ayudarte en esta área? ¿Dónde puedes encontrar apoyo? ¿Dónde has estado dedicando mucho más tiempo y energía de lo que realmente se requiere de ti?

Recuerda, una Reina no se conforma, no se autoabandona ni sacrifica continuamente sus verdaderos deseos. ¡El impacto que estás destinada a tener no se producirá sin un alto nivel de exigencia! Transformar y manifestar ahora requiere que pases a la acción de inmediato. Asume un compromiso que demuestre al universo lo disponible que estás para subir de nivel. Contrata a ese mentor; envía un correo electrónico a ese colega; pon fin a cualquier relación que mantenga secuestrada tu vida épica. Una vez que se vea que estás decidida, comprometida y preparada para el éxito, tu Reina interior saldrá con su reluciente sombrero puntiagudo y su vestido de lentejuelas moradas y agitará su varita mágica. El espacio y el tiempo no tendrán ninguna oportunidad.

PARTE III
Cualidades de una Reina

9

La respuesta a todo

En mi instituto, a los alumnos de secundaria se les obligaba a cursar Geometría. Y allí estaba yo, observando al señor Hodgeson con su transportador de ángulos. Supongo que a ti también te torturaron con el teorema de Pitágoras, y apuesto a que ninguna de las dos lo ha utilizado desde entonces.

Ojalá el instituto enseñara lecciones útiles como que no todas las cremas para los ojos son iguales, que el champú seco te salvará la vida y que así es como *funciona realmente* el cerebro.

En el mundo en el que crecí, la sabiduría de que «los pensamientos son cosas», que obtienes aquello en lo que te concentras y que lo que crees se convierte en tu realidad, no estaba en absoluto en la conversación. Como para la mayoría de la gente, mi visión de la vida era que los acontecimientos nos suceden, y entonces reaccionamos.

Por ejemplo, cuando pensaba y creía que ser psicoterapeuta, ver a los clientes en persona y cambiar dólares por horas era mi *única* opción, esa era mi realidad; y siguió siendo así hasta que reprogramé mi mente para creer que *podía* convertir mis ingresos anuales en mensuales, ser geográficamente independiente, pasar los veranos en Europa y asesorar a clientes de cualquier parte del mundo. Una vez que me di cuenta del poder que tenía para manifestar mis deseos, primero cambiando mis pensamientos y luego siguiendo las acciones correctas, me enganché al entrenamiento cerebral.

Cómo funciona el cerebro

Por su diseño, el cerebro humano es una máquina de alcanzar objetivos, que trabaja constantemente para atribuir significado a cada fragmento de información que capta, incluidos los pensamientos de nuestra mente. Cuando nuestros pensamientos (mente) se envían a nuestra máquina de alcanzar objetivos (cerebro), ambos trabajan en tándem para crear nuestra realidad.

Hasta hace poco, la gente creía que el cerebro del adulto estaba programado y era rígido. A medida que nuestra comprensión de la física cuántica y nuestra imagen del cerebro se hicieron más sofisticadas, los científicos descubrieron que tenemos un *entramado neurológico* que, de hecho, puede modificarse. Este factor se llama *neuroplasticidad*. No pretendo parecer un libro de texto, pero la idea es que el cerebro es moldeable, como el plástico blando, y cambia a lo largo de la vida a medida que recibes datos en forma de pensamientos, emociones, comportamientos y experiencias.

Tu cerebro ya contiene redes existentes, como telarañas que unen los pensamientos y sentimientos en los que te apoyas con más frecuencia. Las ideas frescas te llevan más allá de las viejas y polvorientas telarañas a las que te has acostumbrado. Una bombilla se enciende, provocando que una diminuta araña establezca *nuevas* conexiones mentales a la velocidad del rayo, y ¡bum! Entonces puedes reforzar esas conexiones mediante la repetición consciente, «recableando» las redes de tu cerebro para que te ayuden a crear más de lo que deseas y menos de lo que no.

Digamos, por ejemplo, que tienes la creencia de «Siempre llego tarde». Estás acostumbrada a meter tres cosas de más en el último minuto, a desbaratar la logística y a presentarte a todas las reuniones con una agitación estresante. No quieres vivir más esta situación ni el drama innecesario que genera, así que empiezas a decirte a ti misma: «Como Reina, siempre me doy tiempo más que suficiente para llegar a mis citas». Muy pronto, tu cerebro empieza a tomar excelentes decisiones para planificar el transporte con antelación, levantarte antes y evitar el impulso de cambiar repentinamente de peinado antes de salir por la puerta.

Lo que sé con certeza por haber trabajado con miles de mujeres para que adopten nuevos sistemas de creencias es que la neuroplasticidad es tu oportunidad para superar cualquier condicionamiento y ayudarte a manifestar tus mayores sueños. ¿No es emocionante? ¿Y lo mejor? *Que es fácil.*

Empieza con la introducción de pensamientos nuevos y conscientes (consulta a tu Reina para conocerlos) que, mediante la repetición, se convertirán en tus nuevas creencias y luego en tu nueva realidad. Tanto si actualmente tienes el entramado neurológico de la Princesa, la Mártir, la Saboteadora o una mezcla de todo lo anterior, es hora de que reconfigures tu cerebro con la mente de una Reina.

La Princesa	«La vida debería ser fácil y no debería tener que esforzarme mucho».
La Mártir	«Tengo que hacerlo todo yo sola, porque nadie puede hacerlo tan bien como yo».
La Saboteadora	«Mi sueño es demasiado bueno para ser verdad, así que renunciaré antes de que me rechacen».
La Reina	«Mi vida tiene un propósito, tengo acceso a todos los recursos necesarios para cumplir mi vocación y siempre manifiesto mis deseos».

Las tres escuelas de la vida

Mientras actualizamos nuestra mentalidad, el universo siempre nos da oportunidades de aprender las lecciones que más necesitamos. En mi trabajo con mujeres jóvenes y mayores, de docenas de culturas y países, me he dado cuenta de lo atascadas que nos quedamos en creencias cableadas que nos desafían de forma crónica en una de tres áreas principales. He etiquetado estas áreas recurrentes y heridas como la *Escuela del dinero*, la *Escuela del amor* y la *Escuela de la salud*. Aunque todas experimentamos lecciones en las tres materias, la mayoría de las mujeres descubren que una de ellas es la responsable de hacerlas caer de rodillas una y otra vez.

La escuela en la que te encuentras suele ser tu área más débil, y mediante el recableado de tu cerebro, puede convertirse y se convertirá en tu área más fuerte. ¿No estás segura de a qué aula perteneces? Pregunta a tu Reina interior. Ella está aquí para guiarte hacia la sanación y la concienciación sobre el tema por el que te sientas más inspirada o derrotada. Al igual que nuestros viajes individuales no deben compararse, cada una de estas tres escuelas es distinta, como lo es la experiencia de cada mujer en ellas. Las historias que voy a compartir son simplemente ilustraciones individuales de cómo una Reina entrena su cerebro para recibir todos los retos como beneficiosos para su bien más elevado. Como verás en estos ejemplos, aunque sin duda he tenido y tengo mucho que aprender sobre las relaciones y la salud, sigo encontrándome en la Escuela del dinero.

La Escuela del dinero

¿Soy sólo yo, o todo el mundo parece pensar que los problemas de dinero están más abajo en el tótem que los problemas de salud o de pareja? Pedir ayuda o una oración por un diagnóstico o para salvar tu matrimonio parece aceptable, pero ¿pedir a alguien que rece por ti porque necesitas ayuda para pagar tu hipoteca a tiempo? Es bastante inaudito. Para la salud y las relaciones hay apoyo. ¿Para el dinero? Estás sola. Mi creencia es que cada lección es una lección espiritual, digna de transformación. Así que, si tú también estás en la Escuela del dinero, echa los hombros hacia atrás y ten presente que la sanación está a punto de producirse.

Cuando era una novata en los negocios, la tarea de hacer frente a todas mis facturas y gastos con unos ingresos fluctuantes me sumía con frecuencia en la parálisis financiera. Durante los primeros años de crecimiento de mi empresa, el proceso de reeducación de mi cerebro me salvó. Los altibajos de la actividad empresarial son un caldo de cultivo para espirales de miedo a las dos de la madrugada lo suficientemente profundas y oscuras como para enviar a cualquier mujer de la Escuela del dinero de vuelta a clase.

Recuerdo que me desperté, *otra vez*, un lunes en mitad de la noche. La nómina vencía el viernes y no tenía todo el dinero para pagar a todo mi equipo. La inminente fatalidad era casi insoportable. Podía soportar un pozo de ansiedad en el estómago, pero esto era una fuerza que me consumía por completo, que me agarraba por el plexo solar y me colgaba de las vigas del techo.

No era la primera vez que sentía el temor de los gastos que se avecinaban. Más que una mera molestia, si no hacía algo rápido, sufrir mi peor pesadilla de defraudar a mis empleados era una realidad inminente. ¿Qué podría ser más horrible que tener que decir a mi equipo que necesitaría más tiempo para pagarles? Qué ser humano más deplorable sería, defraudándoles cuando cuentan con su sueldo para pagar sus propias facturas. Me sentía como una fracasada total. ¿Cómo podía enseñar a las mujeres a crear empresas estando en esta patética situación?

Entonces me enfadé. Con Dios, por no proporcionarme el dinero para mantenerme y poder compensar a estas personas increíbles; con las clientas potenciales que no se inscribieron esa semana para que hubiera más dinero en el banco; con las clientas que me debían dinero o se habían escabullido de sus contratos; con los bancos que no querían ampliar mi línea de crédito; y hasta con la inocente señora que hacía cola delante de mí en el supermercado, por suponer que no teníamos nada mejor que hacer que mirar cómo rebuscaba en su cartera y sacaba el cambio de diez en diez céntimos.

Cuando terminé de culpar a todos los demás, no me quedaba nadie a quien condenar excepto a mí misma. Estaba muy enfadada por estar aquí *otra vez*. «¡Es evidente que no soy lo bastante buena! Si lo fuera, no estaría en este lío». Me hice polvo pensando que apenas merecía existir. Probablemente fue durante uno de estos estresantes momentos a las dos de la madrugada cuando se me ocurrió mi plan de fuga de irme a Chipre a trabajar de camarera.

Después de al menos tres horas de esta espiral de vergüenza descendente, mientras los pájaros piaban y el Sol empezaba a salir, recordé que la solución siempre existe. Recé, pedí a Dios un milagro y fui guiada para llamar a mi Reina. Ella susurró: «Escribe esto en tu diario: "Estoy encantada de que esto ocurra porque…"».

¿En qué estaba pensando? Era la peor situación en la que podría encontrarme como empresaria. No había nada de lo que alegrarse.

Al no tener ninguna otra opción en ese momento, seguí su consejo. Abrí mi diario y escribí: «Estoy encantada de que esto ocurra porque…». Para mi incredulidad y conmoción, sentí literalmente que mi cerebro se reorganizaba. Fue como si el Titanic diera la vuelta en mi cabeza.

Estoy encantada de que esto ocurra porque…

«Estoy encantada de no poder pagar la nómina, humm… bueno… tal vez, porque… Puedo ver que he tenido unas expectativas tan pésimas para mí con el dinero que, en cierto nivel, estaba "dispuesta" a que mi cuenta bancaria bajara tanto. Uf. Difícil de admitir, pero cierto». Intentémoslo de nuevo: «Estoy encantada de que esto ocurra porque… humm, he estado ignorando mi estado de ganancias y pérdidas y he esperado demasiado para evaluar mi liquidez. Es hora de madurar».

Aquello no era polvo de hadas, pero me cambió la vida. Si estás dispuesta a ello, ver la verdad realmente te liberará. En ese momento, tomé conciencia de la Princesa que había estado al mando. La Princesa tiene muchas facetas, y concretamente yo estaba siendo la Princesa evasiva. Una Reina sabe dónde está su dinero cada día, ¡y al parecer yo no lo sabía!

Puede que no suene a noticia emocionante descubrir que tu cerebro está programado para comportarse como una Princesa evasiva, pero si estás dispuesta a asumir una responsabilidad radical, puedes aprovechar la oportunidad para reprogramar tu mente y llevarte desde el umbral de lo menos que suficiente hasta manifestar la nómina y algo más.

A esta chica de la Escuela del dinero le encantaban las lecciones de empoderamiento que seguían fluyendo. «Estoy encantada de no poder pagar la nómina porque ahora tengo muy claro cuáles son mis altibajos de liquidez, y sé que debo crear un nuevo embudo de *marketing* que genere ingresos fiables y constantes. También voy a mirar qué puestos hay en mi equipo, analizar dónde estoy gastando más de la cuenta y averiguar cómo puedo ser más inteligente con mis recursos. Todo ello me preparará para no volver a encontrarme *nunca* en esta situación.

»Estoy encantada de que esto ocurra porque, desde que recuerdo que tengo la capacidad de doblegar el espacio y el tiempo, en realidad tengo días suficientes para darle la vuelta a esto y conseguir el dinero para pagar a mi equipo el viernes. Olvidé que puede ocurrir un milagro y, como Reina, siempre tengo el poder de pedir ayuda al universo».

Al día siguiente me desperté con la mente puesta en los milagros y me sentí inspirada para ofrecer una venta exprés en uno de mis cursos en línea. Actué con rapidez y envié un correo electrónico a mi lista informando de que este curso descargable tendría un descuento del cincuenta por ciento sólo durante un día. Afortunadamente, con mi pensamiento de Reina, pude transformar la relación con esa lista de clientas potenciales con las que antes estaba enfadada. Aprovecharon la oportunidad *en masa*, y el pago se hizo íntegro y puntual.

Graduarse en la Escuela del dinero es, en definitiva, una doble bendición. No sólo estaba arruinada sin ingresos constantes, sino que no estaba atendiendo a tanta gente como podría. Sin un mayor nivel de ingresos fiables, no podía contratar a tantos miembros del equipo para ayudar a atraer a más mujeres y apoyar todas sus transformaciones.

Garantizar varios salarios es una gran responsabilidad para una emprendedora novata. Para la mayoría de nosotras, gestionar las nóminas conlleva una curva de aprendizaje. Estas pruebas de las dos de la mañana están ahí para mostrarnos lo importante que es centrarnos en un flujo de caja constante para poder apoyar a nuestra comunidad y nuestra causa. Yo habría suspendido el examen final sin mi entrenamiento cerebral.

Toda mujer merece ser apoyada en lo económico, tanto si nos responsabilizamos de los demás como si empezamos por nosotras mismas. Tanto si te ves a ti misma en la Escuela del dinero como si simplemente estás siguiendo un curso opcional, permanece atenta a la transformación de tu propia historia con el dinero, que aparecerá en el capítulo 14, porque las Reinas tienen todos los recursos necesarios para cumplir el propósito de su vida y disfrutar de tranquilidad financiera.

La Escuela del amor

Aunque también he tenido mi propio drama con el amor y las estrellas de rock fracasadas de Detroit (divulgaré todos los detalles no tan jugosos en el capítulo 18), afortunadamente encontré sabios mentores y aprendí a entrenar mi cerebro para poder graduarme en la Escuela del amor.

Sin embargo, Kylie, integrante de mi equipo de estrellas de rock mileniales, aún no sabía lo que era posible para una Reina en lo que respecta al amor. Como a tantas mujeres increíbles, la habían condicionado a no esperar mucho de sus relaciones románticas y podría haberse pasado fácilmente toda la vida conformándose con menos en el terreno amoroso, como hacen demasiadas mujeres valiosas de todas las edades.

Traviesa, inteligente, superguapa, superpositiva y totalmente «enamorada»… o eso creía ella. A la tierna edad de veinticuatro años, Kylie llevaba casi tres saliendo con Blake, su «alma gemela». Mientras nos conocíamos más personalmente después del trabajo, ella hablaba de «él», el anuncio de Armani andante, de su gran estilo y su físico esbelto, cincelado en todos los lugares adecuados. Con el paso de los años, mi marido, Glenn (que ahora dirige mi empresa conmigo), y yo nos dimos cuenta de que Kylie parecía ser la que ponía todo el empeño en la relación.

Todo parecía girar en torno a lo que Blake quería y lo que le convenía. Lo peor fue ver a esta joven y brillante mujer creer que: «Así son las cosas después de salir con alguien durante tres años, ¿no?». Ella pasaba por alto su egocentrismo, diciéndose a sí misma: «Es mi hombre, es joven, algún día madurará y se convertirá en un Rey». Lo que no sabía era que aún le quedaba mucho entrenamiento como Reina.

Al acercarse su tercer aniversario (que también coincidía con el día de San Valentín), Blake le dijo a Kylie que le había comprado algo *realmente* especial; algo pensado y de corazón que a ella le encantaría y que no podría superar. En medio de un gran pánico, Kylie se subió a su *jeep* y se dirigió a Nordstrom's, donde se hizo con un montón de los zapatos favoritos de él, colonia y algunas camisas de vestir, y preparó una bolsa llena de diez cosas que acompañarían a diez dulces notas sobre por qué le quería.

Tras haber dejado un importante agujero en su cuenta bancaria, colocó ansiosamente la última nota adhesiva rosa que decía «Pienso en ti todo el día» encima de la caja de zapatos, muy ilusionada por el «regalo especial» que le esperaba. ¿Un anillo de compromiso, quizá? Habían hablado de buscar una casa juntos aquel verano, así que ¿quizá había elegido algo para su futuro hogar?

La *Princesa ingenua* se había apoderado por completo de Kylie. Este arquetipo tiende a ignorar las señales de advertencia obvias que las Reinas sabias detectan al instante y, con el fin de preservarse a sí misma o a la relación, se convence de una historia feliz alternativa para escapar de lo que realmente está ocurriendo. La Princesa ingenua, al igual que un niño, ve el lado bueno de las cosas, pero con gafas de color de rosa.

Hablando de rosas, llegó San Valentín y Kylie se estaba preparando para lo que preveía que sería una noche especial. Blake se presentó en su casa temprano y la sentó en el salón, rogándole que abriera de inmediato su regalo. Ella recibió el paquete nerviosa, con las manos temblorosas. Cuando fue a abrirlo, él empezó a grabarla. Ella pensó que *tenía* que ser algo bueno.

Dentro encontró un calendario de escritorio en miniatura. Quédate sentada, que la cosa empeora. En cada mes aparecía una foto de su culo a lo Armani, desnudo en distintas playas que había visitado mientras estudiaba en Europa. Sí, recibió un calendario de culos de esta ameba emocional para celebrar su tercer aniversario. Nada de tarjetas, bombones, ni vino (que tanto necesitaba).

Temblorosa, conteniendo las lágrimas porque la Señorita Perfecta que llevaba dentro no quería disgustarle ni arruinarle la noche, hizo todo lo posible por poner cara de felicidad y proseguir con su cita feliz.

Al día siguiente, Kylie se presentó en el trabajo tan animada como siempre. Sentía curiosidad por la celebración del aniversario de la que tanto había oído hablar, así que le pregunté:

—¿Qué tal la velada? ¿Cuál fue tu gran sorpresa?

Kylie respondió vacilante:

—Estuvo bien. Me hizo un calendario.

Al revelar el contenido, intentó reírse, pero yo sabía que no le hacía gracia. Percibí la conmoción que le causó haberse creado grandes expectativas y que luego le destrozaran el ánimo.

—¿Estás bien? –pregunté, preocupada al instante.

Ella le quitó importancia, quería seguir adelante y olvidar lo ocurrido. A partir de ese momento, la obsesión de Blake por sí mismo alcanzó el nivel de Kayne West y, aunque llevaban más de un año hablando de buscar una casa juntos, dos semanas antes de mudarse, abandonó sus planes de convivencia. Cuando se acercaban los cuatro años, Blake consiguió su propio piso de soltero en el sur de California y «de la nada» dejó a Kylie sin otra razón que la de «encontrarse a sí mismo».

Kylie estaba destrozada porque su Princesa ingenua seguía pensando que el «hombre del calendario de culos» maduraría y la trataría mejor algún día. Glenn y yo sabíamos que se merecía mucho más y que podía tener una pareja mucho mejor. Por desgracia, la Princesa ingenua mantenía a Kylie en la Escuela del amor, ajena a cómo era una relación próspera, en lugar de reeducar su cerebro para recibir el tipo de romance para el que estaba destinada.

–No era un Rey, Kylie –le aconsejé–. Créeme, éste es el mejor regalo que podría hacerte.

Todas conocemos el escozor que produce ser la persona con la que han roto; prácticamente nada puede hacerte sentir mejor porque, recuerda, *el rechazo genera obsesión*. Kylie, que aún no lo entendía, contuvo las lágrimas y escuchó mientras yo continuaba.

—Hay un verdadero Rey ahí fuera esperándote. Uno que te mostrará cómo es una relación sana y amorosa, y cómo debe ser un auténtico San Valentín. Por no hablar de un hombre que te amará más de lo que se ama a sí mismo.

Siempre dispuesta a caer de pie, Kylie siguió mi consejo y se lanzó a reeducar su cerebro para que creyera que un nuevo amor era posible. Dejó claro el tipo de relación que ahora deseaba y merecía, y repitió mantras afirmando que su Rey estaba ahí fuera para ella.

Tras tres meses de reeducar su cerebro visualizando, escribiendo en un diario, leyendo y recitando afirmaciones, Kylie había creado la profunda creencia de que su Rey existía. Volvió a casa para asistir a la boda de una amiga del instituto y allí mismo, en la pista de baile, estaba el Rey Nathan. Desde entonces, ese hombre tan atractivo, emocionalmente inteligente y todo un caballero, le ha enviado un sinfín de flores y tarjetas «porque sí». La llama todos los días y le envía mensajes de texto el primero de cada mes deseándole «Feliz mes de aniversario» y ahora, diez meses después, viven felices juntos en su nuevo apartamento. ¿Y Blake? Lo último que sabemos es que está haciendo una prueba para *Love Island*. Buena suerte, tío.

La Escuela de la salud

Muchas de nosotras crecimos pensando que nuestro cuerpo era una entidad independiente, apenas bajo nuestro control, que enfermaba al azar o a causa del tiempo. La primera lección de la Escuela de la salud es que, de hecho, al igual que un gran romance y la capacidad financiera, suele empezar en la mente.

Para la mujer que se encuentra en la Escuela de la salud, una explicación metafísica puede ser que no esté hablando por sí misma de forma importante, así que su cuerpo acaba hablando por ella. Por ejemplo, supongamos que tu jefe quiere que vayas a representar a la empresa en una conferencia del sector en Milwaukee; como no te sientes lo bastante bien para ser la portavoz, te da pavor. Como eres obediente, aceptas, te vas a casa y pides una nueva almohada cervical para el vuelo nocturno. Al no digerir bien esta decisión, atiborrada de estrés y emociones, te sale una úlcera. Tu cuerpo habló por ti, creando un dolor debilitante para que ahora no tengas que subir al avión, y tampoco puedas disfrutar de tu vida ni de nada que no sea comida insípida durante los próximos seis meses mientras te recuperas.

Por el lado de la resistencia, podemos entrar en la Escuela de la salud trabajando en exceso y acabar fuera de sintonía con nuestro cuerpo. Rosanne es un ejemplo perfecto de una mujer increíblemente inteligente, muy culta y fuerte que se sorprendió al encontrarse en la Escuela de la salud. Su lección se centró en su deseo de tener un bebé. Rosanne tenía treinta y seis años cuando ella y su marido empezaron a intentar concebir de forma activa. En aquel momento, era una poderosa abogada del norte de California que se dedicaba a procesar delitos sexuales. Permanecía completamente en su energía masculina las veinticuatro horas del día, los siete días de la semana, era una adicta al trabajo y, según sus propias palabras, una *Gladiadora*.

A este arquetipo le va la marcha. Alcanzan el estatus de superhéroe a base de abrirse paso, trabajar duro y hacer el trabajo pesado. Así es como Rosanne terminó la carrera de Derecho y cómo se enfrentó a diez juicios en trece meses, tres de los cuales eran condenas a cadena perpetua.

Vivía su vida como Gladiadora, y como tal también intentó concebir un bebé. Estoy segura de que no te sorprende que intentar quedarse embarazada operando exclusivamente con energía masculina no funciona.

Decidida y ambiciosa como siempre, Rosanne siguió intentándolo una y otra vez. Después de que la vía natural no diera frutos, hizo las rondas máximas permitidas de tratamientos de FIV, cada una de las cuales fracasó. Cada vez que un médico le decía que no era posible que concibiera, iba a buscar uno nuevo, sólo para oír lo mismo. Pero eso no iba a detener a la Gladiadora Rosanne. Durante años, se negó a renunciar a sus objetivos de embarazo. A la edad de cuarenta y un años, fue lo bastante sabia como para darse cuenta de que algo, o todo, en su vida tenía que cambiar; y rápido.

Rosanne se preguntó qué otra cosa era posible para ella mientras exploraba la posibilidad de dejar su trabajo como abogada. Entró en Internet y encontró Divine Living y nuestros programas. «Al principio me resistía bastante a todo esto de la energía femenina», me dijo Rosanne. «Y todo eso del "entrenamiento de la mentalidad" me parecía una tontería. Pero sentí que había algo para mí, di el salto y me inscribí. Fue entonces cuando empecé a aprender sobre mi entramado neurológico. Al principio me daba miedo, echar un vistazo a mi interior era algo que mi educación me había enseñado a no hacer nunca. Aprendí que soy una creadora, y que "los pensamientos son cosas". Y empecé a preguntarme: ¿qué pensamientos tengo acerca de no quedarme embarazada?». Fue entonces cuando la verdad salió a la luz.

Rosanne, con toda su confianza externa, no podía creer que en el fondo se sintiera indigna de tener un bebé. Su propia madre siempre había desestimado sus grandes ambiciones, advirtiéndole que «No puedes tener más». Puesto que ya tenía un marido cariñoso, una casa preciosa y una carrera de éxito, su creencia era: «¿Quién soy yo para tenerlo todo?». Su cuerpo estaba cumpliendo la profecía de su condicionamiento mediante su infertilidad.

Entonces Rosanne vino a uno de mis seminarios en París. La guié a través del ejercicio exacto que me salvó en aquella insoportable noche en la que no tenía suficiente dinero. Rosanne, aún insegura de todo este asunto espiritual, se dejó llevar y anotó: «Estoy encantada de no haberme quedado embarazada después de seis años intentándolo porque…». ¿Te lo imaginas?

La Reina interior de Rosanne tenía la respuesta a uno de los espacios en blanco más difíciles de rellenar que he visto hasta la fecha. Había una receptividad femenina que debía producirse. Lo que escribió sobre la página fue: «Estoy encantada de no haberme quedado embarazada todavía para que mi hijo no haya sido criado por una madre Gladiadora».

«¿*Qué*? ¡Esto es increíble!», pensó. «Estoy encantada de tener ahora la oportunidad de reconectar con mi feminidad antes de convertirme en madre. Estoy encantada de poder entrar en mi verdadero yo y concebir desde un lugar femenino».

Ahora que Rosanne tenía cuarenta y dos años, todos los médicos le daban probabilidades de un solo dígito de quedarse embarazada. Sin embargo, inmediatamente después de volver a casa desde París, la Reina Rosanne utilizó las técnicas de mentalidad para volver a creer que, de hecho, merecía tenerlo todo, y que el embarazo era posible para ella.

¡Se podría decir que Rosanne aprendió muy bien a recibir! Concibió de forma natural, y todos estamos encantados de decir que, a los cuarenta y tres años, Rosanne dio a luz a un niño sano.

Esto es lo que hizo Rosanne para estar disponible para el milagro de la maternidad. Todos los días se visualizaba embarazada y con un bebé sano. También programó su mente con mantras como «Soy madre. Puedo tenerlo todo. Estoy muy feliz y agradecida por estar embarazada». Para apoyar su transformación, alimentó su energía femenina con todas sus formas favoritas de práctica espiritual, autocuidado, placer y juego. Siguió su guía divina para abandonar su carrera en los tribunales y empezó a diseñar su propio negocio. Mientras tanto, hizo que divertirse y pasar tiempo en la hermandad de alta vibración de nuestra comunidad, donde cultivó verdaderas amistades, fuera algo innegociable. ¡Nada de aislamiento para ella! Cuando entrenamos nuestro cerebro para manifestar, las Reinas conocen la importancia de estar en presencia de otras personas que piensan tan a lo grande como nosotras.

Este milagro no sólo bendijo a Rosanne y a su familia, sino que han nacido bebés en todo el mundo gracias a lo que ella aprendió en su viaje. Rosanne dirige ahora una empresa estupenda en la que trabaja con mujeres para que abran sus mentes y *sus* cuerpos para convertirse en madres, de modo que ellas también puedan recibir el don de la vida.

Cómo entrenar tu cerebro

¿Estás lista para obtener tu diploma de la Escuela del dinero, el amor o la salud? Mediante el desarrollo de una nueva red neurológica creas tu realidad deseada y manifiestas tu vida épica. Como Reina, sólo estás disponible para vivir tu verdad más elevada, y ya es hora de que tu cerebro reciba el mensaje.

La antigua práctica de recitar mantras es una de las herramientas más poderosas para entrenar a tu cerebro a pensar como una Reina. Si has leído suficientes libros de desarrollo personal como para saberlo todo sobre la importancia del pensamiento positivo y la autosugestión, puedes sentir la tentación de aburrirte y pasar por alto lo que voy a compartir aquí. Resiste, porque «esto ya lo sé» es el asesino más furtivo del crecimiento continuo.

Sí, la mayoría de la gente ha oído hablar de los mantras, e incluso ha flirteado con ellos (a pesar de la tentación de poner los ojos en blanco) porque se encontraba al borde de la desesperación total y estaba dispuesta a probar cualquier cosa. El malentendido es que los mantras no pretenden ser un remedio rápido para superar tiempos difíciles; pretenden crear una reprogramación profunda que influya de forma drástica en tu experiencia vital, y pocas personas mantienen su compromiso de recitar mantras hasta el punto de lograr una transformación duradera.

Mediante la repetición diaria, un mantra afirma tu verdad más elevada hasta que se convierte en tu nuevo modo por defecto. Lo que solías asociar con dolor, carencia y negatividad ya no es agotador a nivel emocional. Quiero que experimentes este poder que te cambia la vida para que puedas manifestar tu vida épica.

Al principio, un mantra puede parecer mentira. Dilo y siéntelo con suficiente frecuencia, y empezarás a creer que es tu verdad, y cuando te des cuenta se convertirá en tu realidad. Yo me recuperé de mi drama de la nómina con mantras como «Me encanta pagar a mi equipo dos veces al mes», «Siempre puedo hacer frente a todos mis gastos a tiempo y con facilidad», y «La nómina es un hermoso recordatorio de todo el apoyo que tengo de estos increíbles miembros del equipo que me ayudan a marcar la diferencia en la vida de nuestras clientas». Repetí estas afirmaciones una y otra vez. Me dije a mí misma que me sentía increíble, poderosa, pacífica, natural y con abundancia. Visualicé que siempre tenía dinero más que suficiente en el banco para pagar a todo el mundo con facilidad y lo *sentí* en profundidad. Mi energía en torno a la responsabilidad quedó limpia, y los fondos fluyeron sin bloqueos.

Todo esto se convirtió en la nueva normalidad en mi negocio, así como en todas las demás áreas de mi vida a las que he aplicado el entrenamiento cerebral, y con rapidez. Los estudios dicen que se tardan veintiún días en habituar nuevas vías neurológicas, pero no te sorprendas si tu nuevo sistema de creencias tarda más tiempo en fortalecerse y producir resultados. Entrenar el cerebro y limpiar tu energía es como fortalecer un músculo. Tú decides con qué rapidez estas creencias se convertirán en tu nueva normalidad.

Cuando tu sueño representa una transformación masiva, como perder cuarenta y cinco kilos o salir de una deuda de cien mil dólares, se necesita un intenso entrenamiento previo para reprogramar tu mentalidad de verdad. Una vez que hayas perdido el peso y pagado el préstamo, el mantenimiento exige menos de tu tiempo, pero no es menos importante. Es demasiado fácil salirse de la alta vibración si no estás rodeada de gente positiva, si no lees libros enriquecedores, si no te mantienes conectada a tus deseos y si no afirmas tu verdad a diario. Pensar como una Reina es un compromiso continuo, que hace que la vida sea épica.

Graduarse de las escuelas

Ahora ya sabes cómo invocar a tu Reina e invertir cualquier forma de la espiral de miedo a las dos de la madrugada que te absorbe en la falsa creencia de que la vida tal como la conoces se ha acabado. Al otro lado de «Estoy encantada de que esto ocurra porque…» encontrarás una pieza de sabiduría que cambiará el juego y te ayudará en tu viaje.

Verás cómo puedes despertar a nuevas lecciones y tomar decisiones diferentes. No todas las lecciones son «divertidas». Desde luego, no nos hemos apuntado de forma consciente a la mayoría de las clases y no solemos ver venir los cuestionarios sorpresa. Pero si reconfiguras tu cerebro para recibir cualquier reto con un sentimiento de alegría, aventura y gratitud, tu nueva respuesta natural será «¡Impresionante! ¡Puedo hacerlo!», en lugar de asustarte y dar un rodeo de seis meses a través de una parálisis financiera, un corazón roto o una úlcera inducida por el estrés.

Nunca más asumirás que te están castigando o que eres mala, indigna o no lo bastante buena cuando algo no sale como quieres. Mientras que todo tu entramado neurológico anterior te instruye en que lo que estás experimentando equivale al día del juicio final, este simple acto de rellenar el espacio en blanco después de «Estoy encantada de que esto ocurra porque…» te reconecta con el espíritu y te eleva hacia tu potencial más elevado.

Cuando te entrenes para creer que todo está ocurriendo *para* ti, no *a* ti, empezarás a pensar más en los regalos que te trae el universo. Verás cómo doblegar el tiempo y el espacio, asignar un significado diferente a lo que antes se percibía como una circunstancia desafortunada, y dar un paso hacia una posibilidad más elevada de lo que está destinado a ti.

Descubrirás dónde estaba limitada tu visión, pero no la de Dios. Donde creías que eras débil, te volverás fuerte, y donde parecía que no había salida, te abrirás paso hacia un reino fabuloso de posibilidades ilimitadas. Con la mentalidad de una Reina, no hay problema que no pueda resolverse; nunca hay un callejón sin salida. Siempre hay un nivel superior de oportunidades, y no necesitas nada pitagórico para llegar a él. Bienvenida a la respuesta a todo, querida.

10

Comunicarse como una Reina

¿Recuerdas aquella vez en que se te fue la boca (ya sé, elige una) y eso arruinó aquella amistad? ¿O cuando te quedaste callada (es decir, «fuiste educada») y más tarde te diste cuenta de que si hubieras hablado con valentía habrías evitado que el solicitante con el chihuahua te quitara de las manos el apartamento que tanto te gustaba? ¿O qué me dices de todas esas veces en las que vacilaste y dijiste que sí cuando tenías tantas ganas de decir que no a cuidar del hijo de tu hermana, a escuchar a tu amiga emprendedora en serie hablar de la idea 347 o a irte de vacaciones con tu suegra?

¿Cómo hemos llegado a ser mujeres adultas y no saber comunicarnos de forma eficaz ni tener el valor de hablar con sinceridad? Nos han enseñado a disculparnos por nuestras necesidades, no a pedirlas (algo que a la mayoría de las mujeres nos han dicho que *no está* bien que hagamos, para empezar). No es de extrañar que seamos tan pocas las que sabemos utilizar el lenguaje con fuerza.

Lo que más se nos ha enseñado es una comunicación complaciente o desafiante, en la que nos acobardamos en la invisibilidad, nos acomodamos verbalmente o imponemos nuestras exigencias perversas. El discurso dominante puede arruinarte la vida tanto como el silencio y la evasión pueden aplastarte el alma con sigilo. Créeme, te lo aseguro. La comunicación ha sido una de las áreas más frustrantes, cegadoras, desafiantes y humildes de mi crecimiento. Hasta que no sanemos nuestro instinto femenino herido, el condicionamiento inconsciente monopolizará nuestro estilo de comunicación y, por tanto, nuestras vidas.

He sanado con éxito mi tono complaciente con la gente, he sobrevivido a la oscilación pendular de la comunicación desafiante y vergonzosa, y me he aliado con mi voz. Una vez que aprendí las lecciones que comparto contigo en este capítulo, incluido el arte transformador de dejar que mi «sí sea sí» y mi «no sea no» mientras digo la verdad con amor, la comunicación se ha convertido en una de las habilidades más sanadoras, transformadoras, liberadoras y gratificantes a las órdenes de mi Reina, y está a punto de convertirse también en la tuya.

La fantasma: la comunicadora invisible

Era sábado por la noche. Mi amiga Zoe había sido invitada a una gran fiesta en el apartaestudio de un destacado artista en el centro de Los Ángeles. Su comunidad de personas influyentes estaría allí en plena efervescencia, además de un montón de nuevos amigos fascinantes a los que conocer.

Le hacía ilusión llevar a su novio, Zack, un hombre extrovertido y encantador que siempre es divertido en las fiestas. Llevaban juntos seis meses y, hasta ahora, la relación no había supuesto ningún esfuerzo. Iba a ser una noche fabulosa para presentarle su mundo de aspiraciones.

Pero hubo una pequeña complicación. Antes de salir hacia la fiesta, Zack y Zoe habían pedido comida tailandesa para cenar, y había llegado más comida de la que la pareja esperaba. Con la inocente idea de que «compartir es cuidar», Zack decidió enviar un mensaje de texto a algunos de sus amigos *hispters* para que fueran a su casa antes de la fiesta y participaran en aquel magnífico festín.

A Zoe le pareció razonable. Al fin y al cabo, no quería que se desperdiciaran todos esos fideos, y Brody y Mark, sus amigos de tanto tiempo, le parecían bastante entretenidos en pequeñas dosis.

Sin embargo, en secreto le preocupaba que, si venían a cenar, tuviera que llevarlos a la fiesta. Aparecer con todo un escuadrón de amigos no era su primera opción, sobre todo sabiendo que se pasarían la noche encima de Zack, lo que limitaría seriamente el potencial social de la pareja estrella. A pesar de su creciente preocupación, Zoe no iba a decirle bajo ningún concepto a Zack que invitar a sus amigos era una mala idea. Estaba poseída por la Fantasma.

Con miedo a decir su verdad, religiosamente obediente a las preferencias de los demás, el arquetipo de la Fantasma apaga nuestras voces hasta que nos volvemos completamente invisibles. Con la creencia de que no somos importantes en comparación con los demás, nos dice que nuestros propios deseos son erróneos, enviándonos al estado de apagado total. La Fantasma cree que no tenemos nada que decir al respecto, así que ¿para qué hablar? O está tan obsesionada con no querer herir los sentimientos de los demás que pone en peligro nuestra propia felicidad.

Zoe se sintió aliviada cuando Brody, siempre un poco aguafiestas, dijo que no quería ir. Completamente ajeno a los sentimientos de la Fantasma, Zack intentó persuadirle: «¡Tío, tienes que venir! ¡Va a ser increíble!». Zoe contenía su irritación, jugando nerviosamente con los palillos mientras Brody se quejaba una y otra vez de tener que ir a una fiesta a la que sólo se podía asistir con invitación, y el dulce Zack, totalmente imperturbable y leal a su amigo de la infancia, seguía insistiendo en que le acompañara.

Encajonada en el asiento trasero del Uber entre Brody y Zack, con Mark haciendo de DJ en la parte delantera, el humor de Zoe cayó en picado mientras soportaba las incesantes quejas de Brody por la odiosa música.

—No estoy seguro de esto. No debería haber venido. Va a ser una estupidez. Probablemente me vaya nada más llegar.

—Vale, ¿entonces por qué no paramos aquí mismo y te dejamos salir? –quiso espetar Zoe, pero la Fantasma siguió haciendo que se mordiera la lengua.

Tratando de convencerse a sí misma de que le parecía bien la actitud melancólica de Brody, Zoe albergaba la esperanza de que todo saldría bien. Temerosa de parecer una arpía, se dijo a sí misma que se limitara a ser amable. Aun así, nada impidió que su temor se convirtiera en un remolino de pensamientos angustiosos. ¿Estaba invitando a demasiada gente sin que el anfitrión lo supiera? Se sentía mal por aportar energía negativa a la fiesta, así que empezó a castigarse a sí misma en silencio, sin decirle a nadie cómo se sentía y desapareciendo de la conversación.

Al llegar a la fiesta, llena de gente ecléctica y con estilo, con una banda en directo y barra libre completa, Brody se acomodó mientras Zoe no podía quitarse el mal humor de encima; ni a él. Ya no tenía energía ni entusiasmo para relacionarse y mezclarse. Estaba nerviosa y se sentía incómoda con las pocas personas con las que entablaba conversación, y cuando los amigos quisieron marcharse a las once de la noche, justo cuando la fiesta empezaba a animarse, se alegró de darla por terminada.

Ansiosa durante todo el camino, al llegar a casa con el olor a comida tailandesa todavía en el aire, Zoe se derrumbó por completo con todas las clásicas reacciones emocionales: lloró, se sonó los mocos y se dejó caer de bruces en el sofá; fue un auténtico desplome de damisela en apuros. El pobre Zack, que pensaba que él y todos los demás habían pasado una noche estupenda, se quedó en estado de *shock*. Sin embargo, se puso rápidamente a la altura de las circunstancias para proporcionarle apoyo emocional durante este primer desencuentro de su relación.

—¿Qué ocurre? –le preguntó a Zoe.

Por fin le confesó la verdad de lo que le molestaba, junto con un comentario mordaz sobre el fastidio que suponía sucumbir a la Fantasma y no comunicarle sus verdaderos deseos. Zack estuvo de acuerdo en que Brody había sido problemático, aunque no tenía ni idea de que la estuviera alterando tanto, y se sintió decepcionado de que su chica no hubiera expresado su verdad con claridad. Al acceder a la Reina interior, Zoe se dio cuenta de que un simple: «Cariño, quiero que esta noche estemos solos tú y yo en la fiesta» podría haber frenado en seco su innecesario naufragio interior.

¿Te sientes identificada? ¿Has acabado sumida en una decepción silenciosa mientras tu pareja (o tu mejor amiga, tu jefe, entre otros) sigue adelante sin darte cuenta, para acabar atormentada por el daño que te ha hecho la Fantasma?

Como Reina, mereces comunicar con confianza tu punto de vista. Ni siquiera se trata de tener razón o no. Se trata de dejar que tu sí sea sí y tu no sea no. Tu voz está ahí para expresar lo que es verdad para ti. No se trata de ser desconsiderada, se trata de que hables para estar al más alto servicio de todos los implicados. Recuerda que Brody ni siquiera quería ir a esa fiesta. La verdad de Zoe habría sido compatible con sus deseos y habría potenciado su propio disfrute, y Zack se habría sentido mucho más satisfecho sabiendo que había hecho feliz a su chica.

La Fantasma aparece cuando nos han condicionado para ponernos en último lugar, pensar primero en los demás en detrimento nuestro, ser amables y seguir la corriente. Dios nos libre de ser la Arpía que no incluye a todo el mundo en todo. Nos preocupa mucho herir los sentimientos de los demás, pero nos parece bien que pisoteen los nuestros; por eso a menudo hace falta una reprogramación completa para que este estilo de comunicación directa resulte natural a cualquier mujer familiarizada con la Fantasma.

Al capacitarnos a nosotras mismas y a los demás para expresar nuestra verdad, encontramos la libertad en la comunicación de Reina. Por otra parte, si no recibes la invitación, no tienes por qué hacer que eso signifique que no le gustas a alguien. Puede ser que sólo quieran ir a la fiesta con su novio *a solas*.

Ser visible con tus deseos, sin culpar ni acusar, es la mejor manera de satisfacer tus necesidades. Mi amiga Chelsea puso en práctica hace poco la comunicación de Reina y funcionó. Recién casada con el hombre de sus sueños, Chelsea disfrutaba de la felicidad conyugal. Pero había un aspecto en el que no satisfacía sus propios deseos. Su maravilloso marido, como tantas parejas en su energía de proveedor y protector, pensaba que no era práctico gastar dinero extra en ropa y peluquería. Por eso, cuando se trataba de verse y sentirse sexi, Chelsea se sentía insatisfecha.

Decidió ser visible y hacer suyo su deseo de un tratamiento de belleza de Reina. Así que se sentó con su marido, canalizó su Reina interior y, desde una perspectiva femenina, compartió con él cómo se sentía.

—Cariño, te quiero y estoy muy agradecida de que me trates como a una Reina. Pero soy una mujer. A veces necesito algo más que el hecho de que me digas que soy guapa y sexi. Yo también tengo que sentirlo. Para mí, eso significa llevar ropa bien hecha que me encante y hacerme de vez en cuando retoques en la peluquería.

Así es la alianza en la comunicación. El marido de Chelsea lo comprendió al instante. Se dio cuenta de que, al igual que para él era innegociable hacer ejercicio en el gimnasio todas las mañanas, sus prácticas femeninas no eran frívolas e irracionales, sino una parte esencial de lo que la hacía sentirse bien consigo misma, cuidada y segura de sí misma. Unas ondas playeras brillantes pueden parecer triviales, pero para Chelsea no lo son. Son un ejemplo de lo que significa para ella estar en su poder de Reina allí donde típicamente podría deferir a los valores prácticos masculinos.

¡Bum! Recién salida de la peluquería, Chelsea me envió emocionada un mensaje por la nueva suscripción al servicio de peluquería que acababa de adquirir. Con una comunicación de Reina, trascendió el estatus de la Fantasma.

La Aduladora

Recuerdo que unos años después de convertirme en psicoterapeuta, fui a un centro de bienestar que ofrecía numerosos tratamientos de balneario y clases de desarrollo personal. Uno de ellos era una experiencia ecuestre única destinada a elevar la conciencia de la mente, el cuerpo y el espíritu.

Nunca había estado realmente rodeada de caballos, así que cuando el rudo instructor con aspecto de vaquero llevó a mi grupo de terapeutas a la pista donde guardaban esos grandes y hermosos sementales y yeguas, a pesar de que me sentí atraída por una llamada Misty, me sentí intimidada.

Nuestra primera actividad consistió en acercarnos a un caballo y levantarle la pata delantera. El instructor Hombre de Marlboro fue el primero, levantando con confianza la enorme pezuña como si fuera una pluma. Otros me precedieron, consiguiéndolo y haciendo que pareciera pan comido. Cuando llegó mi turno, me acerqué tímidamente a la yegua y empecé a acariciarla. Le dije lo bonita que era y que me llamaba Gina. Pensé que primero tenía que conocerla, *¿no?*

«Voy a levantarte la pata muy rápido, ¿te parece bien?», le susurré. Me agaché lentamente, rodeé con mis manos su sedosa pantorrilla, tiré con todas mis fuerzas, y... ¡nada! Ni un movimiento. Sentía la maldita pezuña como si pesara mil kilos.

Todos los demás parecían hacerlo bien excepto yo; estaba muy avergonzada. Ni siquiera importaba que nadie de mi grupo me estuviera juzgando; era yo la que quería hacerlo a la perfección. Sentí que se me encogía el estómago y se me sonrojaba la cara. Miré avergonzada al instructor. No me apetecía nada el comentario público que estaba a punto de recibir. Pero estaba allí para desarrollarme a nivel personal, así que respiré hondo y dije:

—Suéltalo.

Él respondió rápidamente:

—Gina, ¿siempre dices tonterías a la gente antes de pedir lo que quieres?

Dios mío. Me quería morir allí mismo. Lo triste es que, según mi programa, lo estaba haciendo todo bien. Estaba siendo amable, considerada con los demás y actuando de forma educada como «se suponía» que debía hacerlo.

El vaquero continuó:

—Puedes ser directa en tu comunicación. No tienes que engatusar a la gente antes de ir al grano. Vuelve ahí e inténtalo de nuevo.

«No puedo creer que este maldito caballo me esté delatando», pensé. Aquel caballo se convirtió en mi espejo. Misty vio más allá de mi palabrería y mi débil energía para pedir permiso. Sabía que yo no estaba allí para que me dijeran «Qué guapa eres».

En ese momento, mi arquetipo de la Aduladora se reveló ante mí. Me di cuenta de lo mucho que necesitaba que todo el mundo me aceptara: el instructor de vaqueros, los otros terapeutas, ¡incluso el maldito caballo!

Aprovechando la lección, ajusté mi energía e invité a mi Reina interior a dar un paso al frente. Cerré los ojos y me dije en silencio: «Reina Gina, ¿cómo quieres que levante la pata?». Sentí que mi energía cambiaba y que mi barbilla se levantaba. Me pavoneé hasta aquel caballo testarudo y, sin decir una palabra, levanté aquella pata como si fuera de crema.

Irónicamente, cuando nos desprendemos de la Aduladora, es cuando la gente (y los animales) nos respetan más. Para muchas de nosotras, este arquetipo inseguro define nuestro estilo de comunicación a diario. La Aduladora es la que se rechaza a sí misma con desaires desenfrenados, tratando de gestionar cualquier posible golpe de rechazo mordaz. Al carecer de confianza en sí misma y ser autocrítica de forma crónica, es la que habla indirectamente y en círculos, empezando las frases con: «¿Te importaría si…?», o «Siento molestarte…», o «¡Me encanta tu blusa!».

Tanto si buscas la aprobación de tus compañeros de trabajo, tu marido, tus amigos, tu suegro o tus hijos, hablar con seguridad y directamente es el antídoto contra la Aduladora.

He aquí cómo una Reina comunica con confianza sus deseos sin necesitar la gran mayoría del voto popular. Piensa en cuando estás en un restaurante y el camarero te pregunta qué quieres cenar. Si solieras decir «¿Puedo tomar lenguado de Dover?», ahora harás tu pedido así: «Quiero lenguado de Dover, por favor». Te sentirás mucho menos «exigente» cuando, en lugar de titubear «Estoy pensando en la ensalada de lechuga… ¿sería posible que me la sirvan picada… y quizá también mezclada?», simplemente digas: «Quiero la ensalada picada, por favor». Así te librarás de pasarte la velada cortando lechuga iceberg. De nada.

Puedes liberar la energía aduladora y buscadora de permiso también en tu carrera. Muchísimas mujeres sacan lo peor de sí mismas en el trabajo, introduciendo sus pensamientos diciendo: «Puede que no te guste esta idea, pero…»; o «Esto puede parecer una tontería, pero ¿qué opinas de…?». Como Reina, puedes defender tu brillantez y decir: «Tengo una gran idea que me gustaría compartir contigo».

En cuanto a tu amado, a quien le encanta hacer un plan y ceñirse a él, debes saber que una Reina tiene derecho a cambiar de opinión. Si el lunes recibes por correo electrónico una confirmación de vuestra reserva para cenar sushi el jueves por la noche, y cuando llega el jueves no tienes ganas de wasabi, no debes tener miedo de compartir tu verdad de forma directa, sin dejar de tener en cuenta a tu cita, así: «Oye, ¿tenías muchas ganas de comer sushi esta noche? Te agradezco que hayas hecho la reserva, pero si estás dispuesto a cambiar de planes, prefiero quedarme en casa y pedir comida china».

Practica ser directa, y tu estilo de confrontación de Aduladora se liberará. Cuanto menos envuelvas tus palabras en palabrería temerosa y halagos, mejor se recibirá y aceptará tu mensaje.

Si la idea de una comunicación directa activa tu síndrome del intestino irritable, sigue trabajando para liberar tu enfermedad de agradar. Repasa el capítulo y su ejercicio. Recuerda que tu valor y seguridad sólo proceden de la fuente. Sigue con tu conexión espiritual y tu comunicación diaria con Dios, y empezarás a sentirte segura compartiendo tu verdad con el mundo como una Reina.

La Arpía

Cuando las palabras de una mujer son duras, vengativas, amargas, malintencionadas y, en general, vergonzosas, es porque la *Arpía* le ha robado el micrófono. Todos conocemos bien este arquetipo, tanto si lo hemos practicado como si lo hemos recibido.

Algunas mujeres se confunden con este estilo, y lo defienden, como ser directas, decir lo que piensan y simplemente ser honestas, lo que mucha gente cree que es la única manera de que te escuchen (se equivocan). Otras simplemente no se dan cuenta de las crueles vibraciones que emiten.

Todas hemos oído: «No es lo que dices, sino cómo lo dices»; y sí, la principal diferencia entre ser la Arpía y decir lo que piensas es la energía y la intención que hay detrás de tu comunicación.

Un año, me hacía ilusión organizar un divertido almuerzo de Pascua. Cierto familiar anónimo, su marido y sus tres preciosos hijos estaban en la exclusiva lista de invitados. Preparé las delicias al más puro estilo de la Divine Living, un festín para la vista y nada sencillo. Como chef formada en Le Cordon Bleu, me puse manos a la obra para crear tres tipos distintos de quiches, colocar flores en centros de mesa personalizados, montar la barra de bebidas y recoger los panes recién hechos. Lo di todo para que aquella experiencia fuera memorable.

Había dispuesto todo estratégicamente para que estuviera listo a mediodía en punto, y pedí a todo el mundo que llegara entre las 11:30 y las 11:45.

Así pues, a las 11:55, los temporizadores de mis diversos platos calientes empezaron a tintinear, a pitar y a cantar como una sinfonía. La comida estaba lista, la mesa puesta, pero mis invitados estaban desaparecidos en combate.

En esta etapa de mi vida, todavía estaba en un proceso para salir de mi estilo de comunicación complaciente (en concreto, la Fantasma) y no quería molestar a nadie. Intentaba convencerme pensando: «Tienen niños pequeños, Gina. Seguro que están de camino. Dales algo de tiempo». Glenn y yo seguimos esperando, mirando el reloj y resistiendo la gran tentación de no hincarle el diente a las perfectas quiches mientras su sabroso aroma invadía la casa.

Cuando llegaron las 12:25, estaba cabreada. Cabreada porque llegaban tarde, cabreada porque nadie había tenido siquiera la cortesía de llamarme para ponerme al día, cabreada porque no había contactado y dicho algo.

Simplemente cabreada. Finalmente convencí a mi Fantasma interior para que se desvaneciera y así poder hablar. Respiré hondo, cogí el teléfono y llamé a mi familiar.

—¡Hola! Sólo quería saber… ¿va todo bien? ¡La comida se está enfriando!

—Sí, Gina, ahora mismo estamos subiendo al coche. Hasta luego –respondió.

En un intento de ser Reina, ser vista y comunicarme de forma directa, respondí:

—Comprendo que tienes niños pequeños, pero en el futuro, si sabes que vas a llegar tarde, te agradecería que me llamaras para avisarme y poder planificarme.

En tono agresivo, me dijo:

—Gina, lo único que hace que nos retrasemos es la persona que me mantiene al teléfono, y colgó.

Me quedé de piedra. Ni una disculpa. Ni un razonamiento. Sólo crueldad. *Menuda arpía*. En ese momento tuve tantas ganas de defenderme, de retirar la invitación y decirle: «No vengas». Pero mi Fantasma se apoderó de mí y volvió a silenciarme. Quería desesperadamente que «fuera amable» y evitara «provocar un drama», como podría haber hecho la Arpía si hubiera saltado en mi defensa.

Engreídos y sin remordimientos, llegaron treinta minutos después. Nos visitaron, comieron y se fueron. Después, tuve la horrible sensación de que me habían pisoteado y de que, de algún modo, *yo* me había equivocado… «¡Esa arpía!», pensé.

Lidiar con la Arpía

Hasta cierto punto, todas podemos identificarnos con la Arpía, y puede aparecer cuando menos lo esperamos en nuestro estilo de comunicación. Ya sea en nuestra vida amorosa, con nuestras familias, hijos, clientes, compañeros de trabajo, o la dependienta del supermercado hablando con su amiga en lugar de embolsar tus artículos rápidamente cuando ya llevas diez minutos de retraso para recoger a tu hijo. A veces surge como un instinto natural dejar que la Arpía salga y cumpla nuestras órdenes.

Créeme, yo también he dejado que la Arpía se hiciera cargo de mis propios estilos de comunicación muchas veces. En el pasado, es muy posible que me haya enfadado con ese miembro tan especial de la familia y le haya dicho que estaba equivocada en una reacción en cadena de mala leche; y sin duda he estallado después de ignorar un problema durante demasiado tiempo. Tanto si la Arpía se desquita con tu pareja, con el camarero que ha tardado demasiado en traer las patatas fritas y la salsa, con el teleoperador que no para de llamarte al móvil o con el Wi-Fi que no se carga lo bastante rápido, es furtiva y puede contigo en cuanto bajas la guardia, haciéndote olvidar que, con una comunicación de Reina, siempre existe una solución para todos.

Este reflejo no es culpa nuestra, es lo que nos inculcaron. Nos enseñaron que el mundo es un lugar donde todo es «correcto o incorrecto», especialmente para las mujeres. Aprendimos que la gente sólo coopera cuando hay consecuencias punitivas de por medio, y vimos que la Arpía no sólo era aceptada en este mundo, sino que, con el peinado y el vestuario adecuados, podía incluso dirigir todo el espectáculo.

Piensa en películas en las que aparece la infame «arpía». La representan como una mujer con una comunicación áspera, comentarios abrasivos y tendencias descaradamente vergonzosas, y aun así la hacen parecer estupenda, ¿verdad? Tenemos por ejemplo a Miranda en *El diablo viste de Prada*, a Regina George en *Chicas malas*, o a Helen en *La boda de mi mejor amiga*. Son mujeres que tienen todo el poder, consiguen lo que quieren y están guapas mientras lo hacen. No es de extrañar que esto nos resulte tan confuso a las mujeres.

Nada de esto es una justificación, sólo una explicación. La Arpía aparece porque no sabemos de qué otra forma satisfacer nuestras necesidades y, afortunadamente, nadie satisface mejor las necesidades de todas que la Reina.

Poniéndonos en el lugar de mi familiar, lo sentimos por ella. Estaba totalmente desbordada como madre relativamente reciente de tres niños pequeños, sintiéndose mal consigo misma por no estar «más entera» como madre. Para colmo, había dormido muy poco esa noche porque el recién nacido no la dejaba dormir.

Avergonzada por llegar tan tarde, se comportaba como una Princesa evasiva que deseaba tanto escapar del hecho de que iba con retraso que ni siquiera era capaz de reconocerlo. Luego, cuando la llamé para saber dónde estaba, pasó de ser la Princesa esquiva a ser la Arpía.

Si se hubiera enfrentado a su Reina en este escenario, asumiría con confianza toda la responsabilidad personal y, sin crucificarse, se disculparía. Su respuesta podría haber sido algo así: «Gina, te pido disculpas por no haberte llamado antes. Cada vez que pensaba que estábamos listos para subir al coche, ocurría algo más que nos retrasaba y el tiempo corría. Te agradezco mucho que organices este almuerzo, ¡todos lo estamos deseando! Estaremos allí en treinta minutos. La próxima vez, te avisaré antes para que tú también puedas organizarte».

Adiós, Arpía

Demasiados momentos de mala leche surgen sólo por no habernos tomado el tiempo necesario para prepararnos a nosotras mismas y a los demás para el éxito. Sé que, en mi caso, distraerme de mi trabajo a la hora de la verdad es uno de los mayores desencadenantes que hacen que mi Arpía interior estalle al instante, y dado que trabajo desde casa con un hombre que me apoya y que también dirige la empresa, ayudando a dirigir a mi equipo, además de hacer su vida en casa, hay muchas oportunidades de que sus acciones me provoquen a diario.

Tanto si está sentado en su infame silla chirriante mientras grabo un vídeo, como si viene con la compra y el perro mientras estoy asesorando a una clienta, o intenta hacerme mil preguntas mientras escribo, si estoy estresada o tengo poco tiempo, es fácil que me ponga en modo Arpía: «¡Deja de interrumpir! ¡Me estás distrayendo!»; o «¡Glenn, en serio, cállate!»; o peor aún, «¡Glenn, vete!».

Como Reina, tengo que asumir la responsabilidad personal allí donde la Arpía preferiría culpar a los demás. Si he instalado mi espacio de trabajo en una zona común a la que él también tiene que acceder, no puedo esperar precisamente trabajar todo el día en completo silencio. Depende de mí salvaguardar mi entorno y crear una zona libre de distracciones, ya sea poniéndome auriculares, entrando en mi despacho y cerrando la puerta, o haciéndome socia de un espacio de cotrabajo.

Cuando deseo de verdad una zona común para mí, debo comunicar mi petición con antelación y pedir el consentimiento de Glenn: «Cariño, hoy tengo que hacer una videoconferencia con unos clientes en el salón de 09:00 a 11:00; ¿podrías estar en otro sitio para que no me distraiga?».

En el caso de que lo confirmáramos y él irrumpiera de todos modos, la Arpía sigue sin ser necesaria para defenderme. La Reina dice: «Cariño, habíamos acordado que iba a tener este espacio libre de distracciones durante este tiempo, pero llegaste con tus bolsas del supermercado, empezaste a descargar e interrumpiste mi ritmo. ¿Por qué?». Sé curiosa cuando te enfrentes. La disculpa, la respuesta totalmente razonable y la solución para que funcione mejor la próxima vez siempre están a tu alcance.

Así es como una Reina convierte la confrontación en una victoria total para todos. Eso es la alianza en todo su esplendor.

Decir la verdad con amor

Como cualquier otro elemento de la condición de Reina, nuestra comunicación siempre persigue la doble bendición. Tener el valor de decir nuestra verdad sin importar lo que los demás piensen de nosotras no significa que no tengamos en cuenta a los demás.

La Fantasma, la Aduladora y la Arpía son las que crecieron en una cultura basada en el miedo, en la que alguien siempre gana y alguien siempre pierde. Las Reinas son más sabias. La compasión por nosotras mismas y por los demás fluye de forma natural cuando recordamos que, con Dios, siempre hay una solución para todos. Vemos nuestras propias necesidades y deseos, y sabemos cómo hacerlos visibles sin tener que enseñar los dientes.

La comunicación afecta a todas las relaciones de nuestra vida, no sólo con las personas, sino con Dios, con nosotras mismas y, para muchas de nosotras hoy en día, con nuestro público. La mayoría de nosotras llevamos a cabo nuestras interacciones, y especialmente nuestros pensamientos interiores, sin pensar de verdad en las palabras que decimos, o dejamos de decir, y en los poderosos significados que conllevan. Elegir el lenguaje en alianza con lo que pretendemos crear en el mundo es una de las herramientas más poderosas de que disponemos.

Cuanto más funciones desde la creencia fundamental de que todo el mundo tiene una perspectiva y todo el mundo importa (incluida tú), explores soluciones poderosas desde un lugar de amor, y te muevas energéticamente hacia la alianza con el espíritu, contigo misma y con los demás, menos te deslizarás hacia la resistencia y la obediencia. Al recordar tu lugar en un universo benevolente, te sentirás lo bastante segura como para encontrar tu voz auténtica. En ese profundo nivel de seguridad espiritual, la comunicación de Reina con los demás se convierte en una segunda naturaleza.

Dondequiera que te encuentres en tu viaje para dominar la comunicación en cualquier ámbito de tu vida, sé amable contigo misma. Como cualquier habilidad nueva, hablar por ti misma y por los demás puede aprenderse y debe practicarse. Comprométete a ser consciente y a comunicarte como una Reina, y encontrarás la voz más amable, honesta, auténtica y sin complejos. El desarrollo de esta habilidad se produce con cada oración, entrada en tu diario, pedido del restaurante, correo electrónico a tu compañero de trabajo y conversación con tu pareja.

Imagina que nunca más tienes miedo de decir lo que piensas, de poner límites o de exponer tu punto de vista. Imagina que estás tan alineada con cada palabra que dices que tu energía es totalmente real, auténtica y limpia. Con un gran papel que desempeñar en este mundo, estás destinada a ser vista y tu voz está destinada a ser escuchada. La era de las mujeres invisibles ha terminado.

Cómo comunicarse como una Reina

- Asegúrate de que tu voz sea escuchada primero por ti, y luego por los demás.
- Deja que tu sí sea sí y tu no sea no.
- Esfuérzate siempre para que todos salgan ganando y recuerda que existe una solución.
- Cuando surja la tendencia a entrar en modo Fantasma, Aduladora o Arpía, pide que te guíen para ser, en su lugar, la Reina.

Querido Dios,

En esta situación, por favor, muéstrame cómo puedo comunicar tu mensaje. Sé que existe una opción mejor que permitirme ser invisible o avergonzar a otro. Por favor, muéstrame cómo puedo hablar, pedir lo que deseo y lograr mi intención sin minimizarme a mí misma ni al receptor. Por favor, ayúdame a pasar de mi actual estado de miedo a sentirme entusiasmada por hablar con poder y gracia, sintiéndome segura una vez más de que mi voz importa, de decir la verdad con amor y de estar completamente dispuesta a navegar por los terrenos difíciles que puedan surgir. En este momento, te ruego que me ayudes a ser la Reina que soy. Amén.

11
El fin de la locura

Discúlpame mientras me sacudo las cenizas de mis pensamientos autocombustibles de mi cuerpo. He tenido un par de días duros; me he disparado y mis emociones han estallado sobre mí a lo grande. Ahora estoy recuperándome mientras me arrastro desde un nivel de patetismo en el que preferiría olvidar que caí en picado.

No me lo esperaba, y menos con esta componente del equipo. Es leal, dedicada, inteligente, trabajadora y divertida, y siempre se esfuerza al máximo. En resumen, es fabulosa en todos los sentidos.

Acabábamos de llegar a Sídney con nuestro grupo de clientas de más alto nivel. Aunque hemos realizado juntas muchos viajes de trabajo a lo largo de los años, algunas de las dinámicas de este evento eran diferentes. Por supuesto, realizó todas sus tareas, incluida la logística entre bastidores, trabajar con nuestro enlace con el hotel para asegurarse de que todo estaba listo para cuando llegaran nuestras invitadas y publicar fotos de nuestras clientas en las redes sociales, al nivel increíblemente alto de siempre. Sin embargo, esta vez, mi percepción fue que en repetidas ocasiones desdibujó los límites con nuestras clientas. En mi empresa, tenemos la política de ser «amables, pero no amigas» de nuestras participantes, y en más de un puñado de ocasiones en este viaje concreto la vi, en mi opinión, ser demasiado sociable con ellas.

Mi antena se puso en marcha, irritada. Tras no abordar el tema ni la primera ni la segunda vez, hice lo clásico que hacen tantas mujeres. Me dejé poseer por la Fantasma y no hablé de mis preferencias en cuanto a la interacción con la clienta porque no quería que *ella* se sintiese incómoda. Error de Reina número uno. ¿No es una locura lo que hacemos las mujeres? Nos torturamos *a nosotras mismas* como si no existiera una solución para que todo el mundo vea satisfechas sus necesidades, porque no podemos soportar molestar a otra persona.

Entonces, como suele ocurrir con los desencadenantes cuando no se resuelven de inmediato, dejo que mis pensamientos escalen hasta el territorio de la *Gánster Paranoica*. Verás, una Reina nunca te llevará por el mal camino; una Reina es imperturbable. Sin embargo, la Gánster Paranoica vive por el drama del detonante. Este arquetipo aparece en nuestra vulnerabilidad emocional más profunda, asume que estamos bajo una grave amenaza y, en última instancia, nos deja arrastrándonos por nuestras coronas.

Ver que esta ayudante seguía congraciándose con mis clientas me impulsó a reconvertirla de superestrella en supervillana. Bajo mi sonrisa forzada, veía que mis pensamientos exasperados se convertían en ira.

Consciente de ello y molesta conmigo misma, pensé: «¿En serio, Gina? *¿Así* es como respondes?». Entonces decidí que todo lo que estaba pensando era completamente erróneo, creyendo que estaba siendo la Arpía, demasiado rígida y exagerada. Sintiéndome fatal por mi monólogo interior, me abandoné, negué mi propia experiencia y, en silencio, reprimí mis emociones. Lo que menos me imaginaba era que mis pensamientos acababan de empezar a acelerarse hasta convertirse en un ciclón de furia desencadenante.

Mi poderosa mente empezó a repasar todas las experiencias negativas que había tenido en el pasado con antiguos miembros de mi equipo que entablaron estrechas relaciones con mis clientas y luego acabaron marchándose, a menudo llevándose furtivamente a algunas de ellas. Después de haber trabajado tan duro e invertido tanto tiempo y conocimientos para formar a los miembros del equipo y atraer a la clientela ideal, esto siempre me parecía la traición empresarial definitiva, y además siempre era un golpe muy caro.

«Da igual», me dije. «Supéralo, Gina». Al fin y al cabo, el viaje a Australia sólo duraría unos días más, y luego podría volar a casa y dejar atrás ese molesto asunto. Pero era más fácil decirlo que hacerlo. Como no había resuelto la situación, regresé a Estados Unidos con la Gánster Paranoica todavía merodeando sigilosamente por los oscuros rincones de mi mente.

Lo que reprimes persiste. Como vivimos en un universo abundantemente amable y amoroso, y como fracasé en las primeras ochenta y nueve oportunidades de ser una Reina en esta situación, se me brindó *otra* oportunidad de rodear esta montaña de confrontación, es decir, de madurar.

Ya en casa y navegando por las redes sociales con la Gánster Paranoica habitando en mis pensamientos, vi a la misma asistente publicando selfis que se había hecho en el viaje a Oz *con* mis clientas de alto nivel. Puaj.

Volví a dejar de lado mis sentimientos hasta que llegó el golpe final. Envió a mi bandeja de entrada la última maqueta del próximo boletín de nuestra empresa para solicitar mi aprobación, ¡en el que aparecía ella misma con una foto vinculada a su perfil *personal* en las redes sociales! ¡En el boletín de *mi empresa*!

Estallé. Decir que enrojecí de rabia es quedarse corto. Alguien tenía que hacer sonar la alarma para una evacuación de emergencia inmediata, porque me había puesto en plan Kim Jong-un. Rabia; ira; resentimiento. Una vez más, mis traiciones del pasado salieron a la superficie. «¿Quién se cree que es?». Las explosiones suprarrenales estallaban a diestro y siniestro. Mi sistema nervioso estaba en modo espástico a toda máquina y había perdido todo el control que alguna vez tuve sobre mi condición de Reina.

Ahora bien, para darme un poco de mérito, eso no es del todo cierto. En el pasado, me habría puesto de inmediato en plan mafioso siciliano, habría cogido el teléfono y habría empezado a rebanar, juzgar y causar daños irreparables que me llevarían a organizar el próximo funeral de renuncia. En lugar de eso, tuve la madurez emocional suficiente para desahogarme primero con mi marido. Él, como de costumbre, me dijo que me calmara (lo que siempre me enfada más). En lugar de eso, le dije que había analizado la situación desde todas las perspectivas y todos los ángulos (nota para mí, ninguno de las dos cosas existe), y que ella *debía* de estar preparándose para marcharse y quedarse con mis clientas, como habían hecho todas las demás en el pasado. Al no creerse ni un poquito mi argumento propagandístico, me dio un consejo de Rey que, gracias a Dios, seguí. Me sugirió que le preguntara *por qué* (idea novedosa) aparecía ella misma en el boletín de la empresa.

Pensé: «Los hombres son unos ingenuos. No necesito preguntar, ya *sé* por qué. Está construyendo su plataforma y posicionándose para captar a mis clientas».

Sin embargo, a lo largo de los años, me han provocado suficientes veces y he aprendido suficientes lecciones acerca de sacar conclusiones por las malas como para darme cuenta de que preguntar a alguien *por qué* ha hecho algo, es, como París, siempre una buena idea.

Aunque me esforzaba mucho por ser más o menos dócil y cumplir mi palabra, seguía demasiado enfadada para hablar, así que le envié un correo electrónico a toda prisa: «¡Eh! Tengo curiosidad por saber por qué has aparecido en el boletín de la empresa esta semana». Sin perder un segundo, con una actitud totalmente neutra, me respondió de inmediato: «En realidad, no lo hice yo, sino el equipo gráfico, y sólo quería saber qué te había parecido. Estaré encantada de eliminarlo».

Dios mío. La Gánster Paranoica se había equivocado otra vez, convirtiéndome en la versión más fea de mí misma, arruinando mi calidad de vida, casi destruyendo mi relación con la persona más destacada de mi equipo y haciendo que aquella situación pareciera tan real cuando en realidad nada era cierto.

Lo único que podía hacer era mirar incrédula su inocente correo electrónico que decía «encantada de ayudar». No había malicia, ni juego, ni manipulación, ni ningún malvado plan para robar clientas. Y así, sin más, cuando se reveló la verdad, la energía negativa se disipó.

¿Qué he aprendido? Cuando la Gánster Paranoica se autogenera dolor, el daño es real. Durante una semana había estado dándole vueltas a algo que ni siquiera existía. Hice pasar a mi cuerpo, a mi sistema nervioso y a mi marido por un nivel obsceno de tensiones innecesarias, y juzgué de manera injusta a alguien que sólo quería lo mejor para mí.

Como Reinas, tenemos la oportunidad de conocernos bien a nosotras mismas y estar centradas en lo espiritual, de modo que seamos capaces de responder a las situaciones en lugar de reaccionar ante ellas. Las grandes decisiones no ocurren cuando estás en estado de activación y es difícil, si no imposible, escuchar la guía divina por encima de las habladurías sospechosas de la Gánster Paranoica. Este carácter neurótico aparece porque nos han condicionado para creer que nuestra única opción es ser la víctima o el villano. Creemos que no tenemos elección y que las cosas simplemente nos ocurren.

Así que vamos a prepararte para que seas inalterable. Como creadora y Reina, siempre tienes elección. Desde esta posición femenina eres capaz de conocer la respuesta adecuada en el momento adecuado, y tienes la capacidad de tomar decisiones excelentes para ti.

Ésta es tu oportunidad para aprender a no dejar nunca que tu Gánster Paranoica se apropie de otra situación, y si llega a agitarla, sabrás cómo enderezarte, expulsarla y manejarla como una Reina.

Llegar a ser inalterable

Ejercicio

Paso 1. Conócete a ti misma y de dónde proceden tus detonantes

Los detonantes son recordatorios inconscientes de dolores pasados y, en algún momento, nos condicionaron a desarrollar una respuesta por defecto para proteger esos lugares heridos. Tomar conciencia de tus propios patrones de cuáles son tus detonantes es el primer paso para poder controlar tu mente y dominar tus emociones.

Para algunas mujeres, el malestar emocional dispara nuestro lado de la resistencia con ira, rabia, críticas, juicios, puentes rotos o medidas dominantes y punitivas, por nombrar algunas. Las mujeres del lado de la obediencia se hunden en la desesperación, la culpa, la ansiedad, la vergüenza y una sensación general de desesperanza al pensar: «No puedo tener lo que quiero». Por si crees que la Gánster Paranoica es sólo para las que se resisten, recuerda que los berrinches y las lágrimas también pueden ser armas de destrucción emocional masiva. Llorar puede parecer un signo de debilidad y, sin embargo, ¿cuántas niñas pequeñas aprenden que ésa es la mejor manera de conseguir el juguete que quieren? ¿Cuántas mujeres adultas creen que soltar la lagrimita es la única forma de conseguir la comprensión?

Tanto si tu Gánster Paranoica prefiere provocar lástima como dar un puñetazo, fíjate en qué situaciones te llevan a la obediencia o a la resistencia cuando sacas conclusiones precipitadas. Piensa en la última vez que tuviste una crisis. ¿Qué traiciones pasadas, decepciones y fracasos percibidos salieron a la superficie? ¿Un abandono? ¿Te hicieron sentir mal? ¿Problemas de autoridad? ¿Ruptura de límites? ¿Falta de pertenencia? ¿Sentiste que eres fácilmente rechazable o no lo suficientemente buena? Hay un número ilimitado de escenarios.

Detrás de cada drama desencadenado hay un recuerdo doloroso. Como aquella vez que tu padre no apareció en la fiesta de tu quinto cumpleaños, haciéndote sentir abandonada por los hombres. Así que ahora, cuando tu nuevo pretendiente no te contesta a los quince minutos, entras en una espiral en la que piensas que ha perdido el interés, que no le importas o que de repente ha conocido a otra persona. «No se puede confiar en los hombres», confirma la Gánster Paranoica. Si no te controlas, puede incluso robarte el teléfono y enviarle una sarta de mensajes acusatorios, arruinando la relación antes de que tuviera siquiera una oportunidad. O si tus mayores detonantes son los rechazos y los fracasos, esto podría remontarse a ese verano en el campamento en el que te presentaste ocho veces al solo del coro y nunca lo conseguiste, lo que te hizo creer para siempre que no tienes lo que hace falta para alcanzar tus sueños (historia real). Tal vez ahora, en la edad adulta, oír «no» demasiadas veces te saca de inmediato del juego con un trágico e innecesario desvío hacia «Eso nunca me va a pasar a mí».

Una vez que eres consciente de estos puntos sensibles, puedes programar tu cerebro para que reciba con neutralidad lo que antes eran acontecimientos detonantes. Desarrollar la creencia de que tu bien te llega de forma constante y de que, como Reina, eres digna, capaz y siempre estás atendida, es la base para ser inalterable.

Paso 2. Asume una responsabilidad radical en todos los asuntos

La forma más rápida de salir del detonante es siempre, siempre, *siempre* asumir tu responsabilidad; así es como te empoderas. No necesitas asumir los problemas de los demás, pero sí responsabilizarte de los tuyos. Esto implica echar un vistazo honesto (y a veces muy humilde) a lo que hiciste para cocrear esta situación.

Lo sé. Ahora es cuando la Gánster Paranoica empieza a gritar: «¡Nada! ¡Yo no he hecho nada! ¡Todo es culpa suya!».

Ejem. Por favor, invoca a tu Reina. Su honesta evaluación te dará la fuerza necesaria para sentirte segura y asumir tu parte de culpa, incluso cuando no lo hayas hecho todo bien. La historia que he compartido sobre mi viaje a Sídney me brindó varias oportunidades de asumir mi responsabilidad personal que me empoderaron.

En primer lugar, vi que nunca me había sentado de manera formal con mi ayudante estrella ni la había instruido explícitamente sobre mis preferencias acerca de cómo interactuar con las clientas en ese evento concreto. Me di cuenta de que esperaba que me leyera la mente en cuanto a lo que quería y no quería que ocurriera. Lo que yo consideraba «demasiado cordial» con las participantes en el evento, ella lo veía como «hacer su trabajo» y atender de forma excelente a nuestras principales clientas en nombre de nuestra empresa.

Si esperas que la gente sea maestra en telepatía, te vas a llevar una decepción de forma habitual. Como Reina, comunicas claramente tus expectativas, y si esperas que la gente «simplemente lo entienda», te habrás preparado para la derrota.

Personalmente, estoy obsesionada con este paso porque me muestra dónde había un eslabón débil inconsciente en mi vida, y cada vez que se refuerza un eslabón, me hago más fuerte. Mucha gente piensa que asumir la responsabilidad personal significa centrarse en los aspectos en los que no fueron lo suficientemente buenos, lo que les hace machacarse y sentirse aún peor. En lugar de eso, utilízalo como una oportunidad para descubrir nuevas soluciones. Una vez puesta en marcha una solución, ya no tienes que consumirte por el mismo viejo detonante. Así es como una Reina prepara a todos para un crecimiento continuo.

Paso 3. Cree en lo mejor de los demás

Ninguna persona relativamente consciente se despierta diciendo: «Hoy me gustaría aplicar el peor juicio posible». Ninguna persona sana se pasa el tiempo maquinando cómo poder perjudicar o aprovecharse de otra persona mientras se dice a sí misma: «Me gustaría hablar de la forma más humillante y aterradora posible». La verdad de lo que eres es lo que también es verdad en los demás. En el fondo, todos deseamos amar y ser amados.

Sean cuales sean los detonantes hirientes que salgan a la superficie, una Reina siempre concede primero el beneficio de la duda. Suponer lo mejor de los demás es kriptonita para tu Gánster Paranoica. Impide que el arquetipo desconfiado saque conclusiones precipitadas y tome el control con una visión siniestra de la realidad. Te mantiene alineada con la verdad, lo que te abre a recibir nuevas ideas que conduzcan al mejor resultado para todos los implicados.

Paso 4. Evita la confrontación humillante

Hay dos tipos de confrontación: la sana y la humillante. Cuando se trata de conflictos, a la mayoría de nosotras se nos ha transmitido una comunicación que, o bien nos humilla a nosotras mismas, o bien humilla a la otra persona. Como tenemos miedo, cualquier posible «amenaza» desencadena una espiral descendente en la que pensamos que la única forma de protegernos es derribar a los demás. La forma de evitarlo es condicionarte a que puedes estar ahí para ti y enfrentarte a los demás de una forma sana que conduzca a una resolución poderosa.

En general, se nos ha condicionado a creer que toda acción es «correcta» o «incorrecta», sin término medio. Lo incorrecto se debe confrontar con humillación: «¿En qué estabas pensando? ¿Por qué sigues sin entenderlo? Ya hemos hablado de esto». O puede ser algo más sutilmente despectivo, como: «Así no se hace. ¿Es que tengo que hacerlo yo por ti?». ¡Ay!

La confrontación sana es posible. He visto a mi marido comunicarse con otros hombres. Son maestros en enfrentarse a los conflictos en el momento sin dejar que el resentimiento, el detonante o el drama se acumulen a su alrededor. Su código implícito de hombres les hace exponer directamente su problema sin necesidad de pedir permiso, dar vueltas tratando de ser amables o dar golpes bajos.

Como a la mayoría de los hombres no les interesa el teatro emocional, se centran en una resolución rápida. Un simple «Eh, tío, ¿por qué has hecho eso?» lleva a dos hombres maduros a discutir, y diez minutos después es un: «¿Quieres tomar una cerveza?». Las mujeres, en cambio, no se han dado a sí mismas (ni a los demás) ese mismo nivel de permiso para compartir honestamente su punto de vista, abordar los problemas en el momento y acabar con ellos.

Debido a nuestro instinto femenino herido, las mujeres atrapadas en la obediencia sucumbimos a las expectativas sociales de «ser amables», «ser educadas», «ser complacientes» y, definitivamente, «no herir nunca los sentimientos de nadie». La confrontación, que podría hacer lo contrario, está estrictamente prohibida, por lo que la Fantasma evita por completo hablar y entra en modo de desconexión.

Mientras tanto, la Arpía tiene la confrontación vergonzosa en marcación rápida. Ha aprendido que la forma de manejar un detonante es mostrar su poder con una comunicación brutal o punitiva. Suponiendo lo peor de quien la desencadenó, deja que la Gánster Paranoica lleve su venganza a las calles.

Como probablemente hayas experimentado al menos una vez en tu vida, esta falsa sensación de poder no conduce a nada más que a un desastre emocional y a cero satisfacción. Las relaciones saltan por los aires; los sentimientos se hieren en ambas direcciones. Todas las partes quedan incompletas porque nunca se encontró una solución o resolución y, al final, nadie gana.

Así no es como una Reina realiza una confrontación. El paso 5 *sí lo es*.

Paso 5. Sé curiosa, no sentencies

Éste me llevó un tiempo entenderlo. Sin embargo, una vez que desarrolles esta habilidad, te resultará tan liberadora, fácil y fortalecedora que te preguntarás por qué has recurrido por defecto a la expresión de baja vibración del pasado.

La confrontación sana empieza con la *curiosidad*, no con la condena. Sé que parece demasiado sencillo, pero créeme, te cambiará la vida. Puesto que das por sentado lo mejor de la otra persona, elige interesarte de verdad por su perspectiva antes de dejar que se active el detonante. Libera cualquier energía prejuiciosa de «Supongo que has vuelto a meter la pata», y pregúntale: «Tengo curiosidad, ¿por qué has…?».

Asegúrate de que tu mente no se acelere con respuestas defensivas. Ponte de verdad en el lugar de la otra persona; así estarás *presente* con ella. Una vez que hayas escuchado su versión (de la que te prometo que aprenderás un montón), hazte visible compartiendo también la tuya. Recuerda que *tu voz importa*, y también la de la otra persona. Puedes decir tu verdad y no necesitas disculparte por ello; la otra persona también. Lo único que ambas necesitáis es comunicarla de un modo empoderado y afectuoso.

Para mí y para mi ayudante, decir mi verdad desde el afecto podría haber sonado de esta manera: «Gracias por hacer un trabajo tan increíble encargándote de las tareas del evento y, al mismo tiempo, de las redes sociales. En cuanto a las fotos, preferiría que en las imágenes de nuestro evento sólo salieran clientas, no junto con miembros del equipo». Como es una integrante del equipo tan dedicada, estoy segura de que habría respondido algo así como: «¡Por supuesto! Siento si me he confundido esta vez, sólo intentaba hacer lo que creía que querías. Me aseguraré de añadir esto a los procedimientos de nuestra empresa y de que no vuelva a ocurrir».

¡Bum! Esto habría resuelto *por completo* el problema sin agitación emocional, rechazo ni necesidad de invocar la ira de un dictador norcoreano. Así de fácil, tendríamos a dos personas comunicándose como adultas conscientes y consideradas.

Lidiar con personas difíciles

Ahora, puede que estés pensando: «Vale, es una fórmula estupenda cuando te comunicas con un individuo cuerdo, cariñoso, inteligente y considerado. Pero ¿cómo funciona esto con la persona manipuladora, imposible y narcisista, cuyo don para dispensar veneno, similar al de la viuda negra, es especialmente nocivo para cualquiera que tenga una perspectiva remotamente decente de la vida?».

Me alegro de que me lo preguntes. Con demasiada frecuencia, debido a que la Víctima, la Mártir o la Fantasma se han apoderado de nosotras, sentimos que estamos atrapadas con estas personas tóxicas y que debemos aprender a sobrevivir a su maldad. La sociedad apoya nuestra lista de excusas (sobre todo la de las mujeres) para mantener a estos vampiros de energía a nuestro alrededor mientras nos conformamos, convenciéndonos a nosotras mismas: «Debo tener a esta persona en mi vida porque es el padre de mi hijo», «Es mi jefa», «Es mi madre», «Es mi familia política», «No es *del todo* malo, quizá sólo necesite darle más tiempo», «Es la pareja de mi hija», «Este compañero de trabajo no se va a ir a ninguna parte y no quiero perder mi puesto».

Como Reina, *sí* que tienes elección. Tienes la opción de cambiar tu experiencia de la relación, cambiar tu proximidad a la relación o incluso decidir si no deseas en absoluto tener la relación.

He hecho el duro trabajo de apartar de mi vida a personas tóxicas, excesivamente exigentes y disfuncionales, porque no se puede aplicar la lógica a la locura. No puedes esperar que un gato ladre, y más vale que no esperes que un narcisista tenga en cuenta tus necesidades y deseos de forma constante. La confrontación sana y la curiosidad sólo funcionarán con personas dispuestas a crecer y asumir responsabilidades.

La salida es no estar verdaderamente dispuesta a tener personas inseguras, insolidarias y poco divertidas en tu vida. Recuerda, el camino real no es un camino ordinario. Establecer estos límites no suele ser fácil, y puede que ni siquiera coincidan con lo que te han enseñado que son «buenos» valores. Depende de ti reclamar tu poder y descubrir las soluciones que te harán más fuerte.

Cómo responde una Reina a las personas tóxicas

1. **Aduéñate sólo de tu parte.** Valora si hay algo de verdad en lo que se está diciendo. Aunque no te siente bien, hazte cargo de ello. No asumas cualquier elemento de la crítica o del ataque *que no sea tuyo*. Es más fácil decirlo que hacerlo, pero una Reina que está conectada con el espíritu tiene la capacidad de discernir y negarse a participar en el detonante de otra persona.
2. **Lo que los demás digan de ti no es asunto tuyo.** Nada. Tanto si los demás están locos como si son civiles conscientes, para la Reina inalterable, cualquier historia que creen sobre ella tiene cero poder para derribarla del trono.
3. **Elimina a las personas tóxicas de tu vida.** Puedes preguntarte: ¿deseas pasar un momento más de tu preciosa vida gestionando a personas locas, inseguras, tóxicas, enfermas o emocionalmente abusivas? Es hora de establecer nuevos límites. Al margen de cualquier

excusa que surja por quién sea esa persona, recuerda que una Reina siempre tiene elección.

4. **Céntrate exclusivamente en el amor y la positividad que te has comprometido a aportar al mundo.** Hay 7 800 millones de personas en el mundo. Rodéate de personas de buen corazón, inteligentes e increíbles que te eleven e inspiren, y haz lo mismo por ellas.

La Reina sin detonantes

Depende de las mujeres femeninas como nosotras comprometernos a alzar la voz, hablar claro y decir la verdad con amor, y cambiar la cultura tanto de invisibilidad como de humillación a la que hemos sucumbido. Si te condicionas a tener fe en que siempre puedes ver satisfechas tus necesidades en este universo de amor, habrás creado una base profunda para una vida libre de detonantes. Todas nosotras tenemos lo que hace falta para compartir nuestras perspectivas desde la compasión hacia todas las personas implicadas. Juntas, estamos creando un mundo en el que nadie tiene razón, nadie se equivoca, nadie es invisible y no se rompe ningún puente. En la era de las Reinas, cada una de nosotras importa.

12

La sensualidad de la certeza

Las Reinas, por supuesto, tienen confianza, pero la certeza es otro reino de poder. Este estado de alta vibración del ser puede compararse a una fe inquebrantable; tener una visión clara de lo que actualmente no existe y un profundo *conocimiento* de que en el reino espiritual ya está hecho, es una cualidad femenina.

El poder de este singular arte místico no es del intelecto; es de lo divino. La certeza es la forma más elevada de manifestar tus sueños y tu propósito, lo cual, como ya hemos comentado, es una «doble bendición». ¡Cultiva la certeza y te convertirás en la estrella de tu espectáculo! Verás cómo tu vida se transforma en tu propia gira mundial personal a lo J-Lo, con grandes plumas de diversión, brillantes diamantes de éxito, atractivas bailarinas de apoyo, purpurina dorada de abundancia cayendo del techo y boas de amor para todos.

La única forma de dejar que nuestra deslumbrante luz brille para que podamos inspirar y emocionar a multitudes de personas es estar seguras de las mujeres inimitables que somos y de los fabulosos resultados que estamos destinadas a manifestar. Negarse al autoabandono es el eslabón perdido para garantizar el éxito y la felicidad; es la clave para vivir una vida épica.

Preguntarte a menudo «¿Hasta qué punto estoy dispuesta a dejar que mi vida sea buena?», te ayudará a cultivar la certeza mientras cocreas con el universo. Cada vez que te hagas esta pregunta, te conectarás de inmediato con la naturaleza amorosa e ilimitada de Dios, que está a tu disposición para ayudarte a hacer realidad tus sueños más grandes y los que van más allá de tu imaginación, especialmente los que tanto deseas y temes que estén fuera de tu alcance.

A menos que *sepamos* en cada fibra de nuestro ser que nuestros sueños pueden y llegarán a buen puerto y que tenemos lo que hace falta para alcanzar nuestras metas, nos encontraremos perpetuamente deseando, queriendo, posponiendo e inventando excusas en vano.

La certeza pone fin a cualquier desgana, retroceso, disculpa o actuación, como si desearas algo menos. «¿Quién, yo?», «¿Qué dirá la gente?», «¿No es demasiado?», «¿Puedo soñar tan a lo grande?».

Todos esos miedos, inseguridades y dudas quedan totalmente aniquilados cuando tienes la confianza inquebrantable que da la certeza. Así es como desafías la lógica convencional de «seguir la corriente» que, en secreto, impide que tu vida alcance el cenit.

El *statu quo* de seguir la corriente

Entre el bombardeo constante de consejos, listas de tareas pendientes e instrucciones sobre cómo «debe» ser la vida, no es fácil saber cuándo avanzar con certeza en la dirección de tu deseo y cuándo dejarlo pasar y practicar el *desapego*.

Intentar estar sana a nivel espiritual puede resultar tan frustrante y confuso como intentar estar sana a nivel físico. Primero, te dicen que la leche de soja es buena para ti. Luego sale un estudio: «La soja altera la función tiroidea», por lo que deberías tomar leche de almendras en su lugar.

Lo siguiente que te dicen es que la leche de avena es la nueva leche de cabra. ¿Y qué puede ser más desconcertante que la dieta perfecta? ¿La cetogénica? ¿La paleo? ¿La vegana? ¿Qué ha sido de la dieta South Beach? Tomar o no tomar carbohidratos, ésa es la cuestión.

Del mismo modo, las lecciones que todos los grandes espirituales han enseñado pueden parecer igualmente desconcertantes y contradictorias si no te muestras sólida en tu condición de Reina. Ten fe, cree en los milagros, «busca primero el reino de los cielos y *todo lo demás* se te dará por añadidura»... o espera, ¿se supone que debo rendirme, hacer voto de pobreza y no centrarme en el mundo material?

Todas tenemos grandes sueños, pero cuando manifestarlos parece demasiado difícil, muchas de nosotras nos volvemos inseguras, abusando de forma inconsciente de nuestra fe como un baipás espiritual para no vivir nuestras vidas épicas. Nos decimos a nosotras mismas: «Bueno, como no ha ocurrido, supongo que no estaba en los planes de Dios». Nuestra red neurológica del pasado está cableada para esperar lo mejor, prepararnos para lo peor y aceptar las cosas ocurran como ocurran. Aprendemos a tolerar lo que percibimos como destino con tibia decepción o, en el peor de los casos, con trágica y melodramática consternación.

El paseo en montaña rusa

Sin certeza, experimentamos el viaje de ir a por nuestros sueños como una serie de altibajos neuróticos y dramáticos. Así es como la *Pasajera de la montaña rusa* te deja con náuseas. En un momento estás volando, segura de que todo te va a salir bien, y anunciando con orgullo: «¡Voy a duplicar mis ingresos!». Al siguiente, has caído en un mar de dudas sin fondo, has empezado a evitar tu bandeja de entrada como la peste, ¡y tienes demasiado miedo incluso de enviar la factura! Un mes dices: «¡*Sólo* voy a salir con alguien que me merezca!». Al siguiente dices: «Bueno… quizá debería darle *una oportunidad más* a esta relación». Julio empezó fuerte con la promesa: «Este mes voy a perder tres kilos». Hasta que tus amigas te invitan a almorzar: «Unas cuantas mimosas no pueden ser tan perjudiciales».

El punto más bajo de este viaje salvaje aparece como el autoabandono. En el momento en que parece que las cosas no van según lo previsto, te centras únicamente en la primera prueba de que tu sueño puede no cumplirse, llenando tu cabeza con nada más que el peor escenario posible. De repente, tu entusiasmo se ve sustituido por pensamientos del tipo: «Es evidente que no tengo lo que hay que tener». «Está claro que esto no va a funcionar». «¿Quién me creía yo para pensar que funcionaría?». Por favor, la próxima vez tengamos sueños un poco más pequeños para no sufrir la humillación de volver a crear este desastre. Renunciando a lo que es posible y asumiendo que simplemente «no estaba destinado a ser», te encuentras dando vueltas en círculos, con la incertidumbre y la indecisión impidiéndote avanzar.

Esta energía insegura y vacilante mantiene a las mujeres en las empinadas cuestas emocionales, de modo que nunca se bajan de la montaña rusa para tachar su objetivo de la lista de logros. No puedes ser ambivalente y temerosa y aun así manifestar tus sueños con regularidad. Si estás trabajando tímidamente en tu charla TED «esperando lo mejor», y otra mujer está segura de que la van a contratar para subir al escenario más grande, te echarán a un lado mientras ella se adentra en la sabiduría espiritual que tú no has reivindicado del todo.

Una Reina asume un mayor nivel de responsabilidad por los resultados de su vida. No está en este planeta sólo para meter una moneda en la máquina de la feria y ver qué premio de plástico sale por el conducto. Está aquí con un propósito; todas lo estamos. La danza de una Reina por la vida está llena de intenciones. No tiene miedo a su vocación y posee la intuición intacta para discernir entre un deseo pasajero y un deseo dirigido por el espíritu y con un propósito. Así es como, incluso cuando todas las señales externas apuntan a que «no va a suceder», una Reina es capaz, contra todo pronóstico, de cumplir su destino.

El milagro de última hora

Era noviembre de 2008. Todavía estaba luchando en mi nuevo negocio. La mesa de mi comedor seguía siendo mi escritorio. Seguía más o menos sin amigos, y definitivamente seguía soñando con que «algún día» tendría una gran vida.

En mi favor, estaba trabajando en todo lo anterior. Allí estaba, en *otro* seminario de superación personal para mujeres emprendedoras. No estaba allí para encontrar a una amiga empresaria, sino que me senté silenciosamente en el fondo de la sala, con la intención de obtener la información y marcharme.

Observando a los prestigiosos expertos que se presentaban en el escenario, deseé que un día esa fuera mi vida. «*¡Debería estar yo* ahí arriba!», pensaba. Sabía que tenía talento como conferenciante. Estaba segura de que estaba destinada a inspirar, entretener y motivar a los demás. Mientras imaginaba el título de mi charla emblemática, la Pasajera de la montaña rusa me dio un golpecito en el hombro y me hizo entrar en pánico. Al instante, me sentí insegura de mi propia capacidad como ponente y caí en picado: «¿De qué iba a hablar? ¿No se ha dicho todo ya?». Con el temor perpetuo de no ser lo bastante buena sonando a todo volumen, sucumbí a la mentira de que tenía toda una vida de trabajo por delante antes de poder subirme a un escenario.

La misma mentira que ha convencido a demasiadas mujeres inteligentes, con talento y listas para salir a escena, es: «Tienes que conseguir una certificación más, un título más, un año más de práctica, y entonces estarás lista».

Intimidada, indecisa y encogida en la última fila de la sala de conferencias, consulté con lo que creí que era mi intuición, que me decía: «El año que viene, Gina; quizá entonces estés preparada para hablar en el escenario». Pero en realidad no era mi intuición en absoluto. Sólo era mi inseguridad interviniendo con un baipás espiritual para evitar el miedo.

Esta vez, sin embargo, prometerme a mí misma que lo haría más tarde no fue lo bastante convincente para acallar a mi Reina interior, que hablaba cada vez más alto cuanto más duraba el seminario. Entonces, a pesar de mis inseguridades condicionadas, la Reina se liberó y se aseguró de que oyera alto y claro lo que tenía que decir el siguiente ponente. Aunque habló durante tres horas, lo único que recuerdo de aquella charla es: «Puedes tener lo que quieras, y puedes tenerlo ahora».

¡Tilín! Esa única frase cambió mi vida e inició una conversación con mi Reina interior a un nivel totalmente nuevo. Me preguntó: «¿Por qué pospones tu sueño de hablar? No tienes que esperar otro año para hablar sobre un escenario. Podrías estar ahí arriba ahora». ¡Tilín, tilín, tilín! Mi verdadera intuición se encendió como la pirotecnia en un gran espectáculo de J-Lo.

Justo en ese momento, decidí bajarme de la montaña rusa. Iba a celebrar mi primer evento en vivo en enero, sólo faltaban seis semanas. Eso era lo que deseaba: dejar de esperar que llegara «un día» o de pensar que tenía que hacer más o ser más. Estaba dispuesta a poner fin a la dilación que me mantenía como la mujer sin nombre ni rostro en el fondo de tantas salas de seminarios.

Adiós al plan B

Lo contrario de procrastinar es tomar una decisión. El origen de la palabra *decisión* viene del latín «cortar». Cuando decides, cortas cualquier forma de plan de apoyo. Ahora has creado un nuevo pensamiento en una nueva vibración que requiere un nuevo nivel de apoyo. Pide y se te dará»; el espíritu recibe el mensaje real de tu deseo y ahora trabaja en tu nombre para traerte todo tipo de recursos que apoyen la manifestación de tu elección. Así es como conviertes un «quiero» en un «debo» y haces realidad tu sueño o deseo principal, con certeza, *pase lo que pase.*

En ese momento, doblegué el espacio y el tiempo al tomar la decisión de organizar mi primer seminario en seis semanas, ¡en lugar de doce meses! Las Reinas no tienen tiempo para dudar. ¡Sólo tenemos una vida épica que vivir, querida!

Teniendo claro que el propósito de mi evento de debut era reunir y apoyar a las empresarias en su camino hacia las siete cifras (sin detenerme por el hecho de que yo misma acababa de cruzar la línea de las seis cifras), busqué el lugar perfecto. Para estar a la altura de la marca Divine Living, tenía que ser un lugar hermoso, con el suficiente ambiente para animar e inspirar a estas mujeres millonarias en ciernes, que se sentían naturalmente atraídas por la elegancia y el estilo. Tras un poco de investigación y un par de visitas al lugar, hice lo que estoy segura de que hacen la mayoría de los ponentes primerizos. Reservé el gran salón de baile del Hotel Luxe de Bel Air. Y con toda la seguridad de mi ingenuidad de principiante, firmé rápidamente el contrato para reservar la fecha en este espacio con capacidad para trescientas cincuenta personas.

Al cargar el depósito de cinco cifras en mi tarjeta de crédito, simplemente pensé: «¡Mi primer evento en directo va a ser espectacular! ¡Todas esas mujeres fabulosas se presentarán y llenarán esta hermosa sala! ¡Se darán cuenta de lo que es posible para ellas! ¡Sus vidas se transformarán!».

Aunque tenía una lista de correo pequeña según los estándares del sector, estaba *segura* de que la sala iba a estar llena. Impertérrita porque estábamos en enero de 2009, el mercado bursátil acababa de desplomarse, la burbuja inmobiliaria acababa de estallar, Bernie Madoff acababa de hacerse con los ahorros de innumerables personas y de lo único que se hablaba era de cenar en casa para ahorrar dinero, me aferré fielmente a mi gran sueño.

Como acababa de aprender que «los pensamientos son cosas» unos diez minutos antes, y que tengo el poder de crear mi realidad, opté por no participar enérgicamente en la crisis económica mundial y, en su lugar, mantuve la certeza en mi visión. Completamente imperturbable por el hecho de que nunca antes había reunido a más de doce personas para un taller, confiaba en que estaba siendo guiada espiritualmente y en que este acontecimiento iba a ser un gran éxito.

Junto con mis mantras y visualizaciones diarias, emprendí todas las acciones empresariales que sabía hacer para que se agotaran las entradas. Todo el día, todos los días, y durante las vacaciones, podías encontrarme afanándome delante de mi portátil, enviando montones de correos electrónicos de *marketing*, llamando a todo el mundo con mi teléfono móvil, presentándome en actos para hacer contactos y rezando.

Cuando la venta de entradas empezó lentamente en diciembre, supuse que todo el mundo estaba de vacaciones y que en enero aumentarían las compras. No sé cuál es tu definición de «aumento»; la mía era cientos de notificaciones por correo electrónico que sonaban como una caja registradora. Ejem.

Dos semanas antes del acto, tenía inscritas a *cuatro* mujeres de Los Ángeles y a *una* de Ohio. Aquello era vergonzoso; agobiante; algo devastador; ¡y definitivamente *muy* caro!

La Pasajera de la montaña rusa se presentó y tuvo mucho que decir sobre lo que iba a ocurrir a continuación, y no fue la única que se coló en mi fiesta de la certeza. Las cosas pintaban tan mal que incluso mi marido Glenn, que siempre me apoyaba y creía en mí, con toda su buena intención y tratando de protegerme, me dijo:

—Gina, ¿qué es lo que necesitas ver antes de cancelar este evento? Está claro que no va a celebrarse.

¡No, no, no, *no*! Me negué a que me desanimaran. Mi Reina interior mantuvo la fe, dio un paso al frente y declaró: «*Va a ocurrir.* Estoy *segura* de esta visión». En mi mente no había vuelta atrás en mi decisión. No sólo se trataba claramente de mi verdad y mi vocación, sino que además había firmado un contrato con el hotel, y una Reina cumple su palabra. Cancelarlo iría en contra de mi integridad, y ya he mencionado que era caro, ¿verdad?

Mientras me apresuraba a correr aún más la voz entre las mujeres cuyas vidas se transformarían asistiendo a este evento, amigas y posibles clientas me comentaron que, en medio de toda la agitación económica, no era el «momento adecuado» para gastar dinero extra en entradas para el evento. Sonaba convincente, pero aun así sabía que no era por la recesión.

Las soluciones vienen del espíritu

Después de haberlo «probado todo», ¡no sabía *qué* más podía hacer! Así que, tras la noche más ansiosa e insomne de mi vida, recé y medité. Convencida de que tenía que haber una solución, pedí orientación y me abrí a un reino superior de conciencia.

En mi meditación, recibí pasos muy concretos y prácticos sobre cómo manifestar esta visión. No se me guió para que renunciara a mi sueño. Me guiaron para corregir el rumbo de mi estrategia original de llenar la sala. En primer lugar, bajé el precio de la entrada. A continuación, me puse en contacto con diez personas influyentes de mi sector y les invité a hablar también en el escenario ese día, pidiéndoles que trajeran a diez personas cada una. Con eso tendría cien personas en la sala. Una imagen no del todo vergonzosa.

Mis esfuerzos con inspiración divina empezaron a crecer como una bola de nieve y las entradas empezaron a moverse. Seguí intentándolo todos los días. Avancemos hasta la mañana del evento. Estoy en la sala verde del hotel, peinada y maquillada, con los auriculares puestos, con música góspel que me anima a subir al escenario (toda Reina tiene un ritual previo al espectáculo). Mi marido entra a las 09:20, veinte minutos después de la hora de inicio prevista, radiante. Miro el reloj, preguntándome por qué llega tarde para empezar el espectáculo.

—¿Qué pasa? ¿Por qué no empezamos? –le pregunté con desesperación.

—Tenemos que esperar un poco más –dijo con tranquilidad–. Hay una cola de coches alrededor del hotel, ¡y el aparcamiento está atascado porque muchas mujeres están intentando entrar y ocupar sus asientos!

No se lo digas al jefe de bomberos, pero ese día se presentaron trescientas cincuenta y cuatro mujeres. Y la visión de la que estaba segura se cumplió. Como Reina, estaba viviendo mi sueño. Me di permiso para dar rienda suelta a G-Lo, mi chica glamurosa interior, mientras me adueñaba del escenario. Hablé desde mi corazón, inspirada por el público, y facilité sesiones de mentoría para lograr avances. Se transformaron vidas.

¿Cuál fue la doble bendición de este éxito sin precedentes? El sentimiento de euforia y abundancia que se infundió en esta comunidad de mujeres recién creada, en un momento en que este mensaje de posibilidades ilimitadas era tan desesperadamente necesario. Las participantes se convirtieron en mejores amigas, abandonaron trabajos sin futuro y formaron empresas conjuntas. Al darles permiso para ir a por sus grandes sueños y las herramientas para doblegar el espacio y el tiempo, muchas dejaron de estancarse donde más les importaba. Varias de estas mujeres motivadas también aprovecharon la oportunidad de ser tuteladas, apuntándose a mis programas para que yo pudiera apoyarlas en la consecución de sus objetivos.

Con total certeza en mi propio salto cuántico, no sólo manifesté mi visión sobre el escenario mucho más rápido de lo que había creído posible en un principio, sino que ese día gané más dinero que en *todo el año anterior*. La belleza de todo esto no eran sólo los dígitos de mi cuenta bancaria, sino la capacidad ampliada de compartir mis dones y talentos como mentora con docenas de nuevas clientas que ahora reclamaban lo que era posible para ellas.

Lo que puedes saber con certeza

Antes de que alguien decida cultivar la certeza en torno a conocer y casarse con la celebridad de la que está enamorada en las Maldivas, me gustaría distinguir de qué se tiene *y* de qué no se tiene certeza (esto debería aclarar algunas de las cuestiones sobre la práctica del no apego). Si estás llamando a tu alma gemela, puedes tener la certeza de que existe una relación romántica de amor y confianza con la pareja adecuada. No puedes controlar *quién* es tu alma gemela.

Fijarte en un conjunto limitado de atributos o individuos sólo te impide conocer a tu amado. Confía en que el universo sabe qué cualidades de la persona adecuada contribuirán mejor a tu crecimiento y a la experiencia romántica más satisfactoria posible.

Se trata de un principio similar en los negocios. Si eres una mujer emprendedora o sueñas con un negocio paralelo, tienes la certeza de que alcanzarás tus objetivos de ingresos, llenarás tus programas y eventos hasta los topes o venderás una cantidad determinada de productos. Sin embargo, *no puedes* controlar quiénes serán tus clientes, de dónde vienen o qué acaban haciendo con tu producto o servicio.

Si eres una artista, una persona influyente o una líder de cualquier tipo, con casi ocho mil millones de personas en el mundo, *sí* tienes la certeza de que tu público ya existe. Las personas que se sentirán inspiradas y alentadas por tu trabajo ya están ahí fuera, esperando a que aparezcas. Sin embargo, *no puedes* dictar exactamente qué seres humanos serán tus fanes y seguidores. Como Reinas, tenemos grandes poderes, pero controlar a la gente no es uno de ellos.

Cómo crear la certeza

Ejercicio

Paso 1. Decide tus deseos

Una vez que comprendemos que nuestros sueños importan, andar por ahí diciendo que no sabemos lo que queremos es pereza emocional. La verdad es que *sí* sabes lo que es para ti. Sólo has estado enterrando tus deseos bajo un manto de interminables creencias limitadoras que dicen «No puedo» o «No es posible». Una Reina no se acobarda ni se esconde bajo las sábanas. Tiene claros sus deseos, los reclama sin pedir disculpas y tiene la plena certeza de que pueden ocurrir y *ocurrirán*. Así que tu primer paso es ser sincera sobre cuál es tu verdad.

¿Es mudarte a otro país y empezar de cero? ¿Llegar a lo más alto de tu línea ascendente de *marketing* multinivel? ¿Clasificarte en una competición de gimnasia? ¿Vivir en un barco en el Caribe? ¿Pasear por la alfombra roja de eventos glamurosos en Los Ángeles y Londres? ¿Ser entrevistada en los medios de comunicación sobre tu trabajo?

Elige un deseo concreto y tráelo a tu mente. Siéntelo, visualízalo, conecta con el porqué que hay detrás de él y escríbelo utilizando las siguientes indicaciones:

Deseo _____.

No me disculpo por mi deseo de _____.

Estoy dispuesta a aceptar plenamente mi verdad sobre _____.

Paso 2. Comprométete con una política de cero excusas

Ahora que tienes claro tu deseo, te toca crear tu propia política sin excusas al respecto. Tienes que sentir en cada centímetro de tu cuerpo y de tu alma que vas a conseguirlo *pase lo que pase*.

Tómate un momento para escribir todas las excusas que ya te han venido a la mente sobre tu deseo: «Es demasiado caro»; «Está fuera de mi alcance»; «No es práctico»; «No tengo los recursos ni las conexiones para hacerlo realidad»; «Pero ¿quién va a cuidar a los niños, dar de comer a mi marido, regar mis suculentas y doblar la colada?». Sean cuales sean las razones concretas que tenga tu cerebro para que no funcione, escríbelas.

Ahora, con toda tu fuerza y pasión por tu deseo, tacha cada una de ellas. Las excusas ya no existen y no puedes dejar que ninguna de esas estúpidas razones se interponga en tu camino. Tu nueva estrategia consiste en preguntar: «¿Quién más puede ayudar con esto? ¿De qué manera puede funcionar?». Las soluciones vienen del espíritu; tómalas.

Paso 3. Cancela tu plan de seguridad

Sin acción, un deseo no es más que una esperanza. La certeza llega al tomar una decisión y emprender una acción que anula cualquier posible «plan alternativo» de rendirse, dejarlo para más tarde o conformarse. Para mí, reservar el local fue el paso que convirtió oficialmente mi sueño de hablar en el escenario al cabo de seis semanas en un «deber», elevándome al espacio milagroso de la manifestación.

Piensa en esto: ¿qué hace falta para que crees una situación «sin vuelta atrás», en la que *debas* dedicarte plenamente a tu objetivo? ¿Qué acción concreta puedes emprender hoy que ponga en marcha tus sueños y garantice tu éxito? ¿Es inscribirte en un programa? ¿Hacer un depósito? ¿Encontrar un compañero responsable? ¿Firmar un contrato de alquiler? ¿Poner tu casa en venta? ¿Hacer público tu perfil de la aplicación de citas? Emprende ahora la acción que hará realidad tu decisión.

Paso 4. Muéstrate dispuesta a corregir el rumbo

Una Princesa cree ingenuamente que un *no* es definitivo. Una Reina comprende que *no* significa *todavía no.* Los responsables de la toma de decisiones no siempre captarán nuestra visión o verán nuestra grandeza en un principio. Depende de nosotras mantener la fe y hacer los ajustes necesarios. El hecho de que las puertas de una oportunidad se cierren no significa que nuestra certeza no vaya a fructificar de alguna otra forma y con alguna otra persona o recurso que aún no vemos. Aquí es donde una Reina tiene el valor de hacerse a sí misma (y al espíritu) preguntas más inteligentes como:

¿Qué otra solución hay?
¿Qué más puedo hacer para manifestarlo?
Espíritu, ¿de qué otra forma me utilizarías para crear esto?
Por favor, muéstrame otro camino.

Recuerda que la reina Ester estuvo tres días rezando y ayunando para recibir su estrategia. La solución siempre existe, aunque sea necesario un pequeño (o gran) giro en el camino. Permítete seguir haciendo las mejores preguntas, meditando y pidiendo a la fuente nuevas respuestas cada vez que tu primera puerta empiece a cerrarse.

Paso 5. Recuerda que el milagro de última hora está ahí para ti

Mantener tu plena certeza antes de que el reloj marque las doce no es para los débiles de corazón. En la mayoría de los casos, en realidad es mucho más fácil renunciar antes de que se acabe el tiempo para salvarte a ti misma y a tu dignidad. Pero eso no es lo que hace una Reina. Una Reina cree en el verdadero poder de su milagro, y no vacila.

Mediante la visualización, la repetición, los mantras y el lenguaje consciente, entrena a su cerebro para que crea al nivel más profundo que su sueño es posible. Para abrirse a recibir lo que desea, no pronuncia en voz alta, ni siquiera para sí misma, ninguna palabra que vaya en contra de la plena manifestación de su propósito. Ni una sola. Cuando estamos conectadas con el reino milagroso, las posibilidades infinitas son tu realidad.

Repasa este ejercicio a diario. Cuanto más te ancles en estas verdades, con más confianza creerás que tu visión está destinada para ti.

En mi historia, mantener la certeza de que existía una forma de manifestar mi visión, incluso cuando toda una cultura de incertidumbre económica (y sólo cinco entradas vendidas) intentó convencerme de lo contrario, requirió una enorme dosis de fe, confianza y dedicación.

No me dejé distraer por los detractores ni por mis propios «y si…». Nunca pensé en un plan B. Este nivel de certeza no apareció al azar; lo creé de forma consciente. Tomé la decisión, cultivé la creencia y la alimenté y fortalecí a diario. Esta oportunidad está también a tu alcance las veinticuatro horas del día.

La Reina de la certeza

La certeza es una habilidad que toda leyenda e icono ha desarrollado. Así es como los grandes hicieron sus obras maestras. El éxito nunca ha consistido en ser más inteligente o tener más talento. Se trata de estar *segura* de tu misión singular. La certeza nos da esa chispa y ese fervor añadidos que nos hacen imparables. Aunque no sepamos exactamente cómo cobrará vida nuestra visión, sabemos que, con espíritu, siempre hay una solución disponible.

Como se dice que dijo Einstein: «No podemos resolver nuestros problemas con el mismo pensamiento que utilizamos cuando los creamos». En otras palabras, las vías neurológicas a las que nos hemos acostumbrado y el pensamiento habitual que nos funcionó en el pasado no van a llevarnos al siguiente nivel. Se necesita una conciencia más elevada. Con el reino espiritual siempre a un pensamiento de distancia, la certeza te sitúa en una liga propia. Contrata personal de seguridad y saca tus mejores galas. Enciende los focos y las máquinas de humo. Avanzando, podrás reclamar hasta el último detalle de *tu* gira mundial con entradas agotadas, hasta la última boa de plumas. Las Reinas lo han demostrado: puedes tener lo que quieras, y puedes tenerlo ahora.

PARTE IV

La Reina totalmente financiada

13

Manifestar un milagro financiero

El dinero; la mayor historia del planeta. Cada mujer no sólo tiene una historia, sino que también tiene una «historia de dinero». Tanto si actualmente te las arreglas para pagar las facturas como si intentas averiguar a qué organización benéfica donar tu próximo millón, quizá te sorprenda descubrir las innumerables formas en que tu vida está influida por tu historia con el dinero.

Cuando era niña, no conocía a nadie que *no* tuviera algún tipo de lucha o carencia con respecto al dinero. Todas las familias del barrio vivían al día, así que pensaba que estresarse por las finanzas era lo normal. Ciertas ideas se aceptaban como un hecho entre los miembros de mi iglesia y los vecinos de nuestro barrio: «El dinero no crece en los árboles; hay que trabajar mucho para conseguirlo; debes estirar cada dólar y, *obviamente*, no hay que ir a comprar al supermercado a menos que sea domingo de cupón triple».

De joven, no me daba cuenta de cómo estas historias y todas sus contradicciones se estaban grabando en mi subconsciente. Por un lado, veía que el dinero era bueno. Ayudaba a mis padres a pagar las facturas, a tener una casa bonita y a invitarnos a cenar en ocasiones especiales. Sin embargo, mi educación religiosa implicaba de algún modo que era malo: «No hagas del dinero tu dios, es la raíz de todos los males, dona lo que tienes a los pobres». Además, en la sociedad aprendí: «No hables de dinero, no te centres en el dinero, y resta importancia a tus cosas bonitas para que la gente no se ponga celosa».

Como todas las creencias condicionadas, las historias sobre el dinero están prácticamente formadas a los siete años. Así que cuando llega el segundo curso, la visión del mundo financiero de la mayoría de los niños ya está establecida. ¡Eso es mucho que procesar antes incluso de aprender a escribir en cursiva!

Cuando me convertí en adulta y entré en el mundo profesional, mis finanzas confirmaron mis creencias de niña pequeña de que el dinero era misterioso, invisible, difícil de conseguir y estresante. Sin embargo, era un ingrediente clave que necesitaba no sólo para sobrevivir, sino para prosperar. Lo único más frustrante e insoportable que no tenerlo era el hecho de que trabajaba setenta y cinco horas a la semana y seguía ganando menos de lo suficiente.

Mi historia con el dinero estaba programada y afirmada: ganara lo que ganara, todo se iba en facturas, impuestos, mínimos de las tarjetas de crédito y préstamos estudiantiles. Mi batalla con mi cuenta bancaria (además de las comisiones por no tener fondos suficientes) me privaba de cualquier sensación de libertad, calidad de vida, confianza y capacidad para vivir mi propósito. Me sentía prisionera. Cada decisión que tomaba estaba restringida por mi relación de amor-odio con el dinero. Todas las razones por las que no podía hacer algo que deseaba se reducían a la falta de poder financiero.

La Esclava del dinero

Como ya hemos dicho, los arquetipos están pensados para ser utilizados de manera simbólica, para ilustrar nuestros sistemas internos de creencias a través del estudio de los personajes. La *Esclava del dinero* no pretende tener ningún significado histórico o cultural en este libro. En mi trabajo por todo el mundo, he descubierto que cuando una mujer siente una ausencia total de elección, como si se viera obligada a trabajar en exceso de forma crónica y a no ganar lo suficiente, que debe obedecer las reglas frías, duras y exigentes del dinero y «simplemente ser feliz» viviendo de las migajas económicas que le dan, es la Esclava del dinero quien dirige el espectáculo. Es importante señalar que las «migajas económicas» son relativas. Para mí, que soy una *excepcional* mentora de vida en ciernes en Santa Mónica, dos mil dólares al mes eran una miseria que sólo cubría mis necesidades; para otras mujeres, dependiendo de dónde vivan y de cuáles sean sus circunstancias, esa cantidad de dinero podría cambiarles la vida. También conozco a muchas personas con ingresos de siete cifras que están inmersas en este arquetipo, con exceso de trabajo crónico, siempre estresadas por sus facturas y preocupadas porque nunca hay suficiente para sus deseos. La cuestión es que la Esclava del dinero es una mentalidad condicionada que se convierte en tu realidad, independientemente de cuántos ceros haya en juego.

En el ámbito profesional, convertirse en «esclava» de la empresa para la que trabajas o de tu propio negocio puede resultar obvio. Sin embargo, este arquetipo suele ser también la mentalidad de personas creativas y proveedoras de servicios (diseñadores gráficos, estilistas, hosteleros, escritores), que siempre están dispuestas a hacer un trato, menoscabando su valía. También están quienes ejercen profesiones sanadoras, como quiroprácticos, terapeutas, fisioterapeutas y enfermeros. Llegan al límite de su tarifa por hora y creen que la única forma de ganar más dinero es aceptar clientes extra fuera de la clínica, después del trabajo o los fines de semana.

Como golpe aplastante adicional, una mujer en el condicionamiento Esclava del dinero es castigada constantemente por no tener más dinero. ¿Cómo? De las mujeres inteligentes *se espera* que tengamos una cuenta de ahorros llena de dinero, que paguemos las facturas a tiempo, que vistamos a la moda, que tengamos la nevera llena de productos ecológicos de animales criados en libertad y alimentados con pasto, que seamos socias mensuales del último estudio de *spinning* de moda, que hagamos donaciones a organizaciones benéficas, que conduzcamos un Alfa Romeo (vale, puede que esto sea más un deseo que una expectativa) y costeemos las actividades extraescolares de nuestros hijos. Así que, aunque nos esforcemos hasta la extenuación, nos sentimos totalmente avergonzadas por no estar a la altura de lo que la sociedad considera un ser humano decente. El sentimiento de «nunca es suficiente» es tan omnímodo que no se vislumbra el final de sus niveles altos o bajos.

Cuando mi Esclava del dinero introdujo el pin de cuatro dígitos en mi tarjeta de débito, me sentí tan desanimada y derrotada que intenté evitar el dinero por completo. Pero lo que *no podía* evitar era lo directamente relacionado que estaba con la vida épica que deseaba. La hermosa casa en la que me encantaría vivir si algún día pudiera mudarme de casa de mis padres, la posibilidad de viajar a algún lugar glamuroso como París (o, en ese momento, incluso Pittsburgh habría estado bien), de hacer donaciones a causas que me importan y de ser generosa con amigos y familiares, todo ello requeriría un dinero que no estaba ni cerca de tener.

¿Te sientes identificada? ¿Has sentido alguna vez esa horrible sensación de desear tanto hacer un regalo significativo a alguien o asistir al día especial de un ser querido, pero no disponer del dinero suficiente para hacerlo? Cuando estaba en modo Esclava del dinero, mi mantra era: «Me encantaría, pero no tengo dinero». Fue vergonzoso tener que decir que *no* a la boda de mi primo en Iowa porque el billete de avión de doscientos dólares era demasiado caro. De hecho, temía cada vez que se casaba una amiga y me avergonzaba al marcar el artículo más barato de la lista de bodas, que *siempre* era el juego de salero y pimentero.

Conciencia básica de la riqueza

Nos remontamos al principio de mi carrera, unos años antes de mi milagroso debut como conferenciante en Bel Air del capítulo anterior. De hecho, aún vivía en Detroit cuando decidí que ya era suficiente. Estaba harta de que todo en mi vida estuviera dictado por la ausencia de dinero. Aún no sabía cómo transformar esta carencia persistente, pero estaba decidida a hacerlo realidad. Tenía una misión; desde comprar los libros de Suze Orman que me decían que ahorrara el dinero de mi café con leche hasta conseguir un asesor y tratar de «vivir dentro de mis posibilidades». Sabía que tenía que haber una forma mejor y más placentera de disfrutar de la vida, e iba a encontrarla.

Tras un año aceptando clientas de terapia adicionales y organizando talleres sobre la Experiencia Esther los fines de semana, ahorré lo suficiente para mudarme de casa de mis padres y trasladarme a Los Ángeles. Por el camino, me topé con un tema del que nunca había oído hablar: *la conciencia de la riqueza.*

Más que la gestión del dinero, la conciencia de la riqueza es la psicología de la manifestación de la abundancia financiera. *¿Eh? Cuéntame más.* A medida que iba leyendo un libro por aquí y escuchando algún programa que cambiaba mi vida por allá, esta nueva mentalidad me ayudó a armarme de valor y dejar atrás por fin mi identidad de Esclava del dinero, que consistía en ser una «psicoterapeuta en apuros» que siempre ofrecía «tarifas ajustadas». Entonces, unas cuantas cintas de casete de *Hour of Power* de Tony Robbins más tarde, me declaré una mentora de vida *excepcional* y empecé a vender paquetes en la tierra de la gente guapa y rica.

Tal y como el universo había planeado a la perfección, al poco tiempo conocí a través de una amiga a otra mentora de vida con la que tenía mucho en común, y me asombró descubrir que cobraba quince mil dólares por sus paquetes, ¡más de la mitad de mi salario anual en aquel momento! Sabiendo que yo tenía el mismo talento y la misma formación, vi que la Esclava del dinero me tenía infravalorada. Así que cogí mi diario, recurrí a la guía divina y me armé de valor para crear mi propio paquete de seis mil dólares. Era un comienzo.

Mi gran salto resultó un tropiezo. Pasé de estar constantemente arruinada a estar *neuróticamente* arruinada. Esos paquetes de seis mil dólares suenan muy atractivos, excepto cuando sólo vendes uno cada cuatro o seis meses. Eso ya no es tan sexi.

Mientras trabajaba duro para descifrar el nuevo código de la «conciencia de la riqueza», seguía atrapada en el juego de «¿cómo voy a conseguir mi próxima clienta?». Me encontraba en modo «festín o hambruna», sin saber nunca cuándo o cómo encontraría a la siguiente persona con la que trabajar. Algo tenía que cambiar.

Con sólo cien dólares en mi cuenta bancaria y todos los recursos de crédito agotados, *no sabía qué iba a hacer*. No tenía ni un solo amigo o familiar al que pudiera pedir dinero. Me sentía deprimida y rezaba por un milagro. Como apenas tenía clientas, lo único que tenía era tiempo, así que me senté en mi diminuto apartamento de Santa Mónica a leer todos los libros de desarrollo personal que se mencionaban en *The Oprah Winfrey Show*. En mitad de *El drama del niño dotado*, de Alice Miller, sonó el teléfono. Una amiga de una amiga me llamó y me ofreció una entrada gratis para un «evento empresarial» en Orange County. Con cero citas en mi calendario en el futuro inmediato, dije que sí.

Puse veinte dólares de gasolina en mi coche y conduje hasta la costa. No tenía ni idea de lo que me esperaba. Con aprensión, entré en el centro de conferencias y me detuve en la mesa de inscripción. Me entregaron el material del evento: una carpeta de tres anillas y un delgado libro verde titulado *La ciencia de hacerse rico*. No sabía si sentirme emocionada u horrorizada. Sin embargo, por lo poco que había aprendido hasta entonces sobre este misterioso tema de la conciencia de la riqueza, estaba dispuesta a darle una oportunidad.

Como no estaba allí para hacer amigos, procedí a sentarme con timidez en mi lugar favorito, la última fila. Mirando a mi alrededor, pensé: «¡Esta gente es *feliz*!». Hacía tiempo que no veía a seres humanos vivos sonriendo, riendo y chocando los cinco, en gran parte porque hacía semanas que no salía de mi apartamento. Sintiéndome como una mosca en la pared en una habitación llena de gente sonriendo y abrazándose, con cara de estar haciendo grandes cosas en el mundo, empecé a recordar lo que era estar *así* de entusiasmada con la vida.

Intimidada, guardé silencio, hojeando las páginas de mi carpeta de tres anillas. Estaba segura de que la sala no podía estar más animada hasta que un caballero elegante, con el cabello canoso y vestido con un traje de tres piezas, subió al escenario entre aplausos y ovaciones… *a las nueve de la mañana*.

Bob Proctor empezó su conferencia. Empezó predicando sobre el libro que tenía en mis manos, *La ciencia de hacerse rico*, escrito hace más de cien años por un hombre llamado Wallace D. Wattles. Por dentro, estaba flipando. Por mucho que quisiera aprender a ganar dinero, también me habían enseñado que buscar la riqueza no era espiritual, así que me aterrorizaba que estas enseñanzas sobre «hacerse rico» me alejaran de mi fe. Allí sentada, con los brazos cruzados, cuestionándomelo todo, no estaba segura de si aquello era para mí. Y entonces dijo algo que me impactó como un rayo:

«No es posible vivir una vida completa o con éxito a menos que uno sea rico. Ningún hombre puede elevarse a su mayor nivel posible de talento o desarrollo del alma a menos que tenga mucho dinero».

Las últimas palabras que pronunció mi Esclava del dinero interior fueron: «¿Está loco? ¿De verdad acaba de decir en voz alta… desde el escenario?».

Ese fue el momento en que mi alma escuchó lo que siempre había sabido. Con la Esclava del dinero liberada y mi Reina de nuevo en el trono, por fin tuve permiso para ser espiritual *y* rica. Por primera vez en mi vida, comprendí en lo más profundo de mi ser que responder a mi llamada, ofrecer mi mayor impacto y vivir mi mejor vida *requeriría* dinero. ¡Mucho dinero!

De repente, mi subrayador amarillo apareció y me puse a trabajar en modo turbo. Tomaba notas subrayadas y lo absorbía todo. Aprendí que las personas espirituales de éxito ven el mundo según un conjunto diferente de leyes universales que demuestran que casi todo lo que me habían enseñado sobre el dinero era falso.

Como dice Wattles: «Toda persona desea por naturaleza llegar a ser todo lo que es capaz de llegar a ser; este deseo de realizar posibilidades innatas es inherente a la naturaleza humana; no podemos evitar querer ser todo lo que podemos ser. El deseo de riquezas es en realidad el deseo de una vida más rica, más plena y más abundante; y ese deseo es loable».

¡Qué gran intervención! Mi mente se abrió instantáneamente a múltiples posibilidades. Nadie me había dicho nunca que en el mundo hay dinero más que suficiente *para todos*; o que mi deseo de tener más dinero está relacionado con mi deseo de crecer más. ¡Todo esto tenía que ver con la expansión! Por supuesto, hay que aplicar valores morales, pero ahora por fin entendía que tampoco hay nada espiritual en la carencia. El dinero en sí no es malo ni incorrecto, sino la forma en que lo generamos y lo utilizamos.

Pensé: «¿Por qué me he esforzado tanto por vivir con dos mil dólares al mes cuando ni siquiera es eso lo que deseo aprender a hacer? Preferiría vivir según lo que me enseñan estas leyes universales».

Éste fue el principio de la transformación de mi historia con el dinero. En ese momento, todas las contradicciones con las que crecí se desvanecieron, y en su lugar encontré la verdad sencilla, afectiva y espiritual sobre un recurso ilimitado que el espíritu da de forma generosa para ayudarnos a vivir nuestro propósito.

Verdad número 1: El dinero es infinito

La primera nueva verdad alucinante que aprendí es que no hay límite para la cantidad de dinero, energía o creatividad en el mundo. La abundancia simplemente siempre está ahí, siempre fluye y siempre está disponible. Que tú ganes más dinero no significa que haya menos para otra persona, contrariamente a lo que nos han enseñado a la mayoría de nosotros. Por ejemplo, si yo gano más dinero en mi negocio, eso no significa que la propietaria del restaurante de Seattle no pueda también ganar más dinero en su negocio. Que tú consigas un ascenso no significa que tu compañera de trabajo que no fue elegida no pueda encontrar el camino de éxito adecuado para ella.

Sí, el dinero está desigualmente distribuido en la mayor parte del mundo y, sin embargo, como mujeres que nos preocupamos profundamente por nuestro planeta y sus gentes, no contribuimos a la igualdad negándonos a nosotras mismas el apoyo económico de forma activa. Queda mucho trabajo por hacer para sanar el planeta, y sin duda tú tienes un gran papel que desempeñar, que no puedes desempeñar muy bien sin abundancia de recursos económicos.

Verdad número 2: El dinero es una herramienta para financiar tus sueños

A la gente le gusta culpar al dinero de los problemas de nuestro mundo. Dicen que es la causa de la avaricia y del mal, cuando en realidad son sólo los humanos los que tienen la conciencia de aplicar significado y finalidad a lo que ocurre en el plano financiero. El dinero es moneda y la moneda es energía, y toda energía es neutra. Igual que el agua es buena cuando tienes sed y mala cuando tu tejado tiene goteras, el dinero es bueno o malo según las intenciones que tengamos a su alrededor.

Para una Reina, el dinero es esencial para que cumplas tu misión. Tienes el poder de crear y compartir dinero basándote en la guía espiritual, y eres digna de recibir todo lo necesario para responder a tu llamada, incluido el apoyo financiero. Cuanto más sientas esa asociación positiva con la riqueza, menos bloquearás la entrada de dinero en tu vida y más abierta estarás a recibirlo.

Verdad número 3: El dinero tiene una vibración

Todo tiene una vibración energética, incluido el dinero. Recuerda que «los pensamientos son cosas» y «obtienes aquello en lo que te concentras», así que si te preocupas constantemente por la falta de dinero, ésa seguirá siendo tu realidad. Elegir, en cambio, centrarte en la abundancia, en cumplir tus sueños y en prestar un mayor servicio al mundo, te coloca en una vibración elevada que atrae el dinero y la energía como un imán.

El dinero fluye donde hay un propósito. Por eso ganar mucho dinero no consiste en ser más inteligente o tener más talento. Tampoco se trata necesariamente de que trabajes demasiado para conseguirlo. Pero sí se trata de que tengas claro quién eres y cuál es tu propósito con ello, para asegurarte de que estás energéticamente abierta y dispuesta a recibir los fondos necesarios. Desde ese lugar de total *certeza*, tus acciones generarán los resultados que deseas.

De vuelta a la sala de conferencias

Tres horas después, mi mundo dio un vuelco con estas nuevas verdades sobre el dinero; llegué a un lugar profundo dentro de mí. Hice de la conciencia de la riqueza una decisión. Tanto que se convirtió en la decisión de las *decisiones*. Siempre había *querido* ganar más dinero, y me refiero a quererlo *de verdad*. Sin embargo, la vibración en este evento era tan alta que me elevó a tomar esta decisión desde un lugar de «deber» por primera vez sobre este tema. Me comprometí a que, *pasara lo que pasara*, aprendería a ganar dinero como si mi vida dependiera de ello. Porque el propósito de mi vida sí que lo hacía.

Así lo declaré: «¡*Nunca* más volveré a pasar apuros económicos!». Aunque en ese momento no sabía *cómo*, me prometí a mí misma que nunca más diría: «Me encantaría, pero no tengo dinero». Ponía fin a ese patético mantra aquí y ahora. Juré no volver a permitir que la ilusión de la carencia fuera una excusa que me impidiera vivir mi propósito.

Más tarde ese mismo día, la siguiente ponente subió al escenario. Era una empresaria multimillonaria estupenda que dirigía numerosas empresas. *Sabía* que tenía que estar cerca de ella. Allí estaba yo, pendiente de cada una de sus palabras, y cuando llegó el momento de su discurso de venta al final de su charla, ya me había dicho a mí misma: «Ofrezca lo que ofrezca, *¡acepto!* ¡Es mi próxima mentora! ¡Voy a hacerlo!».

Y entonces anunció el precio de su paquete: diecisiete mil dólares. «¿Pero ¿qué…? ¿Quién tiene diecisiete mil dólares? Y *si tuvieras* diecisiete mil dólares, ¿para qué necesitarías una mentora?». Para la niña de Detroit que llevaba dentro, eso era una cantidad de dinero astronómica. Sin embargo, gracias a mi nuevo compromiso conmigo misma, decidí: «No pasa nada, soy una gran negociadora. Soy siciliana, ¡regateamos por todo! Conseguiremos rebajar este precio, no te preocupes». Evidentemente, mi conciencia de la riqueza estaba desorbitada, porque no tenía trabajo ni un cheque de lotería de Publishers Clearing House en camino con el que asegurar los pagos mensuales.

Demasiado comprometida con mi nueva visión del mundo como para dejar que ningún sobresalto me detuviera, me acerqué a ella en el descanso y me presenté.

—¡Hola, soy Gina! Soy tu próxima alumna, voy a estar en tu programa, sólo una pregunta: ¿ofrecéis un plan de pago?

—No.

¡Oh! ¡Ayuda a una hermana, perra adinerada! Pensé que, si me dejaba entrar gratis en su programa, sería una gran clienta y se lo devolvería inmediatamente cuando ganara dinero. ¿Acaso no reconocía el poder de estrella que había en mí? ¿De qué había que preocuparse? ¡Sólo había que ver los testimonios! Aquello tenía todo el sentido del mundo para mí. Por lo visto, para ella no.

Aun así, tres horas antes me había prometido a mí misma que nunca volvería a decir: «Me encantaría, pero no tengo dinero».

Con el brío de alguien que se acaba de zampar tres Red Bulls, me acerqué a su ayudante en el puesto de inscripción del programa y rellené el formulario de pedido: nombre y apellidos, dirección completa con código postal y los dieciséis dígitos de mi tarjeta de débito con el saldo bancario de ochenta dólares.

—Dadme dos semanas antes de pasar esta tarjeta.

Por si no fuera suficiente con el salto cuántico de la tarde, otra ponente electrizante lanzó más tarde *su* paquete de diez mil dólares que *también* supe con total certeza que era para mí. Sé que a estas alturas piensas que estoy completamente loca. Recuerda, Dios es extraordinario y la naturaleza femenina no se doblega ante la practicidad o, en este caso, ni siquiera ante la probabilidad. Además, ser Reina consiste en tomar partido por el «y», y eso fue exactamente lo que hice.

Al salir del seminario con dos programas comprados (con financiación por determinar), mi carpeta de tres anillas bajo el brazo derecho y *La ciencia de hacerse rico* bajo el izquierdo, estaba lista para lanzarme de lleno. Sólo me quedaban dos semanas antes de que empezaran los programas y se agotara mi tarjeta. En mi cabeza sonaba *Lose Yourself* de Eminem: «Sólo tienes una oportunidad, no la desaproveches. Esta oportunidad se presenta una vez en la vida».

Con mi recién adoptada actitud de *8 millas*, estaba decidida. Empecé a leer mi nuevo libro de conciencia de la riqueza a diario, haciendo todo lo que estaba en mi mano para manifestar los treinta mil dólares para cubrir la nueva formación y el apoyo que me guiaría hacia mi vida épica. No tenía ni idea de dónde vendrían las clientas y el dinero. Por aquel entonces, ¡ni siquiera tenía un sitio web ni una lista de correo! Necesitaba un milagro financiero.

Siguiendo las enseñanzas del seminario, recitaba en voz alta más de cien veces al día: «Me veo con treinta mil dólares en dos semanas. Me veo con treinta mil dólares en dos semanas. Me siento con treinta mil dólares, ¡estoy tan agradecida de tener treinta mil dólares en mi banco! Me veo siendo dirigida por estas mentoras, me veo rodeada de gente que está haciendo grandes cosas en el mundo, ¡me veo por fin teniendo una vida!».

Pasaron los días y mantuve plena fe. Los mantras y las visualizaciones continuaron: «Me veo con treinta mil dólares en una semana», «Me veo con treinta mil dólares en cinco días», «Me veo con treinta mil dólares en cuatro días»…

A los tres días, mi entonces novio, ahora marido, no podía creer que siguiera paseándome por el apartamento cantando orgullosa mi mantra como si ensayara para la actuación del descanso de la Super Bowl.

—Gina, ¿qué vamos a hacer contigo si…?

—¡Shhh! –le corté.

¡No habrá otro pensamiento que la completa y total manifestación de treinta mil dólares en mi cuenta bancaria antes de la fecha límite!

No estaba disponible para la derrota.

Dos días antes de la fecha límite, estaba trabajando con uno de mis tres clientes existentes que había comprado uno de esos paquetes de seis mil dólares. Era su última sesión de asesoramiento matrimonial (evidentemente, yo no estaba haciendo ningún tipo de asesoramiento empresarial en aquel momento). Cuando estábamos terminando la sesión me dijo:

—Gina, ha sido genial, mi matrimonio está mejor que nunca, he conseguido totalmente lo que necesitaba. He estado pensando... Me estoy planteando que asesores a mi equipo de ventas.

«¿Eh? –pensé–, esto está fuera de lugar».

Con la esperanza de parecer una mujer de negocios experimentada, dije:

—¿Qué vendes?

Era una pregunta lógica, y desde luego no esperaba oír la respuesta.

—Impermeabilización de sótanos.

Zas.

¿Podemos hacer una pausa? ¿En serio, universo? ¿Tengo pinta de jefa de ventas de impermeabilización de sótanos? *¿Esto?* ¿Es *esta* mi gran oportunidad?

Ya estoy de vuelta.

—Ejem... ¿cuántas personas hay en tu equipo de ventas? –pregunté.

—Diez.

No sabía qué más decir. Aquello estaba tan fuera de mi alcance.

Por suerte, él fue el primero en romper el silencio.

—Entonces, ¿qué hago? ¿Comprar diez de esos paquetes tuyos de seis mil dólares?

—Sí. Eso es exactamente lo que debes hacer –respondí tranquilamente, como si cerrara transacciones de ese nivel a diario.

«¿Qué? ¿De verdad acaba de ocurrir esto?». Sí, así es como funciona un universo afectuoso y benevolente cuando estás en consonancia con tu propósito.

En dos semanas, un día antes de que venciera mi plazo, se depositaron en mi cuenta bancaria no treinta mil, sino sesenta mil dólares. Así es como responde el universo cuando estás en alta vibración y tienes un propósito específico. Nunca habría podido predecirlo. Sin embargo, ocurrió porque liberé a la Esclava del dinero y afirmé que un milagro financiero estaba a mi alcance. También lo está para ti.

Manifestar tu milagro financiero: los pasos que yo seguí

Sin ninguna duda, tú también tienes plena capacidad para manifestar tus propios milagros financieros. ¿Te preguntas cómo? Esto es lo que funcionó para mí. Como el éxito consiste en la repetición, seguí muchos de los pasos para cultivar la certeza que comentamos en el capítulo 12. He aquí un resumen:

- Tuve claro mi deseo específico y el propósito que había detrás de él, y fijé un plazo para cuando tenía que manifestarse (treinta mil dólares para programas de *coaching* que empezaban en dos semanas).
- Creé una política de no excusas y lo convertí en un «deber» frente a un deseo (no dejaría que el precio me impidiera decir sí a mi deseo).
- Tomé medidas decisivas para no crear la excusa de «ya lo haré el año que viene». Me comprometí a que mi deseo se haría realidad pasara lo que pasara (entregando los datos de mi tarjeta de débito y firmando los contratos del programa).
- Me puse a trabajar visualizando que mi objetivo ya estaba cumplido y sintiendo todas las increíbles emociones que me provocaría (recitando mis mantras del dinero cien veces al día).
- Estaba abierta a recibir mi milagro de última hora, sin saber cómo ocurriría. Nunca en mi conciencia (ni en mi imaginación más descabellada) se me habría ocurrido vender diez paquetes a una sola persona; ahí es donde entra en juego la fe en la guía espiritual.

Como Reina, tienes el poder de manifestar el dinero para cualquier cosa que desees. Como descubrirás en los capítulos siguientes, no siempre tiene que estar tan directamente relacionado con tu carrera u orientado a los resultados. Recuerda que el dinero fluye donde hay un propósito, y la sabiduría femenina sostiene que el placer, el juego y las experiencias significativas también pueden tener un propósito en el viaje de tu alma. Ser específica sobre el qué, el cuándo y el porqué es la clave. Cuando decides, hipotéticamente, que te gustaría honrar tu relación y celebrar vuestro aniversario embarcándote en el tren Belmond Grand Hibernian a través de Irlanda en octubre durante cinco días durante el festival de la ostra, el universo sabe exactamente cómo guiar tus pasos. Una vez que hayas seleccionado tu deseo a propósito, escribe el siguiente mantra en tu diario y permítete rellenar los espacios en blanco.

Mantra del dinero milagroso

Me veo manifestando ___ de dinero. Me veo con ___ cantidad de dinero en mi cuenta. Me veo ingresando ___ en la fecha ___ con el propósito específico de ___. Me veo haciendo ___, ___ y ___ con esta cantidad de dinero. Siento las emociones de ___, ___ y ___ que me producirá el cumplimiento de mi deseo. Me veo ofreciendo ___ a cambio de este dinero. Estoy abierta a recibir ___ cantidad de dinero que sé que me va a llegar.

Tus recursos reales

Para la mujer que ansía crecer, el deseo de más surge de forma natural. Así es una Reina y así eres *tú* también. No es egoísta que quieras más dinero; no es ser codiciosa; no es en sí mismo ser «materialista». Es tu oportunidad de actuar y contribuir a un nivel superior.

Empieza a vivir según las verdades sobre el dinero de este capítulo y tu próximo milagro financiero estará más cerca de lo que crees. Comprenderás en tu fuero interno que el dinero *es* realmente ilimitado para ti y para todos los demás. Te verás a ti misma como una creadora de dinero, capaz de manifestar tus deseos y traer abundancia al mundo. Ya no te quedarás al margen viviendo indirectamente de los demás.

Tus elecciones son entre tú y Dios. Permite que el espíritu te guíe, y nunca volverás a estresarte por el dinero. Entra en tu condición de

Reina, y encontrarás la forma más benévola de estar en tus finanzas. Cultiva nuevos hábitos y acciones emocionantes, combinados con una férrea política de no excusas, y estarás reservando tu camarote privado para tu viaje en tren de lujo por la Isla Esmeralda antes de lo que nunca creíste posible.

14

Todas las Reinas lo están haciendo

La era de la Reina es ahora, y a estas alturas ya te habrás dado cuenta de que hace falta dinero para serlo. Si la abundancia económica procede de una fuente que, por naturaleza, da con generosidad, entonces nuestra única responsabilidad es pedir y estar dispuestas a recibir. La clave está en pensar a lo grande y pedir *más de lo suficiente. Un curso de milagros* dice: «Nuestro problema no es que pidamos demasiado a Dios, nuestro problema es que pedimos demasiado poco». Somos Reinas; ya es hora de que dejemos de jugar con pequeñas cantidades de dinero.

Hay un audaz movimiento de mujeres en todo el mundo que ya no están dispuestas a entretenerse con la vieja historia de que el dinero escasea. Las mujeres se están dando cuenta de que la riqueza es nuestro derecho. Sabemos que nunca estuvimos destinadas a sacrificar lo que somos, a oprimirnos a nosotras mismas, a poner límite a nuestros deseos o a vender nuestras almas para sobrevivir. En esta nueva y audaz era, hemos aceptado que «por un momento como éste» es nuestra vocación aportar nuestro máximo valor al convertirnos en líderes femeninas en el escenario internacional.

El poder de este movimiento es innegable. En la actualidad, las mujeres controlamos casi un tercio (algunos dicen que más) de la riqueza privada mundial y, en Estados Unidos, representamos casi la mitad de los sostenes familiares. Estamos creando empresas en todo el mundo a un ritmo dos veces superior al de los hombres, y cada vez somos más las que creemos en la importancia de tener un impacto social positivo a través de nuestras empresas. Nuestra creciente influencia es tanto colectiva como de autoridad, ya que este siglo hemos visto a mujeres al frente de la Reserva Federal de Estados Unidos y del Fondo Monetario Internacional por *primera* vez en la historia.

Digan lo que digan nuestros anticuados condicionamientos, está claro que la riqueza ya no es sólo cosa de hombres o de unos pocos miembros de la élite que nacieron en el lugar adecuado en el momento oportuno. Las oportunidades, los recursos y la abundancia están cada vez más al alcance de las masas. Las mujeres están aprendiendo la *verdad* sobre el dinero en un momento revolucionario. Cada una de nosotras es un medio de comunicación con acceso al mercado mundial, ya sea desde la sala de juntas con nuestros trajes de Chanel, o desde el dormitorio con nuestros ordenadores portátiles en pijama.

Las mujeres están redefiniendo lo que significa dejar un legado. El dinero ya no tiene por qué ser la mayor historia del planeta y, desde luego, no tiene por qué ser la razón para *no* cumplir tu propósito. Todo es transformable y por eso estamos haciendo este profundo trabajo juntas. Todas las mujeres merecen tener una relación sana y vibrante con la abundancia financiera. Cuando una de nosotras sana, enviamos al mundo un efecto dominó que inspira a otras a hacer lo mismo. Este tsunami imparable de mujeres que reivindican su valía y utilizan la riqueza con benevolencia, placer e intención es exactamente lo que el mundo necesita.

Las mujeres y la riqueza

Tras transformar mi propia historia con el dinero, desde entonces he guiado a miles de mujeres en este viaje y he descubierto que tenemos mucho en común. Si alguna vez te ha dado reparo pedir el ascenso o la venta, este capítulo te ayudará a que se te dé genial recibir el dinero que mereces.

Si lo que te pone nerviosa es la idea de contratar ayuda, reservar un billete en clase preferente para tu importante reunión transatlántica, o incluso pedir vino de primera, ya no tendrás que dar volteretas mentales para justificar el gasto de tratarte como una Reina. Si *por fin* estás harta de gastar todos los meses con pánico porque no sabes cómo vas a pagar el alquiler y estás cansada de privarte porque, por muchos céntimos que pellizques, apenas hacen mella en tu enorme deuda, sigue leyendo.

Como Reina, una de las relaciones más poderosas que jamás tendrás es con el dinero. Cada una de nosotras tiene una relación con sus finanzas y, hasta que no hemos trabajado en ello, todas necesitamos una transformación en este departamento. La mayoría de la gente no va por ahí pensando que tiene una «relación» con el dinero en sí, y sin embargo todos los días hacemos ese baile con nuestras carteras, nuestras deudas, nuestros activos, nuestras facturas mensuales, el saldo de nuestra cuenta bancaria y nuestros ingresos potenciales. Lo peor es que puede que ni siquiera nos demos cuenta de hasta qué punto nuestro condicionamiento está coreografiando cada uno de nuestros movimientos. Por supuesto, esta mentalidad inconsciente es un obstáculo importante que nos impide jugar un juego más importante en el mundo.

Desarrollar la conciencia de la riqueza de una Reina te liberará de los patrones de sueldos decepcionantes, de trasnochar en la oficina con una tarrina de hummus como cena, de sentirte culpable cuando gastas en ti misma, de avergonzarte de admitir lo que pasa con tu crédito y de todo lo demás. En todos los tramos de ingresos, la mujer que quiere crecer siempre tiene la oportunidad de expandirse hacia una dinámica más consciente, más sana y más rica. Este movimiento de mujeres influyentes consiste en estar disponible para el continuo ascenso, y ahora te toca a ti.

Actualiza tus normas monetarias

Como todo lo demás en la vida, nuestras ideas y puntos de vista sobre el dinero son el resultado de nuestro condicionamiento. Esto incluye todas las creencias que recogemos de mamá y papá, los abuelos, los profesores, los líderes religiosos, el guardia de tráfico, el heladero y todas las demás figuras de autoridad que nos rodean antes de los siete años.

Más cerca de casa, la forma en que nuestros padres ganaban, gastaban y hablaban del dinero nos enseñó la forma «correcta» o «incorrecta» de cuidar nuestros ingresos, grabando nuestras creencias en piedra. Por eso tu cerebro hace que el sudor se derrame ante la idea de firmar el contrato de alquiler del coche, porque tu madre siempre dudaba y se mostraba indecisa a la hora de asumir un gran compromiso financiero; o tal vez las altas expectativas de tu profesor de cuarto curso te hicieron sentir que «no se te daban bien las matemáticas», una identidad que aún perdura, impidiéndote entrar en los detalles de la conciliación de tus extractos bancarios.

¿Tu padre te decía que alquilar es tirar el dinero por la ventana? ¿El resultado es que destinas la mayor parte de tu sueldo a comprar una casa de segunda mano en el quinto pino, con dos horas de viaje al trabajo, porque es el único lugar donde puedes «permitirte» vivir de forma responsable?

Todos hemos sido presa de lo que nos dictaban los adultos que nos rodeaban, lo que nos ha llevado a la obediencia o a la resistencia en lo que se refiere a nuestras normas monetarias. Cuando tomamos conciencia de nuestro condicionamiento, muchos nos damos cuenta de que nos hemos vuelto exactamente como nuestros padres, reproduciendo lo que nos inculcaron desde el punto de vista financiero, o bien estamos decididos a hacer lo contrario de lo que observamos en nuestra sociedad y cultura.

Hemos oído que debemos ahorrar hasta el último céntimo para la jubilación, se nos amonesta para que ahorremos el dinero del café con leche, y recibimos el anticuado recordatorio de que los hombres se encargan de las finanzas, pero estas normas obsoletas e impersonales llevan demasiado tiempo sin investigarse y, por cierto, están arruinando innecesariamente nuestras vidas y limitando nuestra influencia. Afortunadamente, la conversación ha evolucionado. Las mujeres están despertando a la comprensión de que estas historias no son nuestras. Al dejarlas ir para siempre, nos liberamos para vivir la vida como Reinas en toda nuestra gloria y con todo nuestro impacto.

Sírvete una copa de champán; las cuerdas del corsé de tus reglas monetarias están a punto de aflojarse. Cuando veas cuántas mujeres como nosotras han estado viviendo según las normas del siglo XVII y los reglamentos de nuestras antepasadas, entenderás por qué tu historia con el dinero es tan antigua como un vestido con aro atrapado en la puerta de un carruaje tirado por caballos. Al otro lado de estas creencias oxidadas, estarás encantada con la oportunidad de diseñar tu propia relación personal y empoderada con el dinero, en términos femeninos del siglo XXI.

Tu relación con el dinero

¡Empecemos esta transformación! Ahora bien, por muy divertido que sea jugar en la piscina del desarrollo personal, sumergirse a fondo en nuestros patrones monetarios y tomar conciencia de nuestra programación inconsciente sobre ganar y gastar puede resultar muy conflictivo. Requiere una dosis de voluntad de Reina y de responsabilidad personal. Como cualquier operación psicológica importante, es un procedimiento serio que requiere mucho cuidado (y urgencia). Una relación disfuncional con el dinero nos roba nuestra verdadera vida y destruye nuestro potencial. Por eso estamos metiendo a toda prisa a esta generación de mujeres en urgencias y extirpando quirúrgicamente cualquier rastro de lo que yo llamo el estatus de los arquetipos del *Monstruo del Dinero*, para que puedas unirte al movimiento de las mujeres ricas.

Estos monstruos responsables de nuestras heridas financieras han impedido durante mucho tiempo que mujeres inteligentes y capaces jueguen a lo grande. Ten por seguro que su dominio sobre ti termina aquí, querida. Para guiarte en la toma de conciencia de quiénes son, de modo que puedas recuperarte plenamente de esta operación salvavidas, he desglosado aquí para ti los principales Monstruos del Dinero. La mayoría de las mujeres con las que he trabajado se identifican con más de uno de la lista de las páginas siguientes, así que no te sientas presionada para limitar tu nivel de daño. Después de haberme identificado con el ochenta por ciento de ellos, te entiendo.

Los tres grandes Monstruos del Dinero

El Abusador

Los llamé Monstruos del Dinero por una razón, y el *Abusador* no es diferente. Por desgracia, entiendo demasiado bien esta dinámica abusiva con el dinero. Nuestro acalorado romance era de la variedad amor-odio. Sabía que deseaba dinero para poder permitirme mis gastos y también para disfrutar de las cosas buenas de la vida, así que ahí estaba la parte amorosa. Entonces, *¡zas!*, me tocaba pagar una comisión por el descubierto. Me ponían una multa de aparcamiento. Cualquier factura inesperada era como un contundente traumatismo que obligaba a los paramédicos a llevarme a urgencias económicas. Me dejaban vendada, sintiéndome herida y magullada, odiando y evitando el dinero a toda costa mientras deseaba en secreto y con desesperación su apoyo y atención. Deseaba con todas mis fuerzas que estuviera a mi lado como un compañero de vida de confianza. Entonces *voilà*, aparecía un cheque y me sentía como: «¡Vaya, puede que el dinero me quiera de verdad! Todo el mundo tiene un día malo, ¡quizás pueda volver a confiar en el dinero!».

Volvía a estar en la fase de luna de miel durante veinticuatro horas, y entonces sonaba el teléfono. Eran los acreedores llamando para cobrar y *¡zas!*, de vuelta a urgencias.

No me daba cuenta de que era yo quien creaba de modo inconsciente este ciclo interminable con mis no tan fabulosos asuntos financieros. Pensaba que lo estaba haciendo todo bien. La verdad es que tener una relación afectuosa, solidaria y abundante con el dinero era algo de lo que no tenía ni idea. Pensaba que se *suponía* que era estresante, duro, demoledor; que simplemente era «así». Suponía que los únicos que lo vivían de otra manera eran los famosos, los jeques del petróleo y los banqueros de inversión y, como yo era psicoterapeuta, tenía la creencia inconsciente de que tener una relación poderosa y abundante con el dinero era cosa de los demás y no mía. Nunca cuestioné esta idea y permanecí de forma sumisa adicta a la esperanza, a la fantasía de que, de algún modo, «algún día», mi nivel de ingresos cambiaría.

El Jugador

Si tu relación con el dinero es tan predecible como acertar sietes triples en una máquina tragaperras, puede que te identifiques más con el *Jugador*. No hace falta que te consideres una persona que asume riesgos financieros para que la dinámica de todo o nada de este Monstruo del Dinero sea una característica definitoria de tu liquidez. Yo, desde luego, no lo hacía y, sin embargo, cuando dejé de ser terapeuta, liberé a la Esclava del dinero, sané a mi monstruo Abusador y aumenté mis tarifas (te lo dije, ¡es un proceso!), el Jugador fue el siguiente arquetipo que apareció para mí.

Los primeros días de mi negocio de mentoría fueron de festín o hambruna. Pasaba tanto tiempo sin conseguir nuevas clientas que tenía miedo y me moría de hambre a nivel económico. Entonces, por fin, se vendía un paquete de programas y, *¡bum!* El Jugador me impulsaba a ponerme en modo festín, pagando facturas, programando limpiezas de dientes atrasadas y reponiendo todo lo que se me había acabado hasta que el dinero volvía a reducirse a la nada, dejándome otra vez hambrienta. Como toda adicción a la esperanza, esta mentalidad arremolina tu vida como una máquina tragaperras; sigues alimentando sus esperanzas de ganar a lo grande.

Esta pauta insoportablemente estresante es habitual en empresarios, artistas, profesionales de la venta, agentes inmobiliarios y corredores de bolsa, por nombrar sólo algunos. Pasan semanas y a veces meses sin ingresar dinero. Entonces, de repente, se vende una casa o se contrata un concierto, ¡y vuelven a estar en la cima del mundo! El Jugador toma el mando y se apresura a cargar las mejoras y las compras para celebrarlo en las tarjetas de crédito, porque bajo ningún concepto están dispuestos a parecerse a la Esclava del dinero que no gana nada. «La vida es corta, cómprate esos zapatos», piensan. Sin embargo, cuando la mente está programada para el festín o la hambruna, en algún momento la cuenta bancaria vuelve a caer hasta cero.

¿Por qué se repite este ciclo inestable? En el fondo, el Jugador, como todos estos arquetipos sombríos, nos hace temer que nunca vamos a conseguir lo que queremos. Así que nos conciben para que intentemos conseguirlo todo ahora, preparándonos para el caos más adelante (¿te suena? Sí, el Jugador está compinchado con la Saboteadora). A veces, este condicionamiento se ha modelado como consecuencia de un padre jugador o temerario que lo perdió todo y nunca lo recuperó. Otras veces, se trata simplemente de una baja conciencia de la riqueza, de pensar que nuestros sueños son demasiado caros y que nunca habrá suficiente, lo que bloquea que el dinero llegue a nuestras vidas de forma constante.

Aunque la resistencia basada en el miedo del Jugador causa mucho daño, también existe el peligro de ser tan excesivamente responsable y tacaña que se pierde el contacto con la auténtica guía espiritual. Ahí es donde entra el *Frugal Fanático*. He visto a este Monstruo del Dinero presente en mujeres que ganan veinticinco mil dólares al año, y hasta en mujeres que facturan doscientos cincuenta millones de dólares. No puedo decirte el número de niñas mimadas que están tan orgullosas de su tarjeta Cotsco que anunciarán durante el almuerzo en el club de campo que compraron tu regalo de boda allí, rebajado.

Con mucha ansiedad y amando su dinero en el banco, el Frugal Fanático convencerá a una mujer de que está siendo inteligente porque lo hace todo «a la perfección». Ha comprado su práctica vivienda, y para ello ha empleado el porcentaje exacto de sus ingresos que su asesor financiero le dijo que gastara. Ha creado hojas de cálculo de Excel codificadas por colores que identifican y controlan qué parte de su sueldo se destina al ahorro, a la inversión, al fondo para la universidad del niño, a las facturas del veterinario, a la hipoteca y al pago del fontanero. Cualquier cantidad de dinero que gane ya está asignada a estas obligaciones preestablecidas, donde permanece intocable hasta el último céntimo. No se permiten gastos inusuales, conciertos, viajes de compras, derroches esporádicos de domingo, inversiones empresariales oportunas ni fines de semana improvisados en Palm Springs.

Al convertirnos en hojas de cálculo humanas, malgastando preciosas horas de la tarde investigando en Internet sin cesar sólo para conseguir la mejor oferta posible, el Fanático Frugal nos impide escuchar a nuestra intuición, descubrir nuestros verdaderos deseos y desarrollar nuestro potencial para gestionar el dinero. En lugar de disfrutar de las grandes posibilidades del momento, lo ahorramos todo para la jubilación que suponemos que viviremos lo suficiente para experimentar. Aunque sin duda ahorrar, invertir y planificar para la seguridad futura es sensato y muy recomendable, y una Reina, por supuesto, sabe dónde está su dinero en todo momento, ser tan estrictas y basarnos en el miedo con nuestras finanzas es negar y desviar el flujo de la abundancia. Por muy convincente que sea la ficción fantástica del Frugal Fanático, el verdadero poder no se encuentra en un rendimiento anual de una inversión, y el placer no debería comprimirse en la columna Z de «si sobra algo». A fin de cuentas, no existe un número mágico que calme la sensación de escasez que todo lo consume de este Monstruo del Dinero. La relajación financiera es una esperanza lejana mientras el Frugal Fanático esté al mando.

Todos los Monstruos del Dinero

Es probable que hayas visto al Abusador, al Jugador o al Frugal Fanático en algún momento de tu vida, aunque podría ser que alguno de estos otros arquetipos haya desempeñado un papel más destacado en tu historia. Ser sincera contigo misma sobre con cuál de ellos te identificas y por qué, es el primer paso para eliminarlos definitivamente de tu conciencia. Bisturí, por favor.

La Esclava del Dinero

Dispuesta a trabajar sin descanso por lo básico, como si fuera su única opción.

La Princesa Evasiva

Teme revisar sus finanzas, no sabe cuánto gana ni cuáles son sus gastos.

La Dinosaurio

Pide permiso a los hombres o a los expertos sobre cómo ganar, invertir y gastar dinero.

La Víctima

Se siente a merced de «fuerzas externas», como sanciones, acuerdos incumplidos y malas inversiones.

La Excedida

Se siente vulnerable al recibir, por lo que siempre gasta más de la cuenta en los demás.

La Dictadora Autoritaria

Vive según un conjunto de normas rígidas y punitivas sobre cómo interactuar con el dinero.

La Despreocupada

Tan acostumbrada a ser mantenida por otros que no ha asumido responsabilidades ni se ha dado permiso para ganar.

La Niña Mimada

Depende del dinero de su familia y se siente encerrada en sus valores.

La Diva

Se siente con derechos y se frustra con facilidad cuando fracasan sus fantasiosos planes para ganar dinero.

La Acompañante de Alto Nivel

Encuentra y mantiene trabajos o relaciones poco ideales por dinero o ventajas.

La Mártir

Debe sacrificarse económicamente en nombre de su causa o de su familia.

Temerosa de no conseguir lo que quiere, infla su crédito en empleos constantes.

Sea cual sea el arquetipo que mejor describa *tu* relación con el dinero, ninguno de ellos es tu verdadero yo ni tu verdad. Todo ocurre en tu condicionamiento inconsciente, y vamos a extirpar quirúrgicamente ese pensamiento enfermo aquí y ahora.

Es intenso; *lo sé*. Es humillante, revelador y triste ver cómo hemos dejado que la programación de otras personas nos aleje tanto de la vida épica que el universo concibió para nosotros. Algunas mujeres, que aún no están preparadas para reclamar todo su poder y responsabilidad, harán un rodeo espiritual en este punto, sin permitirse sentir la farsa que ha desempeñado un papel tan importante en esta preciosa vida que se nos ha dado. Permítete sentir *en profundidad*. Llora, enfádate, odia el hecho de que te hayan estafado, que te hayan engañado y, tal vez, incluso pensando que era con buenas intenciones que te hayan mentido.

Cuando pasé por este proceso de despertar a lo que realmente estaba ocurriendo, me sentí desolada por haber malgastado doce años en una «vida no vivida»; tiempo que nunca recuperaré. Me di cuenta de que durante más de una década mi disfunción financiera me había robado mi derecho innato: vivir libremente, en abundancia y con un propósito. Me sentí destripada.

Por eso hoy no doy un solo día por sentado y vivo la vida al máximo. Asumo una responsabilidad radical sobre mis pensamientos y elecciones, especialmente cuando se trata de dinero. Sabiendo que soy la creadora de mi propia experiencia, utilizo esta comprensión que me ha cambiado la vida para asegurarme de que mi relación con la riqueza siga siendo lo más sólida y sana posible.

Cuando la conciencia de la riqueza encaja

Cuando una mujer inteligente y capaz despierta a lo que es posible económicamente y desarrolla una estrecha conexión espiritual, no hay nada que le impida cumplir su propósito de Reina. Este movimiento se está poniendo de moda entre mujeres de todo el mundo, de profesiones muy diversas, que se atreven a transformar sus historias del dinero y a servir de una forma mucho más amplia.

Jessica, ejecutiva afincada en Sídney, tenía sólo veintiséis años cuando ya sentía el agotamiento corporativo. Aunque era considerada una persona de éxito y estaba sin duda en la senda del prestigio, seguía sintiéndose encasillada y aburrida. Empezó a preguntarse de qué otra forma podría ganarse bien la vida y mantener sin problemas su sueño de ser madre. Quería tener la libertad de vivir y trabajar desde donde quisiera, tiempo para estar con su marido y la satisfacción de ayudar a los demás de forma más personal.

En 2011, cuando descubrió mi programa de aceleración de empresas emergentes, había empezado a dirigir su propio blog de bienestar y su tienda de salud online, además de mantener su exitoso puesto en la empresa. Nos dimos cuenta de que Jess, dominada por la Señorita Perfecta, creía que debía tener un «buen trabajo», aunque no la hiciera feliz. Trabajando en su conciencia de la riqueza a través de los ejercicios y eventos del programa, dio un giro de ciento ochenta grados a esa mentalidad y afirmó que, de hecho, podía generar verdadera abundancia financiera haciendo lo que le gustaba. Dio el salto, terminó su etapa empresarial y se dedicó a tiempo completo a lanzar su nuevo negocio en línea. En el primer año, ganó ciento cuarenta mil dólares y viajó a París, Los Ángeles y Miami. En el segundo año, dobló esa cifra y tachó Saint-Tropez, la Toscana y Cabo de su lista de viajes. Ahora, unos años más tarde, tiene un negocio que le reporta ingresos de siete cifras, un podcast de alto nivel y un gran equipo virtual, y acaba de comprar su segunda casa en Bali, donde ella, su marido y su hijo pasan ahora la mitad del tiempo.

No es necesario que tengas una carrera profesional en una empresa para unirte a este movimiento; es para todas las mujeres.

Emily era una niñera de veintiocho años que se preguntaba cuándo iba a empezar su verdadera vida. Era una chica del medio oeste que soñaba con poner en marcha una marca de estilo de vida, pero hasta ahora no había ganado dinero con ella. ¿Qué se lo impedía? En el fondo, descubrimos que Emily creía que el trabajo de asesora no era una «carrera de verdad», que sólo era un *hobby* y que necesitaba tener un trabajo fijo si quería ganar «dinero real». Se podría decir que sus creencias monetarias de la vieja escuela eran las que mandaban. Al cambiar su mentalidad por la del siglo xxi, fue capaz de cambiar con rapidez y afirmar que crear contenidos, asesorar e inspirar a la gente es, de hecho, una profesión de verdad. Esto lo cambió todo para ella. Mientras la preparaba sobre la conciencia de la riqueza, su perspectiva cambió y su autoestima floreció. De repente tuvo nueva energía para pasar a la acción en el negocio de sus sueños y, en su primer mes ofreciendo servicios, ganó cuatrocientos cuarenta y dos dólares. A partir de ahí, sus ingresos aumentaron de forma exponencial, ¡hasta alcanzar los quinientos mil dólares en ventas en su primer año! Ella también alcanzó las siete cifras. Estoy bastante segura de que las personas para las que trabajaba como niñera no le pagaban esa cantidad de «dinero real».

Es asombroso lo que las mujeres descubren de sí mismas cuando actualizan sus reglas monetarias.

Mel es una de las muchas mujeres a las que he visto tomar una dirección completamente nueva al entrar en la condición de Reina y prosperar. Mel era entrenadora personal e iba de puerta en puerta por Nueva York, trabajando muchas horas sólo para ganar mil quinientos dólares al mes. Mel apenas llegaba a pagar el alquiler mensual, por no hablar de llevar un estilo de vida glamuroso. Ya había dado el paso de dejar su trabajo de dirección de empresa en Boston, que, aunque estaba mejor pagado, también obligaba a Mel a trabajar dieciséis horas al día. Se podría decir que estaba acostumbrada a la rutina y, de hecho, esta chica de un pequeño pueblo de Idaho sufría la clásica historia de la Esclava del dinero: tenemos que agotarnos simplemente para llegar a fin de mes. Cuando empecé a trabajar con Mel, transformar esta historia fue una de nuestras primeras grandes tareas. Mel creó una visión de creación de riqueza placentera y encontró su nueva vocación como asesora empresarial. Sus habilidades motivacionales, de gestión y de ventas despegaron cuando se adueñó de su nuevo sentido de la autoestima. Menos de noventa días después de empezar mi programa, Mel tuvo su primer mes de ganancias de cinco cifras y, en la actualidad, su negocio sigue subiendo tan rápido que no puedo mantenerme al día de sus últimas estadísticas.

Aprende de Jessica, Emily y Mel: todas las mujeres tienen lo que hay que tener para crear riqueza en sus propios términos. Eres lo bastante fuerte como para recuperarte por completo de esta operación y salir más libre en términos económicos de lo que nunca creíste posible. Transformar una historia de dinero es algo muy personal y debe ser individual y único para ti. Estamos a punto de intimar y entrar en lo personal, poniendo tu mentalidad actual bajo el microscopio y encontrando tu versión de la libertad financiera. Prepárate para eliminar cualquier creencia que no te sirva y trasplantarla por la mentalidad del dinero de una Reina. Ellas lo hicieron y tú también puedes.

Estás invitada: únete a las Reinas adineradas

Ejercicio

Paso 1. Admite que el dinero compra la felicidad

¿De dónde hemos sacado las mujeres la ridícula idea de que el dinero no compra la felicidad? En realidad, ¡es lo único que hace! Claro que no compra toda la felicidad. No te quita la pena cuando pierdes a un ser querido, aunque te compra un billete de avión para que puedas estar con tu familia, y no elimina el dolor tras una ruptura, pero seguro que es agradable poder mantenerte tras una separación y darte el capricho de un corte y color para tu «nueva tú» en tu peluquería favorita. Dejemos de decir de forma colectiva que el dinero no compra la felicidad, porque cuanto más le decimos eso a nuestro cerebro, más nos condicionamos para repeler el dinero en lugar de atraerlo.

El dinero compra todo tipo de felicidad. ¿No te sientes feliz cuando puedes pagar tus facturas a tiempo con total tranquilidad? ¿No te hace ilusión pasear por el supermercado y añadir lo que te apetezca a tu cesta sin necesidad de una calculadora? Me encanta obsequiarme a mí misma y a las personas que quiero con algo especial, y lo mismo hacen la mayoría de las mujeres que conozco.

Ya no hay superioridad alguna en decir: «No necesito dinero para ser feliz». Piensa en el número astronómico de personas que viven en la pobreza; claro que el dinero les daría más alegría y felicidad. No hace falta desviar la atención hacia ellos; recuerda que el dinero es moneda y la moneda es energía. Cuando recibes una afluencia de la energía del dinero, éste compra opciones y compra felicidad. Así que ¡deja que fluya la abundancia!

Paso 2. Aclara tus creencias limitantes sobre el dinero

Para aclarar tus creencias, te ayudará sacar de dentro tus pensamientos sobre el dinero y plasmarlos en una hoja. Hacemos este ejercicio en mis eventos en directo y siempre es liberador y revelador para las mujeres de la sala. Puedes hacerlo de varias maneras. Si eres del tipo más lineal, te recomiendo que escribas en la parte izquierda de tu diario todas las creencias de tu madre sobre el dinero. En el lado derecho, haz lo mismo con las de tu padre. La hora de la verdad. Mientras miras lo que acabas de escribir, sé honesta contigo misma sobre cuáles has ido asumiendo y rodea con un círculo todas las que se apliquen a ti.

Si eres más bien del tipo creativo, saca un trozo de papel o cartulina y selecciona un arquetipo que creas que es el principal responsable de tu historia con el dinero. Cierra los ojos y pide a ese Monstruo del Dinero que se revele ante ti, luego dibuja lo que veas. A continuación, pregúntale qué mensaje tiene para ti. Dibuja o escribe las palabras, sentimientos o frases que te vengan. Hazlo con tantos arquetipos como creas que pueden revelar alguno de tus misterios del dinero sin resolver.

Si eres una persona muy aplicada, haz los dos ejercicios.

Paso 3. Crea la mentalidad monetaria de una Reina

Depende de nosotros reprogramar nuestra mente para recibir la experiencia del dinero que nos conviene. Quizá hayas tenido la creencia de que tienes que trabajar muy duro por dinero y hacer cosas que no te gustan para conseguirlo.

Sustituye eso por la creencia de que puedes cobrar muy bien por hacer lo que te gusta con placer. Dite a ti misma: «Tengo una gran relación con el dinero, soy recompensada económicamente en abundancia por mis esfuerzos, y no tengo que esclavizarme ni trabajar en exceso por dinero».

Si tienes la creencia de que el dinero escasea y de que hagas lo que hagas siempre te falta, puedes reprogramar tu mente con mantras de: «Siempre hay dinero suficiente y vivo en la abundancia financiera». Escríbelos y haz que tu nuevo compromiso diario sea reescribirlos diez veces al día.

Paso 4. Sal de la evasión para limpiar tu energía

La evasión al estilo Princesa puede ser un bloqueo energético importante para transformar tu historia con el dinero. Si eres evasiva de forma más sutil, si no sabes el saldo de tus tarjetas de crédito, cuándo vencen los pagos o cuánto ganas exactamente al año, entonces estás viviendo en una fantasía y el universo no puede apoyar tu expansión, lo que explica por qué has estado sintiendo o enviando vibraciones repelentes respecto al dinero.

Una Reina nunca evita sus finanzas. Llamar a tu Reina y averiguar exactamente cuánto ganas, a cuánto ascienden tus gastos y a cuánto tus deseos, reiniciará tu relación con el dinero desde un lugar limpio desde el punto de vista energético.

Paso 5. Crea tus propias normas del dinero

Ahora estás preparada para salir de la obediencia o resistencia financiera y aliarte con el dinero. Una Reina vive según sus propias reglas y valores. No las de sus padres, ni las de su círculo social, ni las de su club de punto, sino las suyas. Al igual que una relación sana con la comida, diseña su propio equilibrio entre hacer lo que es mejor para ella a largo plazo y disfrutar de su vida en el presente. Sus decisiones son sabias y bien informadas, no ajustadas, ni basadas en el miedo y austeras. Sus gastos se alinean con su propio espíritu femenino, no con las reglas masculinas de lo que es práctico.

Lo que es sano para cada una de nosotras en cada época de nuestra vida es diferente. Una mujer que siempre ha dicho que alquilar es malgastar el dinero y descubre que la historia del dinero «malgastado» no es su verdad, puede establecer una nueva regla que diga: «Alquilar es lo que me conviene en este momento y me siento cómoda con ello». Para otra, a quien le dijeron que no tenía lo que hay que tener y nunca podría ser propietaria de una vivienda, decidió que eso no era cierto para ella y descubrió que, de hecho, deseaba ser propietaria, la nueva regla puede ser que *sí* tiene lo que hay que tener y que lo conseguirá pase lo que pase.

Hemos hablado mucho de los peligros de convertir tu cuenta de ahorros en una fuente; sin embargo, una mujer también puede llegar a un momento de su vida en el que aumente con alegría y placer su cuenta de jubilación, porque eso es lo que se le ha indicado que haga.

Es emocionante ser una mujer que se toma tiempo para sentarse y elegir de forma consciente cuáles son sus creencias sobre el dinero; también requiere mucho valor. No hay una forma correcta o incorrecta de hacerlo. Cierra los ojos, reza una oración y pide a tu Reina que te guíe.

Paso 6. Hazte financieramente inalterable

Una Reina no hace que los golpes, las decepciones o las pérdidas financieras signifiquen que es una fracasada. Recuerdo que lancé un programa de ventas de noventa y nueve dólares que sólo compraron cinco personas. Tuve la tentación de pensar que eso significaba que no le gustaba a nadie, que no podía vender programas de mayor precio y que debía hacer las maletas y mudarme a Chipre de una vez. Pero cuando medité sobre ello, ése no fue el mensaje que recibí. En lugar de eso, fui guiada para ofrecer intensivos privados de un día en el Ritz de París que tenían un precio considerable de cinco cifras, y agoté siete plazas en cinco días. El universo conspiraba a mi favor y me guiaba para que pensara a lo grande por mí misma; no me permitía vender un producto informativo porque estaba destinada a cambiar vidas con una oferta intensiva de alto nivel.

No importa qué facturas o despidos inesperados se crucen en su camino, una Reina recuerda que todo está sucediendo *para* ella. Cuando llegan las pérdidas, sabe que puede absorberlas. Cuando llegan gastos más elevados de lo previsto, sabe que puede manifestar los fondos para afrontarlos. Si no consigue el ascenso, no se lo toma como que no está destinada a triunfar. Quizá esté destinada a trabajar en otra empresa a un nivel aún más alto. Ver sus finanzas no como son, sino como podrían ser, es la forma en que una Reina permanece abierta a recibir su próximo gran éxito.

Paso 7. Ábrete al flujo de la abundancia

Ya hemos hablado de cómo el desarrollo de tu feminidad te hará grande a la hora de recibir; esto es algo que también es importante aplicar cuando se trata de la abundancia económica. Todo el mundo dice que quiere más dinero, pero cuando somos nosotras las que nos sentimos indignas o incómodas, nos impedimos recibir.

Ábrete para sentirte digna de recibir la cantidad de dinero adecuada para ti. Despierta a las formas en que puedes estar bloqueándote, sin saberlo, al flujo de la abundancia. El miedo y la duda son bloqueos habituales. En mi propio viaje, mientras creía que el dinero estaba bien para otras personas, pero no para mí, me sentía demasiado intimidada por la riqueza como para recibirla. Tuve que recurrir a la visualización y la meditación para familiarizarme con lo que *sentiría* al experimentar abundancia de dinero. Con la práctica, me entusiasmé más que angustiarme por el dinero, emitiendo así una energía más abierta y atractiva.

Mantener este nivel superior de conciencia de la riqueza consiste en saber que no hay escasez de dinero ni de energía en el planeta, y honrar esa verdad con tus comportamientos y acciones. Una vez que hayas hecho tu trabajo, entregar tus finanzas al espíritu hará que te sientas más segura, en control y constantemente cuidada, más que nunca, con independencia de cuánto tengas ahorrado.

Por último, cultivar la gratitud activa es necesario para estar receptiva. Si no aprecias lo que ya estás recibiendo a diario, el flujo de abundancia que ya te está llegando se reduce a un goteo.

La riqueza es para ti

En la era de las Reinas, es hora de que las mujeres nos demos permiso para hacer, ganar y gastar en nuestros *propios* términos de adultas, según nuestros valores femeninos. Sabiendo que el dinero es un recurso que procede del espíritu, confiamos en que está ahí para financiar nuestro propósito y nuestros deseos. Crear libertad financiera no consiste tanto en alcanzar una cifra concreta, sino en que la esencia del dinero sea solidaria, constante y abundante.

Bienvenida al movimiento que más promete cambiar el mundo. Tu Reina ya está en el banco abriendo una nueva cuenta para tu mentalidad millonaria. También está desarrollando un libro de jugadas financiero personalizado y creando un plan de acción imparable para manifestar el dinero que te mereces. Te toca a ti reconocer que eres una creadora. Honra la verdad sobre el dinero y opera desde la creencia fundamental de que «siempre habrá suficiente». A medida que transformes tu historia con el dinero en un viaje hermoso, divertido y abundante, crear milagros financieros se convertirá en tu nueva normalidad.

15

Juzgar a otros por su dinero es la nueva quema de brujas

Los billetes de avión estaban reservados. ¡Mi sueño se iba a hacer realidad! Por fin, mi entonces novio, ahora marido, y yo nos íbamos a Capri a pasar unas verdaderas vacaciones que hacía tiempo que debíamos haber tenido. Con mi incipiente negocio en marcha, algo de dinero en el banco y mi primer miembro del equipo contratado, por fin había podido manifestar el dinero extra para ir a la madre patria. Me sentía eufórica, investigando hasta el último detalle, eligiendo un fabuloso hotel de inspiración renacentista, leyendo sobre las mejores terrazas para cenar con vistas al mar y haciendo planes para nuestra bola diaria de helado y nuestros paseos nocturnos por la *piazza*. Una semana antes de despegar, me di cuenta de que había olvidado algo. Era algo sumamente importante para la experiencia definitiva de mis sueños. De repente, todo mi entusiasmo previo por nuestra escapada a la costa amalfitana se tiñó de una punzada de arrepentimiento.

—¿Qué te pasa, Gina? —preguntó Glenn.

Me resistía a revelar mi verdad. Mi decepción era real, pero también lo era aquel deseo audaz. Entonces lo revelé:

—He ganado dinero para cubrir todas las facturas de estas vacaciones, pero no he reservado nada para ir de compras.

¡Qué horror! ¿Acababa de decir eso en voz alta? Inmediatamente me sentí envuelta en vergüenza y superficialidad por haberlo admitido.

—¿Cuánto dinero necesitas para ir de compras? —preguntó.

—Veinte mil —salió de mi boca antes de que pudiera juzgarlo como «demasiado» (sí, yo también me escandalicé). Pensé que me iba a inscribir en ese mismo momento en Compradictos Anónimos. En cambio, su reacción me cogió por sorpresa.

Tan Rey como siempre, sin perder un segundo, dijo:

—Entonces ve a ganar esos veinte mil.

¿Qué? Sonaba como si fuera muy fácil. Ve a ganar veinte de los grandes en una semana. Para *ir de compras*. ¿Es eso legal?

«Vale, puedo hacerlo», pensé. «Pero espera... ¿y si se enteran los demás? ¿Realmente está bien gastar el dinero de esta manera? Sé que otras mujeres lo hacen, pero ¿está de verdad permitido?».

Caí en una espiral descendente imaginando lo que dirían los «responsables» de mi sector con su dedo acusatorio. Pensaba en mis clientas, mi público, mi familia y mis mentores. Oía sus voces resonando con horror y disgusto: «¿Quién se cree que es para gastarse veinte mil dólares en Valentino en Capri? ¡Qué materialista es! ¡Qué egoísta! ¡Qué irresponsable!».

Apenas podía contener el sinfín de juicios que salían a la superficie. Cuanto más los consideraba, más segura estaba de que aquello sería, de hecho, un suicidio profesional. Pensaba: «Se supone que me dedico a temas profundos y significativos, como el empoderamiento de la mujer, la espiritualidad y el desarrollo personal. Si me pillan, ¿volverá alguien a contratarme para asesoramiento transformacional y mentoría?».

No, no. Si iba a hacerlo, más me valía mantenerlo en secreto. Cualquiera diría que estaba a punto de organizar un atraco ilegal del calibre de *Ocean's Eleven*.

La Derrochadora Secreta interviene

La *Derrochadora Secreta* se había apoderado de mí. A nivel interno, este arquetipo es una rebelde, porque nada le va a impedir gastarse el dinero en lo que quiera. A escondidas, ocultando cosas, mintiendo sobre dónde está o qué ha comprado, la Derrochadora Secreta prefiere enmascarar sus compras a toda costa. Normalmente, esto no tiene nada que ver con un exceso de gastos o con el remordimiento del que compra; es más bien: «Lo quiero y lo tendré, y no quiero contárselo a los demás por miedo al juicio y a las críticas que recibiré de quienes tengan una opinión diferente».

Las normas sobre cómo una «buena mujer» gana, produce y gasta su dinero ya no están codificadas ni se aplican por ley y, sin embargo, yo sabía que mi viaje de compras a Capri supondría romper el protocolo dentro de mi profesión de «asistencia y sanación». A menos que seas una celebridad o una mantenida, no te gastas tanto dinero en ti misma (y menos en tu vestuario). Quizá nadie me encerraría ni me internaría por mi pequeño desenfreno, pero ¿el juicio? ¿Quién podría soportarlo? Yo no.

Me había volcado en el mundo de la psicología y la espiritualidad, una comunidad que consideraba que esas cosas materiales «no eran importantes». Si fuera editora de *Vogue* o actriz de primera fila, nadie pestañearía ante mis lujosos gustos ni cuestionaría mi derecho a disfrutar de ellos.

Me preguntaba: «¿Por qué es socialmente aceptable que una cantante famosa o una modelo gasten esa cantidad en ropa, pero no una ponente, mentora y preparadora de empoderamiento femenino?». Claro que conocía a multimillonarias en mi campo de transformación, y créeme, no llevaban pantalones de Target ni volaban en clase turista. Pero ninguna de ellas hablaba nunca de las blusas de seda de Gucci que colgaban de su armario, ni de cómo todas tenían chefs privados que gestionaban su nutrición y chóferes que las llevaban a sus mansiones.

Al menos, no públicamente. En sus enseñanzas, la abundancia económica se consideraba un subproducto de su abnegado trabajo de transformación, no algo a lo que debiera aspirar cualquier persona que se tomara en serio su vocación de servicio. Mientras tanto, las pocas amigas amantes de la moda que tenía y que me acompañarían encantadas a Rodeo Drive preferirían blanquearse los dientes antes que oír hablar de los avances en la terapia que me cambiaron la vida la semana pasada. No veía un lugar al que pudiera pertenecer, donde pudiera ser *totalmente* yo misma.

El miedo a ser demasiado fabulosa

Algo profundo se desencadenó en mi interior: el miedo a las consecuencias del inconformismo. Tiré de las raíces, y encontré rastros de mis antepasados (sí, nos remontamos tan atrás). Sabía muy bien que para tantos miles de millones de mujeres antes que yo, las penas por salirse de los límites sociales, ejercer el propio poder femenino y perseguir los propios deseos han sido nefastas. Como comentamos en el capítulo 3, innumerables mujeres han sido acusadas, juzgadas y desterradas por todo tipo de actividades amenazantes, como decir lo que piensan, tener demasiado buen aspecto, vivir con pasión, inventar sus propias reglas, ser demasiado inteligentes, afirmar que tienen su propia relación directa con Dios, confiar en su intuición o, por supuesto, el pecado capital de anteponerse a sí mismas.

Para aplastar el poder y la individualidad de las mujeres, a las que eran diferentes se las llamaba «brujas» y se las tachaba de ser «del diablo». A estas mujeres se las juzgaba como paganas y se las obligaba a someterse. Todas hemos visto y oído a demasiadas de nuestras hermanas ser avergonzadas públicamente y asesinadas de forma emocional o literal por su fuerza de carácter, independencia de pensamiento, práctica espiritual o audacia para destacar.

La memoria celular del dolor aún no se ha desvanecido. Por eso, en el fondo, sospechamos que correremos la misma terrible suerte si desafiamos los papeles que la sociedad nos impone. Por mucho que hayamos avanzado como género, las llamas del juicio siguen rozando nuestros pies y, con demasiada frecuencia, son otras mujeres las que sostienen las cerillas.

La audacia de soñar a lo grande

Había trabajado mucho en mi mentalidad y en mi negocio para llegar a un punto en el que ganar veinte mil dólares en una semana fuera realmente factible, así que no iba a dejar que esta inquietante historia me frenara. «No es una actividad delictiva entrar en una tienda y comprar ropa», me dije. Además, ¡no había gastado tanto en ropa en toda mi vida! Estaba dispuesta a recuperar el tiempo perdido. Si las etiquetas de los precios eran las que eran, significaba que la gente, las mujeres, las compraban. «¿Quiénes son esas mujeres?», me pregunté. «Si esta ropa tan bonita está bien para ellas, ¿por qué no para mí? ¿Por qué todo esto me parece tan… inadecuado?».

Al sentirme completamente sola, me conformé con una sombría doble vida. Al igual que mis antepasadas, que consiguieron sobrevivir a la caza de brujas, dejé que mi Derrochadora Secreta ocultara mi verdad.

¿Qué otra opinión tenía? La idea de dedicarme exclusivamente a tareas serias como el desarrollo personal y llevar conjuntos de punto durante el resto de mi vida me parecía dolorosamente aburrida, pero la alternativa de vivir a lo *Real Housewives*, empapada de Chanel y holgazaneando junto a la piscina todo el día con una sombrilla en la bebida, sonaba completamente insustancial. Vivir en un mundo de lo uno o lo otro me parecía desesperanzador. Podía elegir una vida íntegra, siguiendo a mi corazón, ayudando a los demás y ganando lo suficiente para vivir (pero ni un céntimo más), o podía seguir el camino pagano y rebelde de ganar (y gastar) mucho dinero, a costa de mi moral, mis relaciones y mi imagen de «buena mujer», que tanto me había costado conseguir.

Juzgar a otros por su dinero es la nueva quema de brujas

Esto, hermanas mías, es la nueva «hoguera». A menudo, somos nosotras mismas las que dirigimos la inquisición. Sí… tú, yo, *nosotras* las mujeres, somos las que decimos: «¿*Cuánto* tiempo ha estado en Ibiza?»; «¿Ha remodelado su cocina *y* modernizado todos sus electrodomésticos?»; «¿Que paga *cuánto* por enviar a sus hijos a un internado?».

Las etiquetas de precios son mucho más escandalosas que los desnudos filtrados. Pero cuando se amplían, se ve rápidamente lo arbitrarias que son estas cifras. Es como cuando sales a cenar con un grupo de amigos. Mientras todos pidan del menú dentro del mismo rango de precios, todo vale, ¿no? Supongamos que estás en un buen restaurante de una ciudad cosmopolita; no te sentirías demasiado rara ni pensarías mal de otra persona por pedir el plato de pollo o el de salmón. Pero

¿quién se atrevería a pedir la torre de marisco con caviar? Se producirían miradas asesinas desde todos los rincones de la mesa. «¡Oh, yo nunca lo haría!»; la mayoría nos estremecemos al pensarlo. Las sutiles consecuencias de un pedido tan extraordinario pueden ser sólo verbales, pasivo-agresivas o totalmente invisibles, y sin embargo todos preferimos conformarnos con una cena normal antes que arriesgarnos a violar nuestro acuerdo implícito de «no pedirás langosta».

Piensa en ello. ¿Qué elecciones haces porque es lo «sensato» y lo socialmente aceptable para ti dentro de tu círculo? ¿Cuántos deseos te niegas porque tus amigos o tu familia se horrorizarían si descubrieran lo que te has gastado en esos Louboutin? ¿O porque tu compra abriría un Gran Cañón de remordimientos y acabarías regalando los zapatos para que no te recuerden constantemente tu pecado? ¿O sólo te dejas llevar por tus deseos durante tus escarceos nocturnos en Internet con la Derrochadora Secreta, asegurándote así de que nadie vea tu verdadero yo?

Aunque nadie piense que está prohibido que los hombres hablen de coches de lujo, relojes caros, otro partido de golf y la creación de riqueza por valor de millones y miles de millones, no te gustaría que te vieran como una de esas mujeres a las que «sólo les importa el dinero», ¿verdad? Ya lo sé. A mí tampoco.

Lo que sigue siendo tan cierto hoy como lo era en el siglo XVII es que mucha gente se retuerce de incomodidad cuando una mujer se atreve a jugar un juego más ambicioso (con su carrera, su contribución, su autoestima y su cartera). Ver a una mujer decir sí a una compra «grande» detona nuestros propios deseos secretos y juicios llenos de envidia. O queremos lo que ella tiene y, pensando que no es posible para nosotras, nos sumimos en la envidia y la inferioridad, o somos tan inconscientes y autocastigadoras respecto a nuestros propios deseos que la tachamos de depravada por tener los suyos. Cuando tememos desesperadamente que no haya suficiente para todos, no hay nada como la incertidumbre de no saber si conseguiremos lo que ansiamos para avivar el fuego amargo del juicio. Como en una buena caza de brujas a la antigua usanza, cuando el efecto limita nuestra libertad, todos sufrimos.

Afortunadamente, los días en que las mujeres dedicábamos toda nuestra existencia a asegurarnos de que los demás estuvieran perfectamente cómodos con el cien por cien de nuestras elecciones han terminado oficialmente. Aunque no podamos evitar que nuestras tías entrometidas o nuestros padres sobreprotectores hagan comentarios de desaprobación o incluso directamente mezquinos sobre nuestra elección de tacones rojos, escapadas a una isla española o un plato excepcional con caviar incluido, podemos dejar de juzgarnos a nosotras mismas y a las demás, aquí y ahora.

Céntrate en tus deseos

En mi caso, reconozco lo afortunada que fui al poder revelar mi Derrochadora Secreta a mi marido, que nunca ha considerado que mis deseos fueran indebidos. Cuando Glenn me preguntó por qué esa cantidad, descubrí que tenía muy clara mi visión. Me veía a mí misma entrando en la *boutique* de Valentino y comprando las piezas que realmente me gustaban sin basar mis elecciones en las etiquetas de los precios. Sabía que era una experiencia que deseaba regalarme por fin como Reina.

Sabiendo que no estaría sola a la hora de averiguar cómo hacerlo realidad, no me agobié cuando Glenn me sugirió desenfadadamente que fuera a ganar en siete días lo que básicamente solía ser mi salario anual. En lugar de eso, pedí la solución a la inteligencia infinita.

¿Cómo puedo hacerlo?

Con un propósito claro y un plazo difícil de cumplir, me puse a meditar, haciéndome las preguntas adecuadas, sabiendo que todo es posible. ¿Cómo puedo conseguirlo en una semana? En un instante milagroso, aquella misma tarde, la guía divina trajo bendiciones que iban mucho más allá del espectacular nuevo contenido de mi armario. Por aquel entonces, ofrecía un curso informativo de dos mil dólares que era la versión autodidacta de un programa en directo que había impartido por más del doble de esa cantidad. La versión en línea incluía los mismos audios, vídeos, reproducciones de llamadas y hojas de trabajo, pero sin la función de recibir asesoramiento conmigo en directo.

Guiada para prestar un servicio mayor, vi la manera de dulcificar el precio, enriquecer el contenido y conseguir las ventas que deseaba. Se me ocurrió la idea de crear el Círculo Dorado de Mentoría de la Reina, que incluía un año completo de llamadas mensuales en grupo conmigo; sólo para las mujeres que compraran el curso en línea. Normalmente, habría cobrado unas quinientas libras al mes por persona por una sesión de mentoría en grupo como ésta. Sin embargo, anuncié que, sólo durante esa semana, las diez primeras mujeres decididas que compraran el programa ¡obtendrían gratis todo un año de pertenencia al círculo de mentoría!

Irresistible, ¿no crees? Precisamente diez mujeres también lo pensaron. Ni ocho, ni once; exactamente diez, y antes del viernes. Son este tipo de experiencias las que demuestran el poder de la mente. La alineación siempre es señal de que estás siendo guiada de forma divina. Manifestar este dinero me demostró lo solidario que es el universo cuando somos claras y estamos dispuestas a recibir nuestros grandes deseos.

Al despegar hacia Capri con el dinero designado para las compras en el banco, me sentí liberada. Durante el vuelo, escribí un diario sobre lo que quería experimentar durante el viaje. ¿Y qué surgió? Deseaba sentirme *libre*. Libre para comprar sin que la Derrochadora Secreta acechara cada una de mis compras. Expresarme como realmente soy. Libre para demostrar mi pasión por el lujo, la moda, la espiritualidad y el propósito. Libre para inspirar a otras mujeres a hacer lo mismo.

El poder de vivir tu verdad

Antes de decir sí a mi sueño de la costa amalfitana, no conocía todo el poder de vivir mi verdad; *toda mi verdad*. No podía verla. Como siempre, el miedo nos hace obsesionarnos con nosotras mismas. Tenía tanto miedo de lo que diría la gente sobre mi incursión en la moda que nunca se me ocurrió que mi deseo no era único y que estaba conectado con el plan de Dios.

Ni una sola vez se me pasó por la cabeza que a muchas otras mujeres también les encantaría ir de compras de lujo a la isla de Capri. Acabé sintiéndome inspirada para compartir los detalles de mi viaje a *la dolce vita* en mi boletín con toda mi lista de correo.

¿Qué reacciones recibí? Cientos de mujeres compartieron su deseo de experimentar el paraíso de la costa amalfitana. Una mujer de Inglaterra me escribió para decirme que, aunque no le interesan los viajes, se sintió inspirada para encargar por fin unas cortinas nuevas para su cocina. Otra mujer me envió un correo electrónico para decirme que Italia no era lo suyo, pero que un retiro de yoga en Costa Rica volvía a estar en su tablero de ideas.

Mujeres de todo el mundo me escribían todos los días para agradecerme que compartiera esta parte genuina de mí misma; para darme las gracias por demostrarles cómo crear una vida que todas deseamos y *vivirla* realmente, y agradecidas por mostrarles lo que es posible, para todas nosotras. Justo en ese momento nació la marca Divine Living. Antes de eso, sólo había hablado del mundo interior de la Reina, pero como resultado de abrirme de esta manera, el universo me dio la oportunidad de encarnar mi marca y crear el contexto visual que complementa este profundo trabajo. Desde entonces, he tenido el honor de marcar la diferencia en la vida de miles de mujeres, invitándolas a un espacio en el que ellas también pueden vivir su verdad de forma interna y externa al más alto nivel.

Acabar con la Derrochadora Secreta

Me sentí realmente bien al superar el estigma del lujo y dejar de ocultar mis deseos o compras. Había intentado reprimir mi amor por la belleza, la moda y el estilo de vida durante demasiado tiempo, cuando siempre fueron una parte esencial de mi visión de la condición de Reina. Ahora veo que no importa cuál sea tu «gusto» exacto; los deseos orientados al propósito de una Reina exigen dinero. Quizá en el escenario de tus sueños gastarías veinte mil dólares en una experiencia diferente. Es tu derecho a elegir. Si tu idea de disfrutar de veinte mil dólares con sentido es tomarte seis meses sabáticos para recorrer a pie la ruta del Macizo del Pacífico, y tu escapada de compras ideal es para abastecerte de forro polar para toda la vida, ¡disfrútalo y abrígate!

De lo que se trata es de que te sinceres sobre lo que te ilumina y te des permiso para expresarlo con libertad y plenitud. A veces esas delicias vendrán en forma de un *prosecco* en Positano. Otras veces, estarán en tu capacidad para extender un cheque a un orfanato que permanecerá abierto gracias a tu contribución, o para irte a un retiro de meditación de un mes en Dharamsala, de donde surgirá la idea para tu próximo proyecto apasionante. Parte de la bendición de estar liberadas es que ya no tenemos que vivir en un mundo de lo uno o lo otro. Las mujeres podemos tomar partido por el «y».

A partir de ahora, tú también eres libre de vivir según tu propio sistema de valores de una forma mucho más amplia. Al elegir hacerlo, consigues eliminar el precio máximo que se ha puesto a tu vida, a tu contribución y a tu felicidad. Ahora sabes que el dinero siempre fluye donde hay un propósito. Es hora de que mujeres como nosotras prosperemos.

La solución a la culpa por el dinero

EJERCICIO

El fin de la culpa por el dinero empieza por ser honesta contigo misma. Cuanto más te des permiso para hacer, utilizar y disfrutar de lo que el dinero puede comprar, menos te quemarás a ti misma (y a otras mujeres) en la hoguera. Al dejar de sentirte culpable por el dinero que entra y sale libremente de tu vida, te convertirás en una de las artífices del cambio, que está aquí para ayudar a la humanidad a evolucionar más allá del miedo y la vergüenza financieros.

Tomar conciencia de cómo te has estado limitando a nivel económico es el primer paso para liberarte de tus juicios sobre ti misma y los demás. ¿Qué deseo te estás negando por su coste económico? ¿Qué decisión concreta estás tomando actualmente desde un lugar de «no debería gastar *tanto* en [inserta tu verdadero deseo]»? ¿Qué sueños estás comprometiendo o posponiendo para el futuro para complacer a esa voz que dice: «Más vale que seas razonable»? ¿Se trata de un próximo viaje en el que te estás conformando con utilizar puntos para tener alojamiento gratuito en lugar de alojarte en el *hotel boutique* que te llamó la atención en una revista de viajes? ¿Un menú especial para la fiesta de cumpleaños de tu mejor amiga que ha sido degradado a una noche de tacos? ¿Una ayuda en casa o en la oficina para tareas de las que estás convencida de que deberías encargarte tú misma?

Entonces, presta atención:

- ¿Sabías lo que deseabas, pero ni siquiera lo investigaste porque lo prejuzgaste como «demasiado caro»?
- ¿Perdiste un tiempo valioso actuando sobre un deseo menor?
- ¿Qué te parece esta situación? Normalmente, se siente como algo normal, razonable, responsable, práctico y «adecuado»; y probablemente te sientas «bien» con tu enfoque sensato de la vida.
- Ahora, imaginemos por un momento que no hay consecuencias ni limitaciones para tus deseos. ¿Cómo procederías de forma diferente con ese viaje, fiesta o contratación de apoyo? ¿Qué elección haría tu Reina si viviera su auténtica verdad?
- Visualiza el escenario ideal, y luego siéntete dentro de él. ¿Qué se siente al tomar decisiones desde el lugar femenino de Reina? Por lo general, palabras de «sensaciones» reales como *poder, entusiasmo, alivio, alegría, calma, satisfacción* y *motivación* llenarán de forma instantánea tu espacio.
- Desde ese lugar, escribe una acción que emprenderás en nombre de tu verdad. Tu intuición siempre te guiará hacia los siguientes pasos correctos.

Ahora, fíjate en cómo te sientes. Ese estremecimiento de «Dios mío, ¿estoy haciendo esto de verdad?» puede convertirse fácilmente en miedo si permitimos que resurjan nuestras viejas historias sobre el dinero. Las mujeres estamos tan acostumbradas a no cometer nunca un error y a «hacerlo siempre bien», sobre todo con el dinero, donde la visión de la escasez nos programa para ser muy precavidas. Empodérate para sentirte más entusiasmada que ansiosa. Afirma la verdad de la abundancia, trabaja para alcanzar un estado de certeza y mantén alta tu vibración.

Recuerda que tu Reina interior siempre te guía hacia tu verdad y te desafía a vivir tu mejor vida. Las reglas de la vieja escuela de tener en cuenta sólo lo que es «práctico» y «razonable» te están llevando por el mal camino hacia una existencia anodina, y sin embargo es difícil verlo así porque a todas nos han lavado el cerebro para que llevemos estas etiquetas como insignias de honor.

Cuando tu verdad triunfa

Voy a compartir contigo mi experiencia personal al hacer este ejercicio. Cuando escribí esto, estaba en el aeropuerto JFK esperando mi vuelo de regreso a Los Ángeles. Recuerdo que volvería a pasar unas semanas en Nueva York al mes siguiente y aún tenía que reservar alojamiento. Le pregunté a mi marido cuánto costaba alojarse en mi hotel favorito. Me dijo una horquilla de precios por noche que detonó un juicio interno: «No debería gastarme *tanto* en un hotel para dos semanas».

Así que, en lugar de eso, pasé los siguientes cuarenta y cinco minutos buscando buenas opciones en Airbnb, aunque francamente poco inspiradoras, que encajaban perfectamente en mi zona de confort de «puedo justificar esta cantidad». Hice una selección. Me sentía responsable, práctica y, me atrevería a decir, orgullosa de mí misma por ser tan razonable. Entonces me dispuse a crear este ejercicio y supe que tenía que cumplir mi palabra. Así que realicé todo el proceso, ¡y *guau*!

En primer lugar, me di cuenta de que había negado mi verdadero deseo hasta tal punto que *ni siquiera indagué en él en absoluto*. ¿Te sientes identificada? Simplemente asumí que lo que mi marido decía sobre el precio era cierto y que era demasiado caro. A continuación, dediqué un tiempo valioso a investigar lo que no me inspiraba. Por último, justifiqué mi pérdida de tiempo y mi mala elección como un logro del que sentirme orgullosa.

Siguiendo el ejercicio hasta el final, me pregunté: «Si no hubiera consecuencias ni limitaciones, ¿dónde me alojaría esas dos semanas en Nueva York?». Por supuesto, mi hotel favorito del Upper East Side surgió en mi conciencia de inmediato.

Esta vez, entré corriendo en su sitio web, introduje las fechas de mi reserva y… ¿qué descubrí? En realidad, costaban siete dólares menos por noche que la poco alentadora opción de Airbnb, ¡y ofrecían una oferta especial de «reserva dos noches y quédate la tercera gratis»!

Mujeres, nuestras Reinas son más sabias. Sigue tus deseos; búscalos. Actúa para vivir tu mejor vida. No te culpes a ti misma ni a los demás por el dinero; es una forma de vivir vieja, anticuada e innecesaria. La otra cara de jugar a lo pequeño es jugar a lo grande. Tu Reina interior aplaude tu valor para vivir tu verdad. La mía está disfrutando de un Martini Grey Goose en el Hotel Lowell.

16
Priorizar el placer

La vida está hecha para vivirla desde el placer. Lo sé, suena escandaloso, ¡pero es verdad! Así *es* el espíritu. No digo que haya que entregarse a actividades frívolas como beber todos los días (cualquiera que lo haya hecho más de un día seguido sabe que es cualquier cosa menos placentero).

Estoy hablando de un enfoque de la vida completamente elevado y renovado que comienza con la feminidad en su máxima expresión. Un enfoque en el que te sientas vigorizada y vibrante porque estás trabajando *con* la forma en que estás concebida por naturaleza. Dar prioridad al placer te abrirá a recibir y te proporcionará esa chispa irresistible de inspiración y alegría que es esencial para manifestar tu visión como Reina.

El placer se define como «disfrute o satisfacción derivados de lo que es del agrado de uno: gratificación; deleite». Piensa en lo poderosa que eres cuando sientes disfrute y satisfacción *conforme a ti*. Trae a tu mente algo que te haga sentir gratificación y deleite de forma instantánea ahora mismo. En ello hay claridad, entusiasmo, integridad, tranquilidad y una dinámica de diversión.

Si tardas un momento en recordar tu último gran encuentro con el placer, es porque nos han enseñado a permitir estas experiencias sólo *si* todo nuestro trabajo está hecho (cosa que rara vez ocurre) y sólo *si* nos sobra tiempo y dinero.

¿Sabes que sólo uno de cada cien estadounidenses sabe lo que quiere? Es porque los humanos nos hemos desconectado de la sabiduría femenina del placer, y en su lugar adoramos reglas que no proceden del ámbito espiritual. Cuando ponemos nuestra fe en las cosas hechas por los humanos y en la falta de conciencia, en lugar de abrazar la abundancia del infinito, nos quedamos atascados. Nos convencemos de que tenemos que trabajar (demasiado) duro, permanecer en un trabajo o en un matrimonio que no nos gusta y posponer cualquier noción de diversión constante para la jubilación, suponiendo incluso que vivamos tanto tiempo.

En cuanto al instinto femenino herido, el placer es otro elemento que se asocia a la debilidad. Se considera un signo de consentirse cuando se debería estar a dieta, de jugar cuando se debería estar trabajando y de recibir un masaje cuando realmente se debería estar terminando de fregar esos platos. En nuestra cultura obsesionada por la productividad, el placer se considera un comportamiento lunático o descuidado.

Vivimos en un mundo que glorifica el trabajo duro y constante. Como esta mentalidad es con la que estamos familiarizados, es en la que hemos llegado a confiar como la única forma de satisfacer nuestras necesidades o salir adelante en la vida. Es raro oír siquiera a una mujer pronunciar la palabra *placer*, como si se hubiera borrado de nuestro vocabulario. Considerar que esta palabra es indecente, egoísta y que sólo hay que guardarla para más tarde ha dado lugar a una cultura colectiva de mujeres decepcionadas, insatisfechas y, en mayor o menor grado, deprimidas.

Las estadísticas muestran que el sesenta y siete por ciento de la población activa estadounidense está quemada en su trabajo o busca uno nuevo. Este altísimo índice de desdicha sólo puede existir en una sociedad en la que las personas dan prioridad a lo práctico sobre lo lúdico, sin saber que pueden tener ambas cosas.

El trabajo no es el único ámbito en el que esto se manifiesta, ya que seis de cada diez parejas declaran estar infelizmente casadas. Yendo un paso más allá, en lo que se refiere al placer y las relaciones, los estudios demuestran que alrededor del setenta y cinco por ciento de las mujeres nunca alcanzan el orgasmo en las relaciones sexuales con su pareja, y entre el diez y el quince por ciento de las mujeres pasarán toda su vida sin tener uno en absoluto.

Para la mayoría de las mujeres, la barrera del placer rodea toda nuestra existencia, impidiéndonos tener una carrera próspera, desarrollar amistades íntimas, disfrutar de deliciosas experiencias gastronómicas, embarcarnos en aventuras extraordinarias y vivir en casas dignas de revista que elegiríamos encantadas si viviéramos en un mundo en el que todo fuera posible. Que es lo que hacemos.

La Guardiana del Placer

Cuando una mujer no da prioridad al placer, tampoco da prioridad a su auténtico yo. Es entonces cuando sabes que la *Guardiana del Placer* ha intervenido y ha eliminado todo rastro de disfrute de su existencia. Encerradas en una rutina excesivamente ajetreada de atender a los demás y a las obligaciones, nos sentimos indignas de tomarnos tiempo para nosotras mismas o culpables cuando gastamos dinero en algo que es simplemente para nuestro propio deleite.

Cuando la feminidad está encarcelada en falso, no sólo sufren nuestro pelo y nuestras uñas. Lo más importante es que se descuida la vida interior y emocional de la mujer. La Guardiana del Placer deniega el permiso para cualquier forma de autocuidado, autoconsideración, autorreflexión y autoexpresión, por lo que las mujeres controladas por este arquetipo están convencidas de que centrarse en sí mismas es egoísta. La experiencia de *ser* simplemente una mujer, conectada a su feminidad, resulta totalmente ajena; y perturbadora.

¿Lista para relajarte? El viaje para convertirte en Reina transformará de forma drástica tu relación con el placer. El gozo físico, emocional, espiritual y relacionado con las papilas gustativas ya no es algo que tengas que suprimir, escabullir, robar o devorar *ahora*, antes de que te lo quiten. La vida épica no tiene por qué ser monacal, a menos que esa sea tu auténtica elección. La definición de «más fabulosa» depende por completo de lo que decida cada Reina.

Manifestar tu vida más placentera

Cuando era una mentora de vida recién llegada que se apresuraba a conseguir el siguiente cliente, las vacaciones de verano en Europa parecían un sueño tan lejano que habría sido necesaria una máquina del tiempo. Tomarse un sábado libre no era una opción, hasta que hojeé una revista y vi un reportaje sobre Paris y Nicky Hilton veraneando en Saint-Tropez. ¿Qué? Ni siquiera estaba segura de saber dónde estaba o cómo se pronunciaba exactamente (tampoco sabía que «veranear» era un verbo), pero tras una rápida búsqueda en Google, me convencí. ¿En la playa? ¿En Francia? *Eso.* Eso era lo que quería. Ahora; no dentro de veinte años, no cuando me sobrara tiempo y dinero. Ahora.

Era un concepto arriesgado para mí; más que un atrevimiento. Porque, créeme, yo era muy estricta. Cuando se trataba de dar rienda suelta al placer en mi vida, hacerme una manicura barata me parecía tan victorioso como hacer que los talones tocaran el suelo en la postura del perro boca abajo.

Siempre había ganado lo justo para cubrir mis necesidades básicas y sólo me permitía viajes, cuidados personales y tratamientos de belleza si me sobraba algo. Sin embargo, no podía deshacerme de la fantasía del sur de Francia. Las visiones de mi escapada a Saint-Tropez aparecían a diario en mis meditaciones. Pronto me vi viendo películas de Brigitte Bardot y refrescando mi francés.

Una vez que tuve claro mi deseo, me permití analizar los detalles. Calculé los costes para saber exactamente lo que me costaría llegar a ese elegante pueblo pesquero de la costa. En aquel momento, mi cheque de sesenta mil dólares de la empresa de impermeabilización de sótanos acababa de llegar a mi cuenta bancaria, menos los treinta mil que invertí en programas de formación. Cuando Glenn se enteró de lo que pensaba hacer con una parte de esas ganancias, su respuesta fue:

—Gina, ¿qué te parece ahorrar ese dinero e invertirlo en el negocio?

¡Por supuesto! Le aseguré que tenía intención de hacer esas cosas para hacer crecer mi negocio; sin embargo, como ya sabéis, una Reina toma partido por el «y».

—Yo no voy –protestó malhumorado–, porque no voy a ser un adicto a la buena vida.

Ay. «Quizá tenga razón», intervino la Guardiana del Placer. «Si trabajo muy duro este año y lleno un poco más las arcas, quizá sea mejor idea disfrutar de *moules frites* el próximo verano».

Mi Reina *no* estaba de acuerdo con este pensamiento reprimido. Me recordó que Glenn acababa de oír ayer el término «adicto a la buena vida», cuando un tipo le acusó de serlo. Evidentemente, estaba tan cabreado por ello que necesitaba quedarse en casa y no participar en esta increíble aventura para demostrar que ese tipo estaba equivocado. Pero la prohibición temporal de viajar de Glenn no tenía jurisdicción sobre esta Reina. Iba a ir. Compré los vuelos, reservé una pequeña habitación de hotel y, muy pronto, ya estaba preparando mi pequeño bikini rosa con la feliz anticipación de mi estancia de cinco días en Francia.

En este espacio de alta vibración en el que honraba mi deseo y permitía que la vida fuera placentera *ahora*, conecté con el *porqué* de mi glamuroso viaje. Cuando profundicé y pregunté a la fuente, surgió una idea aún más audaz: «¡Voy a conseguir un nuevo cliente mientras estoy allí!».

Ignorando el hecho de que había olvidado el noventa por ciento de mi francés del instituto y no tenía ni idea de dónde o quién sería el cliente ideal, cada día recordaba mi visión y sentía lo increíble que sería trabajar con un cliente internacional.

Llegó el momento de cruzar el Atlántico y aterrizar en Niza y, tras el pequeño viaje por carretera a lo largo de la Costa Azul, allí estaba yo paseando por las calles empedradas de aquel pintoresco pueblecito de colores pastel. Tomé el Sol en la playa, paseé por el mercado de la Place des Lices, contemplé todas las impresionantes villas con vistas al mar, miré los escaparates de las preciosas *boutiques* y, definitivamente, disfruté de los *moules frites*. Recuerdo que pensé: «¡Soy totalmente feliz! El tiempo es cálido, el cielo es rosa, el vino es rosa… ¡Este lugar es perfecto!».

La penúltima noche en la Riviera, llena de placer y con el cuerpo completamente relajado, estaba sentada en el bar de mi hotel, esperando mi mesa para la una, cuando oí por casualidad a un par de personas de aspecto interesante que hablaban en inglés. Resultaron ser de Los Ángeles. Acabamos disfrutando juntos de una cena fabulosa y, durante nuestra conversación, la mujer me preguntó a qué me dedicaba. Le dije que era mentora de vida. Empezó a hacerme preguntas bastante detalladas sobre mi trabajo, y reveló:

—Llevo tiempo buscando una mentora de vida, ¿cómo podemos trabajar juntas?

¡Bum!

Al priorizar el placer al máximo, me había olvidado por completo de mi intención original y de la petición que había hecho al universo antes de salir. Cuando preguntó por el precio de mi paquete de mentoría, no dudé en decir «veinte mil dólares». Sí, mis tarifas habían mejorado como *aquel* día.

Allí mismo, en el taburete del bar de Saint-Tropez, vendí mi primer paquete de mentoría de veinte mil dólares.

¡Prioriza el placer, querida! Funciona. Naturalmente, fue una doble bendición. Perseguir con confianza mi propósito no sólo me hizo ganar dinero. Me dio el don de vivir mi propósito y cumplir mi misión, lo cual no puede hacerse sin clientes. Como bien sabía el universo, mi nueva clienta me necesitaba tanto como yo a ella. Era una representante de ventas de equipos médicos de alto rendimiento que rondaba los treinta años. Durante varios años, desde el fallecimiento de su madre, esta joven superestrella había estado canalizando toda su ansiedad hacia su trabajo, y había desarrollado una adicción a las drogas para sobrellevar su dolor fuera del horario laboral. Gracias a nuestro trabajo conjunto, conectó con el espíritu y ya no necesitaba drogarse. Transformó el dolor no resuelto de su relación con su difunta madre y volvió a estar en paz con su cuerpo, lo que le dio la sensación de libertad que había estado buscando todo el tiempo.

¿Y Glenn? No se perdió muchos viajes después de aquello. A ambos nos quedó claro que lo que el mundo categorizaba convincentemente como comportamiento «adicto a la buena vida» era en realidad parte de un plan más grandioso. Mucho más allá de ir a lo seguro, después de haberme negado a mí misma durante tanto tiempo, permitirme el placer era la forma definitiva de hacer crecer mi negocio, servir a los demás con más fuerza y disfrutar de la vida. Mientras cuidara mi conexión espiritual y mantuviera a raya a la Guardiana del Placer, podía confiar en que seguir mis deseos siempre me llevaría en la dirección correcta.

Cuando el placer conduce al propósito

La mayoría de la gente ve estas acciones basadas en el placer como «egoístas». Como Reinas, sabemos que son la clave para vivir nuestro propósito principal. No todo el mundo tiene tu combinación exacta de intereses porque nadie tiene tu vocación exacta. Los beneficios de reivindicar tus deseos personales siempre van mucho más allá de cualquier experiencia vital gratificante y deliciosa.

Dios puso en ti esos sueños grandes y extraordinarios por una razón. ¡Se llama vida épica, amiga! De ti depende darte permiso para pensar a lo grande y estar dispuesta a vivir tu gran propósito, que incluye una vida significativa *y* placentera.

Se necesita un cierto nivel de desarrollo espiritual y madurez emocional para crear fe en tu verdad. Sin embargo, el desarrollo espiritual no tiene por qué llevar mucho tiempo, sólo necesita un compromiso férreo. Si una Reina se hace mejores preguntas, descubrirá que no hay nada que se mueva despacio en el universo.

Mientras que otras mujeres piensan que una pequeña porción de placer es lo máximo que se les permite del menú de la vida, una Reina se pregunta: «¿Cómo puedo introducir más placer en todos los ámbitos de mi vida? ¿Y si perder peso no tuviera que ser un viaje de privaciones? ¿Cómo puedo vivir en un lugar fabuloso que me inspire, aunque sea una madre soltera con tres hijos? ¿Estoy segura de que mi jefe no me dejaría establecer mi propio horario y trabajar de manera virtual? ¿Y si fuera posible?».

Si te preocupa ceder a esta teoría del placer y caer en la tentación de los atracones, los gastos excesivos y el autosabotaje, no temas. Una Reina está tan comprometida a responder a su vocación más elevada como interesada en vivir su estilo de vida definitivo; este último está ahí para apoyar al primero. Teniendo esto en cuenta, una Reina se somete a un control espiritual para identificar la fuerza que impulsa sus deseos. Se pregunta: «¿Está basado en el ego? ¿Lo hago sólo para estar a la altura de las Kardashian? ¿Cómo me sentiré cuando se cumpla este deseo? ¿Me sentiré inspirada o debilitada?».

Para saber si un deseo está realmente guiado por el espíritu o basado en el miedo, una Reina pasa tiempo consigo misma a diario, para conectar, escuchar, estar en comunión con Dios y fortalecer su intuición. También es específica sobre el *cuándo* y está segura del *porqué* de sus elecciones intencionadas. Toda Reina debe afinar su oído espiritual. A medida que te fortalezcas, aprenderás a escuchar a tu cuerpo, a comprender a tu corazón y a aprovechar lo que es verdadero y adecuado para ti.

Tu camino para priorizar el placer

EJERCICIO

Tu vida es buena, pero tiene potencial para ser épica, emocionante, satisfactoria, abundante… y empieza por que priorices el placer. Es hora de darte el regalo de explorar lo que es posible. Saca tu diario y sigue estos pasos.

Paso 1. Determina dónde anhelas más placer en tu vida

Todo trabajo y nada de diversión hacen una Reina muy aburrida. Es hora de que tengas claras algunas de las principales áreas de tu vida a las que les vendría bien un poco de picante. Aclara qué es lo más importante para ti en este momento y escríbelo, tanto si se trata de la aburrida vida amorosa que consiste exclusivamente en deslizar el dedo hacia la izquierda, como de la agenda social que gira en torno a pasar por tu bar local Mojo's todos los días después del trabajo para tomar un cóctel de manzana y mantener la misma conversación con Jed, el camarero, o del masajeador motorizado para el cuello de Cotsco, que sigue siendo tu mayor derroche de autocuidado hasta la fecha.

Comprueba cuál es tu verdadera prioridad a nivel espiritual. Pide al espíritu que te muestre dónde priorizar el placer para marcar la mayor diferencia en tu trabajo y en tu bienestar general. Como Reina, puedes transformar lo que menos esperas en una de las experiencias más satisfactorias y gratificantes de tu vida. Allí donde eres más débil, estás destinada a convertirte en la más fuerte.

Paso 2. Descubre cómo puedes hacer que esa área sea más placentera

Ahora que has priorizado un área principal, ¡viene la parte divertida! Hagamos una lluvia de ideas sobre algunas formas en las que podrías añadir placer. ¿Podrías cambiar una de tus sesiones semanales en la cinta de correr por una clase de hip-hop? ¿Subir la temperatura de tu relación con una sesión de fotos íntimas sorpresa o una clase de tantra yoga? ¿Organizar una excursión de chicas diferente a Nueva Orleans por Año Nuevo? ¿Instalarte con tu portátil en el vestíbulo de un hotel sofisticado? ¿Intercambiar tu casa para no pasar un sofocante julio en la ciudad y disfrutar de la brisa en una casa junto a un lago en las montañas?

Cuando se trata de placer, no siempre es cuestión de precio. A veces es tomarse un martes por la tarde libre. O echarse una siesta. Preferiblemente algo que te apasione. Como nueva empresaria y amante de la comida, me encantaba pasear por Williams Sonoma (mi *Desayuno con diamantes*) al final de la semana para regalarme un nuevo y elegante pelador de zanahorias. El placer no tiene por qué ser caro, y normalmente no necesitamos esperar a tener «dinero extra» para disfrutar de lo que ya está ahí para nosotras.

Paso 3. ¡Sáltate las futuras zancadillas!

Muchas mujeres se encontrarán en el séptimo cielo con su deseo totalmente destinado a ellas. Entonces, *ipum!* Aparece un miedo paralizante. Dicen: «Voy a pensármelo». No se trata tanto de «averiguar cómo» sino más bien de contemplar todas las razones posibles por las que no puede funcionar y no funcionará (lo que se conoce como tropezar con el futuro) y, en última instancia, paralizarse para no seguir adelante.

Uno de los increíbles miembros de mi equipo, por ejemplo, deseaba unirse a un espacio de trabajo compartido. Entonces se cuestionó su deseo y empezó a darle vueltas. Desconocía todas las opciones, las distintas ubicaciones y los distintos precios. Empezó a hacerse preguntas: «¿Es esto realmente importante? ¿Cómo me lo voy a permitir? ¿Y si me mudo?». Estaba asustada por las finanzas cuando ni siquiera tenía los datos. El superpoder del viaje al futuro es que nos impide explorar cómo manifestar nuestros sueños. ¡Este miembro del equipo ni siquiera había estudiado las opciones!

Evita esas vueltas profundizando en los detalles. A veces te sorprenderás de cómo puedes permitirte tu deseo, como me ocurrió a mí el capítulo pasado cuando investigué los precios de las habitaciones de mi hotel favorito de Nueva York. Elige tu prioridad principal y honra tu deseo con un poco de investigación y reflexión. Investiga cualquiera de los elementos tangibles para hacerlo realidad. ¿Cuáles son las opciones? ¿Cuáles son los costes? ¿Quién puede ayudarte? ¿Con qué rapidez puede manifestarse? ¡No olvides tu poder para doblegar el espacio y el tiempo!

Paso 4. Manifiesta sin pedir disculpas

Si un deseo está guiado por el espíritu y tiene un propósito, está destinado para ti. Si tu deseo ya está a tu alcance, actúa ahora. Pide tiempo libre en el trabajo, reserva la terapia de eucalipto en el balneario que llevas tiempo deseando probar, toma la iniciativa y envía el mensaje de texto grupal con las posibles fechas para el viaje de amigas a Tulum.

Para aquellos deseos que son un poco más difíciles, ahora es cuando puedes aprovechar tus superpoderes espirituales para doblegar el espacio y el tiempo, entrenar a tu cerebro para que piense como una Reina, cultivar la certeza y manifestar tu milagro financiero. Recuerda que un deseo tiene que ser un «deber» para que lo hagas realidad. Cuando una mujer aprovecha ese poder blanco y decide que el placer es posible para ella ahora, la vida épica se convierte en su realidad.

El placer a propósito

Di adiós a sentirte avergonzada, confusa o insegura sobre tu derecho a experimentar las alegrías emocionales y deliciosas de la vida. Sí, te esperan logros increíbles en este viaje épico. Sin embargo, no fuiste creada *sólo* para dar. También estás llamada a recibir. En el camino hacia tu propósito, tus deseos importan. Están aquí para mantenerte vibrante, joven, inspirada y motivada en tu viaje. Están hechos para que celebres tus éxitos, con todo el cautivador factor sorpresa de tus sueños de niña pequeña.

Cuando nos recompensamos por hacer un gran trabajo, nos mantenemos en alta vibración y actuamos para alcanzar nuestros sueños, nos preparamos para conseguir victorias cada vez mayores. Al mismo tiempo, nos tomamos los golpes con calma, porque hemos llenado esa cuenta bancaria de autocuidado y autoestima que nadie más puede llenar por nosotras. Para la mujer que trabaja duro a diario, su trabajo también consiste en *darse* un capricho. No sólo esas vacaciones una vez al año combinadas con su cumpleaños. ¿Cómo puedes vivir esta única vida que tenemos, quererte a ti misma y animarte a hacer más de todo esto a un nivel superior?

Para las Reinas, la productividad es una prioridad, pero también lo es el juego. Dejando espacio para tu feminidad, puedes diseñar tu horario de modo que el placer sea algo cotidiano. Unas noches puede ser tu taza de té favorita y un libro junto al fuego, y otras, tomarte el día libre de manera espontánea para ir al cine. Las Reinas saben que, a menudo en la vida, los beneficios invisibles de la diversión, la conexión y las experiencias inolvidables nos llevan mucho más allá de las cinco horas extra frente al portátil. Los días de ser exclusivamente prácticas y masculinas con nuestro tiempo y dinero se han acabado. Ha llegado la hora de permitirse el placer.

PARTE V
Las Reinas se hacen realidad

17

Nacidas para encajar

Durante la mayor parte de mi infancia, no sentí que perteneciera *a ningún sitio*. Claro que tenía algunos amigos en la escuela primaria, pero no diría que fueran íntimos ni mucho menos. Lo mismo ocurrió en mis incómodas etapas de secundaria y bachillerato. Siempre tuve un par de amigas con las que pasaba más tiempo que con otras, pero no formaba parte de un grupo guay de amigas a las que me entusiasmara ver todos los días. ¿Te sientes identificada?

Mi experiencia dentro de la comunidad de mi iglesia fue similar. Tenía algunos «amigos» allí, pero de algún modo seguía sintiéndome como una extraña. ¿Era porque la mayoría de ellos iban a la escuela de la iglesia y yo a la escuela pública? No estoy segura. Luego vino la universidad. ¡Señor! Ya hemos hablado de cómo no podía sentir que pertenecía a ningún sitio *que no fuera* Kalamazoo, Michigan. No me iban las fiestas *rave*, y sentarme en unas gradas de aluminio heladas durante la temporada de fútbol americano, mientras un tipo llamado Drew me ofrecía un sorbo de su termo que apestaba a aguardiente de menta, no era mi idea de una gran tarde de sábado.

Mirando hacia atrás, veo que mi instinto femenino herido estaba en pleno apogeo. No se me daba bien entablar amistades íntimas y, por tanto, nunca tuve la experiencia de pertenecer a un grupo que iba al centro comercial los fines de semana y se partía de risa con el mismo chiste en mitad de la tercera clase.

Cuando el verano de mi penúltimo año escapé a Washington D. C., *sucedió* otra vez. Nunca olvidaré el día en que estaba sentada en el despacho de la primera dama en la Casa Blanca, leyendo algo en los recortes de prensa sobre la «derecha religiosa». En Washington, y como yo era demócrata, ellos eran, relativamente, el enemigo. Curiosamente, aunque crecí en una iglesia cristiana fundamentalista, no me veía como parte o perteneciente a la «derecha religiosa». Entonces me di cuenta de que no se puede ser demócrata *y* cristiano renacido, y viceversa: no se puede ser cristiano renacido *y* votar azul. ¡Pero lo era! Y lo hice. Y eso me convirtió en enemiga de ambos bandos.

Después, este patrón alienante se trasladó a la dinámica familiar. Me enamoré de un hombre y, por razones demasiado intrincadas para entrar en ellas, basta decir que me encontré en mi propia historia de *Romeo y Julieta*. Mi familia y mi comunidad de entonces no aceptaban mi elección de pareja romántica. Los intensos esfuerzos que hicieron para que cumpliera sus normas y renunciara a mi alma gemela o fuera exiliada me dejaron en estado de *shock*. De nuevo parecía que no era seguro ser mi yo real, mi yo pleno y mi yo verdadero en ningún sitio. No pertenecía a ningún lugar.

Por último, dado que la forma en que haces una cosa es la forma en que lo haces todo, este mismo patrón de inadaptación se extendió también a mi carrera. Me encantaba ser psicoterapeuta, pero para mí el proceso de transformación no cabe en una sesión de cuarenta y cinco minutos una vez a la semana. Me vi obligada a limitarme con mi trabajo o a renunciar a mi licencia. Mi alma eligió lo segundo.

Allí estaba yo, nueva en Los Ángeles, nueva en esto de la mentoría de vida, nueva en esto de trabajar para mí misma, y sintiéndome completamente sola, demasiado arreglada y fuera de lugar. *Otra vez*.

Aislamiento voluntario

La *Solitaria* se inventó una y otra vez esta experiencia de que mi yo completo no pertenecía a ningún sitio. Este arquetipo me convenció de que tenía que mostrar sólo partes de lo que soy para ser aceptada, o pasar el resto de mi vida en una fiesta yo sola. «Estás mejor sola», sostenía ficticiamente la Solitaria. Esa sensación de que no le caía bien a nadie ni me aceptaba en mi totalidad (huérfana y exiliada) era insoportable. Me volví depresiva y temerosa, y me sentía insegura de ser yo misma en el mundo. Así que me escondí, interiorizando mi vergüenza autoprovocada. Nuestro condicionamiento consiste en rendir culto a los valores de la responsabilidad, la autosuficiencia y la conformidad, por lo que nos hemos disociado de la sabiduría femenina que aprecia el poder del colectivo colaborativo y valora la diversidad, la apertura mental y la aceptación.

Parte de la forma en que la Solitaria ejerce el poder consiste en persuadirte de que casi todo el mundo tiene la familia perfecta pintada a lo Norman Rockwell o encaja en una tribu social de «la chica de moda» totalmente cohesionada. Excepto tú. Mediante esta lógica taimada y obviamente falsa (teniendo en cuenta la población mundial), la Solitaria me acosó durante años, manteniéndome aislada y considerándome una inadaptada.

Una mujer impulsiva que ha sido víctima de la Solitaria durante el tiempo suficiente inevitablemente disfrazará sus sentimientos de marginación con una falsa sensación de propósito. En mi caso, la Solitaria me engañó de forma inconsciente para que sintiera que *por fin* pertenecía a mi negocio de «fiesta para una sola persona», en el que yo era la estrella. Mi negocio se convirtió en el único lugar al que pertenecía.

Bajo la influencia de la ambición desbocada de la Solitaria, aprendí enseguida que la vida consistía en trabajar, no en divertirse. Puesto que sólo obtenía mi seguridad e importancia de los logros profesionales, «distraerme» con cualquier forma de juego y socialización sencillamente no iba a ocurrir.

Procedí a juzgar como «estúpidas» a las demás mujeres que salían constantemente por la ciudad u organizaban reuniones. «Míralas, perdiendo el tiempo en el almuerzo; ¿no tienen una carrera en la que ascender?». Cuando los celos empezaban a aflorar, la Solitaria se apresuraba a recordarme: «No llegarán tan lejos como tú». La *Solitaria* y yo sabíamos que íbamos a llegar lejos, pero, por desgracia, caí bajo su hechizo de creer que tenía que hacerlo *yo sola*, y que no podía conseguir ayuda a través de contactos o diversión. Al parecer, las semanas laborales de sesenta horas en solitario eran la única forma de salir adelante.

Por supuesto, nadie se inmutó ante mis largas jornadas. Es normal para muchas de nosotras. Las mujeres de hoy en día nos hemos vuelto tan autosuficientes y «cómodas» detrás de nuestros ordenadores portátiles y teléfonos móviles que ya no nos damos permiso para salir, conectar con la gente, estar en una comunidad y divertirnos. No sólo nos sentimos incómodas pidiendo ayuda, sino también *amistad*. En el mejor de los casos, trabajamos duro, nos ejercitamos y trabajamos un poco más. Estamos ahí para nuestras parejas o nuestras familias, sí. Pero la mentalidad se convierte en que formar parte de una comunidad más amplia es algo superfluo y que no merece nuestro tiempo, cuando no es más que un miedo profundamente arraigado: «¿Quién querría ir a almorzar *conmigo*?».

La Solitaria dice: «Ya harás amigos increíbles más adelante, cuando hayas ganado tu dinero y te hayas establecido». Suena lógico, aunque en el fondo nos duele porque sabemos que no es nuestra verdad. Es el instinto femenino herido otra vez.

Irónicamente, los hombres han sido siempre mejores que las mujeres para compaginar el trabajo y el ocio. Piensa en la cantidad de negocios que se hacen en el campo de golf, la cantidad de tratos que se cierran durante las cenas o que se negocian después en el salón de fumadores. Muchos hombres de éxito no creen que tengan que hacerlo todo ellos solos o pasar dieciocho horas al día en la oficina para ser productivos. Sin embargo, pensamos que la forma de triunfar en un «mundo de hombres» es escuchar a la Solitaria, aislarnos y hacer todo el trabajo posible.

En la medida en que hemos exprimido toda la alegría de nuestras vidas, nos hemos aislado de nuestro instinto femenino de conexión. Trabajar tan duro como lo hacemos en aislamiento no es darles vida a nuestros ovarios y tampoco nos hace tener más éxito.

Una Reina sabe lo que realmente alimenta su conciencia superior y apoya sus capacidades creativas. Sabe cómo aprovechar la red que la rodea para doblegar el espacio y el tiempo. Sabe hacer de la alegría de vivir una prioridad absoluta.

Divertirse con amigos es femenino

Diversión. Es el simple hecho de disfrutar de la vida. Ser juguetonas es una forma de experimentar placer. Es uno de los mayores regalos que podemos hacernos a nosotras mismas en un momento dado y, sin embargo, en el deprimente aislamiento de Villa Solitaria o de la adicción al trabajo, hemos llegado a colocarlo en el último lugar de nuestra lista de cosas por hacer.

Cyndi Lauper tiene razón. Pero la verdad es que las chicas no sólo *queremos* divertirnos, sino que *necesitamos* divertirnos. Ansiamos la conexión; está programado en nuestras células. Nuestros cuerpos están literalmente sedientos de ella.

Un reciente estudio histórico de la UCLA demuestra que las mujeres estresadas son propensas a buscar amistad. Cuando se desencadena la «lucha o huida», nuestros cerebros liberan oxitocina en mayor proporción que los hombres, lo que, según los investigadores de la UCLA, es lo que nos impulsa de forma natural a pedir ayuda a nuestra comunidad (si la Solitaria no se interpone en nuestro camino).

Podría decirse que se nos recompensa fisiológicamente por crear vínculos, y también por divertirnos. Nuestro cerebro responde a la risa con un subidón de endorfinas, adrenalina y dopamina. Está demostrado que estas hormonas y neurotransmisores edificantes reducen el estrés, aumentan la serotonina (niveles de felicidad), incrementan la energía, mejoran la memoria y la concentración y contribuyen a un sueño más profundo. Por si las Solitarias que lean esto necesitan convencerse más, en realidad también tenemos más poder en grupo.

El Efecto Maharishi

¿Has asistido alguna vez a una clase de *spinning* casi vacía frente a otra llena de cincuenta personas muy animadas que van a por todas? El pasado martes por la noche, entré en el estudio de ciclismo para encontrar, en lo que normalmente es una clase abarrotada, sólo unos nueve entusiastas más en sus bicicletas. El instructor era estupendo, la lista de reproducción era genial y, sin embargo, el ambiente seguía siendo… *vacío*. Tenía la sensación de tener que trabajar mucho más de lo habitual para compensar el evidente vacío de los ciclistas que faltaban. No me había dado cuenta antes de hasta qué punto estar presente en una comunidad con el objetivo compartido de realizar juntos esta clase de *spinning* elevaba mi energía y motivación, literalmente a nivel físico. Ahora, en esa clase escasamente ocupada, mi compromiso de permanecer en el sillín disminuía por momentos. A los treinta minutos, me desabroché las zapatillas y lo dejé; y *nunca* me voy antes de tiempo.

La vibración que creamos los asombrosos humanos cuando nos reunimos y alineamos nuestra gloriosa intención está demostrada. La organización Meditación Trascendental ha financiado innumerables experimentos para medir el impacto de grupos de personas que se concentran en un objetivo compartido. Lo llaman el Efecto Maharishi.

El Efecto Maharishi obtuvo una victoria récord en 1992. En aquel momento, Washington D. C. era estadísticamente la capital más violenta del mundo. Aunque el presupuesto para la lucha contra el crimen aumentó a mil millones de dólares anuales, el índice de violencia subió la friolera de un setenta y siete por ciento. Entonces aparecieron los Yoguis Voladores de Maharishi, expertos meditadores voluntarios con la misión de llevar la paz a esta tumultuosa metrópolis mediante el poder de su mente colectiva. Los habitantes eran escépticos.

Haciéndose eco de su incredulidad, el jefe de policía apareció en televisión y declaró que sólo medio metro de nieve podría frenar la violencia; y era verano.

Durante ocho semanas, los meditadores Yoguis Voladores llegaron por centenares desde todo el país, reuniéndose, cerrando los ojos, recitando en silencio sus mantras y visualizando la disminución de la delincuencia. Durante las dos últimas semanas del experimento, cuatro mil de ellos trabajaron en armonía.

Mientras tanto, un comité imparcial de sociólogos, políticos y policías se reunió para examinar los datos. Trazando las cifras en una curva, confirmaron los resultados con asombro. A medida que aumentaba el número de meditadores, disminuía el número de delitos violentos. La correlación era inequívoca. En el momento de máxima actividad de los Yoguis Voladores, ¡el índice de criminalidad había descendido un veintitrés por ciento! Asombroso, y relativamente barato. La meditación costó ocho millones de dólares, frente a los ciento sesenta y seis millones invertidos en el presupuesto policial durante los mismos dos meses.

¡Bum! Éste es el poder femenino de la comunidad y la colaboración. Cuando estás rodeada de otras personas que comparten tus mismas creencias y tienen la misma visión de lo que es posible, accedes a capacidades que ni siquiera sabías que tenías en ti.

La elevación literal

Entré en mi clase bianual de yoga de nivel 1. La misma sala, el mismo instructor, cada seis meses. Como un reloj, entré con confianza en el estudio vacío, extendí la esterilla, intenté un estiramiento de la media luna y luego doblé suavemente las piernas en posición de loto, cerré los ojos y me puse a meditar antes de la clase hasta que llegaron el instructor y mis compañeros principiantes. Oí una voz que daba la bienvenida a los que llegaban, pero no parecía el profesor que yo conocía. Al abrir los ojos para ver quién podía ser el sustituto, me di cuenta de que toda la clase estaba abarrotada y de que no había ninguna cara conocida. Escudriñé rápidamente la sala para ver lo que parecían miembros del reparto de un espectáculo del Cirque du Soleil y me di cuenta de que estaba en una clase de vinyasa flow de nivel 3 avanzado. En primera fila. *¡Debían de haberse cambiado de sala!*

Estaba chorreando sudor antes del primer guerrero uno. Apenas sobreviviendo al guerrero dos, procedí a «descansar» en mi postura bastante tensa del perro boca abajo, pensando: «¿En qué me he metido?». Quería marcharme, pero eso sería inoportuno y grosero. Que el Señor me ayude. Decidida a hacerlo lo mejor posible y seguir adelante, esperé la siguiente instrucción, que se suponía que era «Camina o salta hasta que tus tobillos se encuentren con tus manos». Para mí eso suele ser caminar como un pato y, en una sala de principiantes, me parece bien. Sin embargo, esta vez el profesor dijo: «Haced flotar los pies hacia la parte delantera de la esterilla». *¿Eh? ¿Flotar? ¿Hasta dónde? Fuerzas antigravitatorias, ¡me encantaría recibir ayuda!*

Preparándome para arrastrar primero una pierna y después la otra hacia delante, inhalé profundamente, luego exhalé y... sentí una extraña sensación. Fue como si alguien o algo me levantara misteriosamente las caderas e hiciera flotar mis piernas hacia delante... ¡hacia la parte delantera de la esterilla! ¡Ocurrió de verdad!

Puesto que nunca antes había conseguido algo así, mi hipótesis es que, al estar rodeada de las personas de gran energía que había en aquella sala y que también tenían la única intención de flotar hasta la parte delantera de la esterilla, más allá de mis propios límites, me elevé con ellas. Su energía colectiva me hizo avanzar de forma literal. Podría haber estado flotando todo el tiempo donde me había acostumbrado a arrastrarme.

Objetivos comunitarios

No se trata sólo del ejercicio físico. En la comunidad se producen saltos cuánticos en todos los ámbitos de la vida. Dar prioridad a la comunidad realmente te ayuda a llegar más lejos, y más rápido. La amistad y la conexión aportan crecimiento y plenitud a tu vida, por no hablar de un sinfín de recursos y oportunidades.

He sido testigo en primera persona de las increíbles oportunidades que surgen cuando una mujer se alinea con otras mujeres de gran energía. Veamos, por ejemplo, el caso de una de mis colegas emprendedoras. Hace poco su negocio cayó en picado y estaba encerrada en casa, estresada, enfadada y luchando con desesperación por cerrar el siguiente trato. Un día, por fin salió de su depresión y salió de casa para reunirse con una amiga, que resultó estar trabajando con una empresa que necesitaba exactamente sus habilidades en ese momento. El encuentro dio lugar a un contrato de cien mil dólares que le salvó el año. Podría haberse encontrado fácilmente a punto de cerrar su negocio, sin saber cómo encontrar al siguiente cliente. En lugar de eso, decidió dejar de aislarse. Una Reina no debe subestimar el poder de salir de casa.

Fuera de tu zona de confort se producen conexiones significativas todo el tiempo. A Patricia, su primer retiro de mujeres conmigo le trajo bendiciones mucho más allá de lo que esperaba. Llevaba saliendo con un hombre muy dulce unos cuatro años y acababan de descubrir que padecía la enfermedad de Parkinson. Tras investigar de forma frenética, buscar más información para ayudar a su novio e intentar concertar algunas citas médicas de seguimiento, lo mencionó de forma sutil durante el almuerzo en el retiro. No sabía que estaba sentada junto a Brynna. ¿Recuerdas a la mujer que trabajaba en la clínica de naturopatía integral? El médico de esa clínica está especializado en Parkinson; ¡incluso estaba escribiendo un libro sobre ello! En ese mismo momento, las dos mujeres se pusieron en contacto y concertaron una cita.

Mientras que una mujer que hubiera actuado por su cuenta podría haber pasado muchas noches aislada en Internet buscando opciones en Google, recibiendo mensajes contradictorios y sin saber en qué opinión confiar, de repente, mientras disfrutaba de un retiro para mujeres en Nueva York, almorzando con su comunidad en un bonito restaurante, apareció un recurso de primera categoría para mejorar la salud de su pareja.

Este tipo de recursos rara vez aparecen porque pasamos veinte horas extra intentando encontrar una solución por nosotras mismas. Sin embargo, cuando dejamos la tecnología y nos situamos en un vórtice de mujeres con ideas afines, atraemos esas oportunidades sin esfuerzo.

Sobrepasar tu círculo

Para muchas mujeres, sentir que no encajamos tiene que ver con que ya no tenemos mucho en común con la gente que conocemos. Al convertirnos en Reinas, tomamos conciencia de la energía que nos rodea y, normalmente, descubrimos que nos vendría bien seleccionar a las personas de las que nos rodeamos.

Sobrepasar tu círculo puede resultar doloroso, confuso y bastante desgarrador. Muchas mujeres acuden a mí preguntándose qué pueden hacer para que sus amantes, amigos y familiares estén más de acuerdo con su nueva mentalidad de crecimiento y abundancia. Intentan «ayudar» a estos seres queridos presentándoles libros de autoayuda, podcasts, mentores, terapeutas, sanadores, seminarios en los que se camina sobre el fuego, o cualquier cosa para inscribir a su círculo íntimo en su nueva perspectiva de crecimiento y abundancia. Sin embargo, por mucha transformación que haya presenciado el círculo familiar, muchos no se moverán ni un ápice de sus vías neurológicas definidas ni de su modo de vida establecido. Después de que la mayoría de los esfuerzos hayan fracasado y cese la adicción a la esperanza, mis clientas acuden a mí contrariadas y sintiéndose culpables por tener que «dejar atrás a las personas».

Aquí es donde la rendición espiritual resulta bastante útil. No eres Dios y no necesitas ejercer de salvadora en la vida de nadie. No es tu responsabilidad asumir las historias, el estancamiento o las vidas arruinadas de los demás. No todo el mundo necesita «entenderte» a ti y a tus sueños, pero mereces encontrar una comunidad que *sí lo haga*.

Una comunidad de Reinas

Con el paso de los años, empecé a ansiar relacionarme. Veía en las redes sociales a mujeres inteligentes y con alma que se reunían en grupos y se lo pasaban en grande. Se reunían en persona con frecuencia, organizaban cenas elegantes en casa de las demás, se iban de escapada de amigas a Cabo y creaban colaboraciones empresariales geniales. Entonces me di cuenta: «*Eso es* lo que yo quiero. Eso es lo que me estoy perdiendo». Una comunidad; más amigas fascinantes que se conozcan entre sí; mujeres con las que disfrutar de un festival de amor mutuo, en el que realmente nos entendiéramos, nos apoyáramos y ¡nos divirtiéramos de verdad! Saqué mi diario y escribí mi nueva intención.

> *Cultivar una comunidad y unas amistades fascinantes es una prioridad para mí. Me veo disfrutando de una conexión profunda con mis hermanas del alma y experimentando risas, alegría y diversión con ellas.*

Por último, creé el siguiente mantra y lo repetí a diario: «Tengo la comunidad más divertida, interesante, inteligente, femenina y espiritual del mundo. Viajamos juntas y nos vemos en persona con regularidad. Todas hacemos grandes cosas en el mundo y todas nos sentimos queridas y aceptadas en nuestra totalidad».

¿He mencionado que no hay nada lento en el universo? Menos de un mes después, recibí una invitación. Una nueva amiga me invitó a una fiesta navideña que organizaba en su casa de Los Ángeles.

Ahí estaba yo, tras haber manifestado mi intención, sorprendida de preocuparme inmediatamente por esas grandes inquietudes de niña pequeña: *¿Encajaré cuando llegue allí?* Ir sola a una fiesta en la que todas las «chicas emprendedoras del momento» a las que había estado siguiendo en las redes sociales iban a estar bajo el mismo techo era intimidante. La Solitaria intentó convencerme de las muchas razones por las que no debía ir, pero ninguna era lo bastante convincente como para anular mis nuevas intenciones. Estaba decidida a encontrar a mi tribu. Me fui a la peluquería, me vestí con galas navideñas y me puse en camino. Cuando llegué, congenié al instante con Ashley. Empezamos a hablar; fue fácil, ¡y la conversación no decaía! Nos reímos, y le puse a mi marido un apodo que no ha dejado de usar: Doctor G Dinero. Congeniamos muy rápido. Me preguntó cuáles eran algunos de mis propósitos para el nuevo año, y yo los compartí con vulnerabilidad: «Anhelo amistad. Amistad femenina de verdad». Ashley se puso la mano en la cadera, y con la confianza que sólo tendría una auténtica lideresa, dijo: «Bueno, Gina, ¡has conocido a la mujer adecuada!».

Procedió a informarme de que la conocían como la «conectora» de su grupo (¡ya ves cómo el universo se entrega cuando estableces una intención y te manifiestas!). Ashely cumplió su palabra con creces. Ella también estaba escribiendo su primer libro, así que empezamos a reunirnos en su club privado y nos hicimos amigas escritoras. Al principio, nuestro recuento de palabras era claramente escaso, porque no podíamos evitar sumergirnos en jugosas conversaciones compartiendo historias divertidísimas a medida que nos íbamos conociendo. Parecíamos ser muy similares en muchos aspectos hasta que el DJ de «nuestra oficina», que venía todos los días a las cuatro de la tarde, empezaba a poner a todo volumen música de club de playa. Ashley cogía sus auriculares para escuchar a un Beethoven seriamente deprimente, mientras yo me sentía iluminada y las palabras salían volando de mí y se plasmaban en la página. La cuestión es que el universo me dio un alma gemela, una hermana a la que estoy profundamente agradecida de poder llamar amiga. Además, ¡ha estado presentándome gente sin parar!

Por supuesto, los semejantes se atraen, así que las mujeres increíblemente inteligentes, cariñosas, generosas y con éxito con las que me ha puesto en contacto son grandes fuentes de inspiración, además de *divertidas*.

Tus fascinantes amistades te esperan

¿Tienes ganas de tener tu propia comunidad de Reinas? Tú también puedes atraer a amigas que quieran tener las mismas conversaciones profundas y experiencias épicas que te interesan y deleitan. Amigas que inspiren tu curiosidad y te hagan reír hasta altas horas de la noche. ¡Estas mujeres están esperando conocerte! Como Reina, no tienes por qué reprimirte ante lo que es importante para ti.

Toda Reina merece pertenecer, recibir apoyo y divertirse a diario. Tanto si te sientes como la Solitaria que nunca encaja como si tienes un puñado de grupos de amigas que has dejado atrás en secreto, es hora de que todas las mujeres hagan de prosperar en comunidad una prioridad absoluta. Necesitas y mereces divertirte con tus amigas. Es hora de ser una estrella entre las estrellas. Confía. Tu intuición, tu propósito y tu Reina interior te están guiando hacia la comunidad a la que tú y cada asombrosa parte de tu ser pertenecéis.

18

Un romance real

A lo largo de mis muchos años de relaciones imprudentes, enamoramientos codependientes y ligues desesperados, encontrar a mi alma gemela parecía *Misión imposible*. Ojalá hubiera sabido entonces lo que sé ahora. Me habría ahorrado un montón de dinero dividiendo las cuentas de cenas patéticas, le habría ahorrado a mi ego unos cuantos golpes por aquello de «nunca me llamó», y habría disfrutado mucho más de la vida hasta los treinta y un años. Las lecciones que aprendí al atraer a mi Rey (y ahora marido, Glenn) cambiaron la trayectoria de mi vida romántica.

Tanto si estás estancada intentando encontrar a «el elegido», como si te estás recuperando actualmente de una bronca con «el que no va a ser el elegido», o si te sientes bendecida por estar con tu amado, estoy encantada de compartir contigo las ideas que me han servido para crear una relación sana, amorosa, solidaria y duradera con mi Rey.

Patrones insatisfactorios

Hasta los treinta y pocos años, lo único que sabía era que quería encontrar a mi hombre y casarme. Mi planificación de Princesa me hacía creer en la fantasía de que la persona «perfecta» (el Príncipe Azul) aparecería y me llevaría a una vida de cuento de hadas. Sería una estrella del rock italiana de treinta y seis años, con ojos verdes, pelo oscuro, una casa en el lago de Como y sin matrimonios ni hijos previos, y sería el principal sostén de nuestra familia. El paquete completo, ¿verdad? Pues no exactamente.

Ser una Princesa Ingenua respecto a los hombres y las relaciones hizo que toda mi experiencia de tener citas fuera un proceso muy poco divertido e insatisfactorio. Volvamos al principio de mi saga de «estrellas del rock fracasadas de Detroit». Recuerdo ir de compras con mi madre y oírle decir: «Gina, tienes tan buen gusto que más te vale casarte con un hombre rico». Nunca dijo: «Será mejor que *te hagas* rica». No es que intentara limitarme, y desde luego no pretendía sugerir que no tenía la capacidad. Como todas las madres, sólo quería lo mejor para su hija y pensaba que manifestarme a través de un hombre era la opción más probable para mí. Me orientó para que sacara buenas notas, fuera a la universidad y pudiera mantenerme. No estaría donde estoy hoy si ella no me hubiera ejemplificado siempre cómo hacer que la vida sucediera.

Este condicionamiento de «cásate con un hombre rico» es muy profundo, y en mi búsqueda de un hombre me mantuve alerta, pero por desgracia me atraían más los chicos malos músicos. Mirando atrás, casi desearía haber seguido el consejo de mi madre; piensa en todo lo que habría disfrutado si hubiera sido yo la agasajada.

Además de ser la Princesa Ingenua, también (y por desgracia) se me daba muy bien ser la Fantasma durante mis años de soltería. Como era invisible para mí misma y, aparentemente, para cualquiera que me atrajera, estaba atrapada en un ciclo de perseguir al líder de la banda o ser perseguida por alguien con quien no tenía química alguna; normalmente se llamaba algo como Adam y trabajaba en contabilidad para una de las tres grandes empresas automovilísticas. En cualquier caso, toda esa historia interminable e insatisfactoria era un aburrimiento.

Decidí hacer algo al respecto y dar un giro a mi vida amorosa. «Cuando el alumno está preparado, aparece el maestro», y fue entonces cuando, estando de visita en Los Ángeles, el destino me invitó a una cena en la que conocí a Katherine Woodward Thomas, autora del éxito de ventas *Curso en relaciones: 7 semanas para atraer al amor de tu vida* y la mayor experta de Estados Unidos en atraer a tu alma gemela. Quedé hipnotizada al instante por su inconfundible esencia femenina, y percibí un sabio conocimiento en su alma. Aquella noche me dijo que se acercaba uno de sus talleres y me inscribí de inmediato.

Pasaron unas semanas y allí estaba yo (otra vez) en un acto de desarrollo personal, pero en lugar de sentarme en el fondo de la sala del seminario, esta vez entré en una casa histórica y me senté en círculo en el suelo sobre cojines de gran tamaño, para escribir en mi diario sobre mi futuro príncipe azul estrella del rock que esta renombrada gurú del amor iba a ayudarme a conseguir. Ella entró de forma angelical en la sala e inauguró el evento del fin de semana preguntando: «¿Cuál es vuestro patrón con los hombres?».

¿Cómo? Nunca había pensado que *yo* tuviera un patrón. Sólo pensaba que no encontraba al adecuado, o que tenía que dejar de intentar conocerlo entre bastidores.

Con gran elegancia, Katherine explicó: «Todo el mundo tiene un patrón: "Todo el mundo tiene un patrón". Algunas mujeres van detrás de hombres emocionalmente inaccesibles, casados, narcisistas, obsesionados con su trabajo, o tipos que están destrozados y necesitan ser salvados o arreglados. Otras van detrás de hombres débiles a los que pueden controlar fácilmente».

Pensé profundamente en su pregunta. Reflexionando sobre mi viaje de desarrollo personal hasta el momento y tras tomar conciencia de mi historia con el dinero, no podía creer que estuviera repitiendo el mismo patrón también en *mi historia con los hombres*. ¡La dinámica era casi idéntica! Mi condicionamiento era que creía que los hombres no estaban ahí para mí (igual que el dinero), que no me apoyaban y que nunca me querrían. Tampoco creía que pudiera confiar en que tuvieran en cuenta mis intereses ni que pudiera fiarme de ellos. Lo peor de todo es que, al igual que el dinero, creía que nunca *me* elegirían.

Fue entonces cuando me di cuenta de que mi patrón estaba predispuesto al fracaso. Los músicos mediocres no estaban disponibles para mí ni emocional, ni romántica, ni económicamente, y sin embargo yo *seguía persiguiéndolos*. Al intentar forzar lo que tanto deseaba para que se convirtiera en una relación perfecta, hice que todo girara en torno a ellos, y créeme, ellos también lo hicieron. Iba a sus conciertos, les apoyaba «entre bastidores», creía en ellos y les animaba. Hice de todo. Eso sí que es instinto femenino herido. Yo no recibía nada; toda la feminidad había salido por detrás.

En aquel momento, estaba convencida de que lo había «intentado todo» para atraer mi romance con una estrella del rock. Estaba a punto de renunciar por completo al amor, hasta que un descubrimiento más profundo en el retiro de Katherine, hallado a través de sus profundos métodos, hizo añicos mi ilusión. Me di cuenta de que estaba intentando casarme con quien yo quería ser. Estaba viviendo indirectamente a través de esos artistas, cuando en realidad deseaba ser la estrella del rock en mi propia vida. Quería estar en el escenario (hablando, no cantando… créeme, es mucho mejor así). ¡Quería que mi hombre *viniera a mis conciertos*!

No me extraña que estos pobres tipos se sintieran repelidos. No me gustaban ni estaba ahí para ellos en absoluto, *y ellos lo sentían*. Una vez que dejé de proyectar mis grandes sueños en cualquiera que grabara en el estudio de *8 Millas*, empecé a reescribir mi lista de «cosas imprescindibles» para una relación y creé una nueva visión de lo que mi alma anhelaba en una pareja romántica.

Eximir a la Princesa Ingenua de dar notas sobre mi vida amorosa fue todo un proceso. Al principio, mi lista empezaba con todos los requisitos típicos para el matrimonio. Sin ningún orden en particular, tenía que ser guapo, divertido, digno de confianza y estar emocionalmente disponible; ganarse bien la vida, tratarme bien, no enfadarse por las largas colas del almuerzo y tener una sólida conexión espiritual; debía ser fuerte, inteligente y, en general, un gran hombre. Pero la nueva cualidad número uno era que tenía que «reclamarme». Quería que me persiguiera y me reclamara un Rey. No un héroe, ni un monje, ni un macho, y por favor, universo, no más bufones. Sólo me interesaba conocer a un *Rey*.

Me obsesioné. Estudiar todo lo que cayera en mis manos que me educara sobre cómo es un hombre que encarna este arquetipo masculino empoderado se convirtió en mi afición a tiempo completo. ¿Qué le impulsa? ¿Cómo está conectado? ¿En qué basa sus decisiones? ¿Cuáles son sus deseos? ¿Qué le repele? ¿Cuál es su propósito?

Descubrí que el *Rey* es seguro en su visión, sabe proporcionar y proteger para ser generoso, solidario y dadivoso. Abarca los elementos más gloriosos de todos los rasgos masculinos de los que hablamos en el capítulo 3, así como un sano respeto por los valores femeninos. Leyendo sobre el Rey, comprendí por qué el propósito de lo masculino es estar *al servicio* de lo femenino.

Cuanto más aprendía sobre este arquetipo empoderado, más superficiales me parecían algunos de los requisitos de mi lista de verificación matrimonial. Cuanto más leía sobre la dinámica de las relaciones sanas entre Reyes y Reinas, menos me mostraba como la Princesa Ingenua que me había estado llevando por el mal camino.

Tan sorprendida como me quedé al decir *arrivederci* al requisito de «estrella del rock italiana», me sorprendió mucho más descubrir «que gane más dinero que yo» tampoco era lo que quería en realidad. *¿Qué?* ¿No se suponía que tenía que obsesionarme con casarme con un hombre rico? Esa tal Katherine era *buena*. Fue un momento de revelación que me llegó del cielo.

Descubrí que lo que *era* más importante para mí en mi pareja, y así sigue siendo, es que conozca su visión, sea fiel a su palabra, esté emocionalmente protegido, me aprecie, consiga reservas en la mesa del rincón de restaurantes elegantes, tenga su propia conexión espiritual y disfrute de la vida del mismo modo que yo.

Ésta era mi visión de la relación ideal, en la que me querrían y me apoyarían para sacar adelante mi trabajo a lo grande. Tu visión de la relación ideal puede ser diferente; cada Reina diseña la suya propia. Yo me veía viajando por el mundo con mi alma gemela. Juntos, influiríamos en vidas de todo el mundo y disfrutaríamos de nuestra contribución y éxito.

El Rey y yo

Nunca olvidaré aquel sábado por la mañana. Como acababa de mudarme a California, volé a Detroit por última vez. Había llegado temprano a la Casa de la Comunidad de Birmingham para prepararme para impartir mi primer seminario de la Experiencia Ester sobre la condición de Reina.

Eran las ocho de la mañana. Mientras preparaba la mesa de inscripción, levanté la vista. No esperaba *verle* de pie en la puerta. Allí estaba, el doctor Glenn A. Sisk, un hombre apuesto con chaqueta deportiva y pantalones de vestir.

—Creo que se ha equivocado de sitio –le informé. (Consejo de Reina número uno: nunca le digas eso a un Rey).

Habiendo visto el anuncio de mi evento, procedió a *informarme*:

—No, no me equivoco. Soy un Rey y no he estado con una Reina. Quiero saber cómo funciona esto de ser Reina.

Contundente; sin embargo, me mantuve firme.

—No puede estar aquí. Este evento es sólo para mujeres.

De algún modo, me convenció para que le dejara quedarse.

—De acuerdo –le dije–. Pero tendrá que sentarse al fondo de la sala junto al tipo que graba (que resulta que era mi novio en ese momento) para que no distraiga a las mujeres.

(P. D.: Al parecer, mi novio decidió por su cuenta quedarse durmiendo ese día, así que envió a su ayudante en su lugar).

Cuando entraron las mujeres, había velas y rosas rojas en todas las mesas, además de folletos especiales creados para acompañar el contenido del día. Sin embargo, cualquier cumplido sobre la decoración quedó ahogado entre murmullos que decían: «¿Quién es el hombre tan guapo de la esquina de atrás?».

Estaba muy irritada. Me estaba distrayendo de mi presentación, ¡incluso antes de que empezara!

Decidí ignorar el cuchicheo, entusiasmada por presentar mi material. Al poco tiempo, ya estaba hablando y asesorando, y la sala empezó a abrirse. Aquellas mujeres increíbles estaban dando más sentido a sus propios viajes vitales, tomando conciencia tras conciencia y amando cada segundo de ello.

Cuando llegamos a la parte de la historia de Ester sobre comunicarse como una Reina, una mujer de la primera fila levantó la mano para preguntar sobre un asunto delicado que ella y su marido estaban viviendo. Mientras la guiaba a través del escenario, otra participante exclamó:

—Me gustaría escuchar la perspectiva de un hombre sobre esto.

Esquivé rápidamente ese comentario con reflejos felinos y continué con mi enseñanza hasta que otra mujer hizo la misma petición. Tras fracasar claramente en mi intento de evitar el clamor para que hablara el hombre de la sala, finalmente cedí y pregunté a Glenn si le gustaría compartir alguna palabra de sabiduría desde la perspectiva de un Rey. Se mostró elocuente, a la altura de las circunstancias. Las mujeres se quedaron boquiabiertas, pendientes de cada una de sus palabras. En cuanto terminó, empezaron las súplicas: «¿Hablarás con mi marido?».

Sólo en parte provocada por las interrupciones de este ponente invitado espontáneo, afortunadamente pude permanecer en mi feminidad empoderada, transmitir *mi* contenido y completar la jornada. Cuando las mujeres empezaron a salir por la tarde, encantadas con sus avances, recorrí todas las mesas para recoger mis formularios de evaluación, ¡estaba tan interesada en ver los comentarios!

Fue entonces cuando Glenn se me acercó y me preguntó:

—¿Te gustaría ir a cenar y hacer un «análisis» del evento?

Ya estaba en la pendiente resbaladiza de sentirme molesta e intrigada por él, todo a la vez. Me sentí un poco aturdida y perpleja, pero antes de que pudiera pensármelo mejor me encontré diciendo que sí, y nos pusimos en camino hacia el asador que había al final de la calle.

Aunque, en la medida de mis posibilidades, había estado todo el día en modo Reina, la Princesa Ingenua tomó el control una vez llegamos al restaurante. Aunque mi visión de mi alma gemela real había madurado, aún persistían algunas especificaciones basadas en la fantasía, y él no se ajustaba del todo a ellas. Ese hombre ya había estado casado. ¡Tenía hijos de mi edad! Así que, por mucho que me gustara y buscara atraer a mi alma gemela, según mi mente consciente y «práctica», no era posible que fuera él. Desde el punto de vista de la Princesa Ingenua, *¡no había forma* de que me casara con un quiropráctico rubio y de ojos azules de Michigan!

Durante la mayor parte de la cena, me sentí como si estuviera en mi asiento, viéndolo todo pasar. A él le gusta, pero a la Princesa Ingenua no le gusta. Le dijo allí mismo que le encantaba todo de ella. Ella respondió: «No sabes *nada* de mí». Entonces, en algún momento durante el postre, fui apartada amablemente del modo de observación para recibir un mensaje del universo. Como una persiana enrollable, el velo se levantó y oí: «Es él». Rápidamente levanté la mano, agarré el velo y volví a bajarlo. *Y un cuerno.*

Estaba claro que me perseguía y no quería herir sus sentimientos. Le dije:

—Mira, estoy segura de que hay una gran mujer ahí fuera para ti. Pero acabo de mudarme a la Costa Oeste…

Aquel hombre no aceptaba un no por respuesta. Aún pensando que tenía el control de la situación y, finalmente cediendo para ganar algo de tiempo, le dije:

—Me voy a California por la mañana; antes voy a tener que escribir en mi diario sobre esto, así que no me llames, ya te llamaré yo.

Pensando que los cuatro mil kilómetros eran suficiente distancia, volé de vuelta al Estado Dorado donde me lo estaba pasando en grande organizando mi nueva vida. Allí estaba, recorriendo alegremente los mercados agrícolas, visualizando la llamada de mi alma gemela que, en cualquier momento, llegaría en su yate para invitarme a tomar unas copas al atardecer.

Pasaron unos días y, aunque no vi ningún yate, vi a una señora en una ranchera de 1982 que entraba en mi casa. Salió del coche con un enorme arreglo floral de peonías blancas y, con voz aguda, preguntó:

—¿Eres Gina?

Asentí con la cabeza. Se acercó a mí con aquel impresionante ramo.

—No pierdas la tarjeta –dijo. Volvió a subirse a su coche de reparto y se marchó.

Ahora me contoneaba bajo el peso de aquel ramo de tamaño descomunal, lo dejé en el suelo y abrí la pequeña tarjeta adjunta: «Para una Reina singular y hermosa. Tu querido Rey, Glenn». *Genial.*

Luego abrí el sobre grande. La tarjeta decía: «Paquete Indulgencia Femenina en el Four Seasons», que consistía básicamente en ocho tipos de tratamientos de balneario para todo un día; uno de ellos incluía un baño de leche con pétalos de rosa. Confundida por la multitud de emociones que fluían a través de mí, lo único que recordaba sentir era estar *cabreada*. Le había dicho que primero necesitaba escribir en el diario.

«Bueno, sería muy grosero no coger el teléfono y darle las gracias», razoné conmigo misma. Perpleja, intentando mantenerme firme y averiguar qué haría una Reina, me quedé en blanco. Pasaba del «¡No le pienso llamar!» al «Vale, le llamo».

Finalmente, la Princesa Ingenua cogió el teléfono y espetó:

—*Menuda* forma de conseguir que una chica te llame.

A lo que él respondió tranquilamente:

—¿Quieres cenar conmigo el próximo sábado por la noche en el Four Seasons a las ocho?

Estaba muy confusa. Él está en Detroit. Ese hotel está en California. Espera, ¿va a cruzar el país sólo para cenar *conmigo*? No me lo esperaba en absoluto. Creía que sólo le estaba dando las gracias por las flores y el bono del balneario.

Me temblaba la mano mientras sostenía el teléfono y, antes de que pudiera ordenar mis pensamientos, tartamudeé:

—Claro.

—Vístete de forma apropiada –respondió, y colgó el teléfono.

¿Perdón? ¿Quién es este hombre que cree que puede *decirme* cómo me tengo que vestir? En aquel momento tenía unos doscientos cincuenta dólares en mi cuenta bancaria, y estoy bastante segura de que me gasté doscientos treinta y dos en un vestido para aquella cita. Entré en el vestíbulo del hotel y allí estaba él, erguido y seguro de sí mismo, impecablemente vestido, esperándome. Me acompañó al bar, donde disfrutamos de un Martini antes de sentarnos para nuestra reserva.

Pidió el menú degustación para los dos:

—Así no tenemos que tomar una decisión y podemos pasar el tiempo juntos.

(Sí, estábamos *así* de enamorados, por mucho que yo no quisiera admitirlo). La cena fue más que fabulosa; nos reímos sin parar de hablar, dimos un paseo por la playa y luego volvimos a su *suite,* donde se encendió el fuego en el patio. Una voz dentro de mi cabeza fluctuaba. «Esto es el paraíso». Suspiré. «Esto no está ocurriendo». «Es realmente genial». «Él no es "el plan"». Y así siguió la montaña rusa. Se quedó en la ciudad sólo unos días y luego, *gracias a Dios*, volvió a Michigan.

«¡Uf! Oficialmente, ¡he esquivado esa bala!», me recordó mi Princesa Ingenua, y tuve que volver al serio asunto de llamar a mi alma gemela que se ajustara a la lista de requisitos que tanto me había esforzado en crear, que no incluía divorciados ni códigos postales de Michigan.

El teléfono sonó unos cinco días después.

—He conseguido entradas para Andrea Bocelli, ¿nos vemos en Las Vegas?

¿Quééé? Aquel tipo estaba loco. Con la cabeza diciendo que no y el corazón acelerado, estaba a punto de informarle de que se fuera solo, cuando oí que de mi boca salía *una vez más*:

—Me encantaría.

Nos reservó una cena en un restaurante impresionante antes del espectáculo, y no sé qué me pasa con los restaurantes, pero *el velo volvió a levantarse* y esta vez acepté que realmente era mi alma gemela.

La dinámica del Rey y la Reina

En el momento de escribir este libro, quince años después, esta asociación romántica sigue siendo el área más fácil de mi vida. Lamentablemente, con demasiada frecuencia oigo a la gente decir que «las relaciones son un trabajo duro» y que «hay que sacrificarse» para mantenerlas unidas. Me alegra decir que esa no ha sido mi experiencia cuando el masculino empoderado y el femenino empoderado se ponen a bailar.

Por supuesto, Glenn y yo tenemos nuestros problemas y crecemos a través de ellos sabiendo que las relaciones son como maestras.

He aquí algunos de nuestros valores y directrices para mantener nuestra relación viva y sana y nuestra conexión fuerte y abierta.

Responsabilidad personal

Ninguno de los dos busca que el otro nos «complete», o sea quien nos haga felices. Ambos estamos profundamente comprometidos con la responsabilidad personal sobre nuestros niveles individuales de alegría, nuestras elecciones vitales y sus resultados. Cuando las cosas van bien, y cuando no van tan bien, nuestro compromiso es que cada uno de nosotros es responsable de su parte en cualquier situación. Aunque nuestra responsabilidad sea sólo del cinco por ciento (esto también lo aprendí de Katherine), asumir completamente nuestra parte es la única forma de recibir la lección que el universo tiene para nosotros.

Abordar los problemas en el momento

Cada vez que surge un desencadenante o un problema, lo resolvemos de inmediato, a menudo sin tener en cuenta quién está cerca. No digo que esto sea lo que tengas que hacer tú, pero a nosotros nos funciona. Estamos tan comprometidos a que no haya ningún resentimiento entre nosotros que expresamos nuestros desacuerdos, frustraciones y sentimientos al instante y hasta que se resuelven. Sabiendo que ambos estamos comprometidos con una solución, una confrontación sana nos permite avanzar con rapidez, evitar los comentarios pasivo-agresivos y volver a disfrutar de la compañía del otro.

Reformulaciones ilimitadas

La *reformulación* es otro de nuestros hábitos favoritos, que soluciona los problemas al instante. Cada vez que uno de los dos dice algo hiriente, lo asumimos y pedimos la oportunidad de decirlo de otra manera. Establecimos este hábito al principio de nuestra relación, ¡y nunca falla! Cuando se lo pedimos, el otro debe decir inmediatamente que sí (reglas del juego) y permitirnos reformular lo que hemos dicho utilizando la comunicación consciente.

Funciona así: supongamos que Tom, amigo de la universidad de Glenn, se queda con nosotros dos días, luego quiere quedarse dos semanas, y yo «acepto» para ser amable. Oculto mis sentimientos y se acumula el resentimiento.

Entonces, me enfado y me quejo: «Estoy harta de que tu amigo esté aquí. Es muy pesado. ¡Es un *gorrón*!». Al ver que Glenn empieza a enfadarse por mi exabrupto, doy un paso atrás y digo: «Espera, déjame reformularlo», y él accede a escucharme. «Quiero compartir contigo que dije sí cuando quería decir no. En realidad, no quería que Tom estuviera aquí más que unos días, pero intentaba ser complaciente y no quería decepcionarte. Así que he ido acumulando todo este resentimiento. De lo que me estoy dando cuenta es de que, en el futuro, necesito decir mi verdad y hacer que te parezca bien». Y así, sin más, se descubre el secreto y ambas partes salimos ganando.

Diversión y encanto

Glenn y yo nos regimos por el lema «trabaja mucho, diviértete mucho». Si no tenemos cuidado, trabajar juntos casi todo el día, todos los días, puede hacer que la vida nos parezca aburrida y rutinaria. Por eso *divertirnos* es una prioridad en nuestro matrimonio, es lo que nos empuja a superar la mayor parte del «trabajo duro». ¿Y lo mejor? Lo hacemos casi todos los días, ¡en grandes o pequeñas dosis! De lunes a viernes encontramos oportunidades para cenas improvisadas, conciertos o paseos por la playa con nuestros peludos Lily y Oscar. Los fines de semana pueden incluir escapadas espontáneas, el almuerzo del domingo o masajes en pareja en un balneario cercano.

En cuanto al *encanto*, es como nuestra segunda naturaleza. Nos preocupamos por honrarnos mutuamente y reafirmar nuestro amor de formas atentas y hermosas. Ya sean pequeños regalos espontáneos «porque sí», como flores del mercado o reservas en nuestros restaurantes favoritos, encontramos formas divertidas de mantener la frescura de la vida y seguir sintiendo que estamos saliendo. Siempre me recuerda su amor por mí, y yo le digo a menudo la diferencia que marca en mi vida.

Vencer el aburrimiento

No todo ha sido champán y rosas todo el tiempo. En las épocas difíciles, en las que nos centrábamos más en el trabajo que en nuestra relación, había sin duda una sensación de «dejarse llevar por la rutina» y darnos por sentados el uno al otro.

Es muy importante centrarse en estar «enamorado» y no sólo en amar a tu pareja. Por supuesto, en cualquier relación, sobre todo a largo plazo, es fácil caer en lo segundo. Dar prioridad a la conexión, elevar vuestros niveles de exigencia y no estar dispuestos a hundiros en el estatus de compañeros de piso hará que sigáis compartiendo ostras al atardecer, riendo durante el plato principal y bailando toda la noche.

Proteger nuestro tiempo de juego

Poner límites puede sonar poco sexi, pero en realidad se trata de mantener el espacio para que prosperen el placer, el juego y la intimidad. Por ejemplo, uno de nuestros límites es que estamos muy presentes siendo productivos durante nuestras «horas de trabajo», pero una vez que llegan las seis de la tarde, se cierran los portátiles y hemos terminado. No permitimos discusiones profesionales durante «nuestro tiempo».

Así nos aseguramos de estar conectados como una pareja enamorada, no sólo como compañeros de negocios, ¡lo cual puede pasar fácilmente incluso a parejas que *no* trabajan juntas! Si nuestro amor no se nutre de tiempo y conexión de calidad, dos almas gemelas pueden convertirse en compañeros de piso platónicos cuyos principales puntos de interacción son tan excitantes como pedirle al otro que friegue los platos.

Otro límite importante que recomiendo a mis clientas es: «No hagas de tu hombre tu diario». Sí, él está ahí para ti emocionalmente y puede ser una gran caja de resonancia; sin embargo, si la mayoría de vuestras interacciones consisten en desahogaros y procesar vuestras emociones, eso puede ejercer una enorme tensión en vuestra relación, enturbiando vuestra dinámica y adormeciendo las vibraciones.

Magnetismo sexual

Estamos de acuerdo en que ninguno de los dos está dispuesto a *no* tener buen sexo a menudo. Es muy raro que uno de los dos esté interesado y el otro «no esté de humor». Como damos prioridad a nuestra relación, dedicamos tiempo a estar presentes juntos y nos permitimos encarnar nuestros papeles de Reina y Rey, aportando a la relación un equilibrio vivo de masculinidad empoderada y feminidad empoderada; la energía entre nosotros se magnetiza constantemente. Tener una vida sexual saludable es un elemento esencial para cualquier persona de éxito, especialmente para los Reyes y las Reinas. En ese espacio de amor total, intimidad, confianza y juego, la expresión sexual es una hermosa dinámica entre nosotros.

Éstos son sólo algunos de los muchos valores conforme a los cuales Glenn y yo vivimos nuestro matrimonio, pero tu relación no tiene por qué parecerse a la mía. Como Reina consciente, ahora tienes la gloriosa oportunidad de reescribir las reglas de tu relación y cocrear algo verdaderamente satisfactorio para ti y tu pareja. Tanto si tu relación se encuentra permanentemente en el séptimo cielo como si ha caído en un bache de *statu quo*, te invito a que escribas algunos de tus nuevos valores de Reina y reglas para el romance. ¡Brindo por ti y por tu amado!

Para las Reinas solteras en busca del amor

Tu verdadera alma gemela existe. El proceso de aclarar lo que te importa en una relación no tiene por qué llevarte tanto tiempo como me llevó a mí. Cada mujer puede crear de forma consciente su propia lista de lo que es importante para ella. Se trata de que seas realista contigo misma. ¿Qué se siente al estar con tu alma gemela? ¿Cómo deseas que te traten? ¿Cómo pasáis el tiempo juntos tú y tu futura pareja? ¿Qué valores tenéis en común? Invoca a tu Reina interior y escribe tu nueva visión de la relación con el mayor detalle posible.

Sé la mujer que encaja a la perfección con la pareja que buscas. Después de tener clara la visión de tu relación soñada, cultiva la *certeza* y entrena tu cerebro para que esté abierto al amor.

El romance real

Cuanto más adquieras la categoría de Reina en todos los ámbitos de tu vida, más abierta estarás a recibir el amor romántico y de confianza que deseas. Las mujeres somos las guardianas de las relaciones, y ya no necesitamos subsistir con migajas de amor como tampoco necesitamos que nos mantengan. Tenemos la certeza de que el universo alberga todas las posibilidades para nuestro yo más elevado, incluidas nuestras parejas románticas más fabulosas y satisfactorias.

Una relación de almas gemelas es cautivadora y también puede ser fácil. Eso no quiere decir que no vaya a haber discusiones o broncas, pero ahora ya sabes cómo manejar estas dinámicas de un modo que potenciará el propósito de tu vida mucho más que distraerte de él. Recuerda, lo masculino fue diseñado para estar *al servicio* de lo femenino. Deja que tu romance real sea un reflejo de tu vida épica.

19
El nuevo estilo de liderazgo femenino

Todas las mujeres son líderes. Tanto si te diriges a ti misma, a tu familia, tu comunidad, tu departamento, una gran empresa, un grupo de *Girl Scouts,* un club de lectura o una nación, tienes un papel de liderazgo que sólo *tú* puedes desempeñar. La gente te admira, te des cuenta o no.

Tú, querida, tienes una responsabilidad que cumplir, ¡así que hagamos que sea el viaje más emocionante de tu vida! Para que esto ocurra, culturalmente tenemos mucho trabajo que hacer porque no se ha enseñado a suficientes mujeres a verse a sí mismas como líderes. Puesto que se nos ha educado para seguir las indicaciones de los hombres, el liderazgo masculino, con sus puntos fuertes y débiles, es lo que se nos ha dado como modelo predominante. A través de este condicionamiento, nos hemos acostumbrado a un estilo en el que todo es blanco o negro, lógico y lineal, y sin emociones. Piensa en el clásico: «Gracias por tus años de servicio, pero debido a los necesarios recortes presupuestarios, tu puesto ya no es necesario. Hoy es tu último día». ¡Qué dolor! Para empeorar las cosas, el lado más oscuro del liderazgo masculino utiliza el miedo, la dominación, la opresión y el castigo para obligar a la gente a someterse: «¿Cómo has podido fastidiar las cosas con nuestro cliente más importante? Se acabó, estás fuera de este proyecto».

Durante cientos de años, este tipo de liderazgo se consideró la única forma «fuerte» y «eficaz» de hacer las cosas. En el proceso, al igual que las mujeres femeninas, el liderazgo femenino empoderado se hizo invisible, dejándonos con preguntas como: «¿Cómo es ese liderazgo? ¿Cómo lo hago?». También preguntándonos: «¿Estoy siendo demasiado pusilánime? ¿Demasiado rígida? ¿Está bien tener un alto nivel de exigencia? ¿Cómo puedo decir que no y que no renuncien? ¿Cómo puedo motivar a la gente para que dé lo mejor de sí misma sin ser demasiado prepotente?».

Como mujer emprendedora, he tenido que desempeñar multitud de funciones de liderazgo, y después de cometer casi todos los errores del libro, creo que por fin he resuelto el misterio de cómo es realmente el liderazgo femenino y cómo puede lograrse. Es para mí un gran honor compartir contigo en este capítulo las lecciones humildes, dignas de una comedia y, en última instancia, fortalecedoras que he aprendido. Depende de las Reinas redefinir juntas lo que significa para una mujer ser influyente y poderosa.

Un nuevo estilo

Aproximadamente una década después de hacer crecer mi empresa de empoderamiento de la mujer, seguía buscando ese momento ideal de alianza en lo que respecta al liderazgo. En aquel momento, estaba ocupada con numerosos proyectos, programas y mi revista de lujo en línea, que me entusiasmaba profundamente. Tenía una apretada agenda de viajes y cientos de nuevos miembros inscritos en mis cursos que necesitaban mucha atención. Para apoyar nuestra expansión, contraté a dos nuevos miembros del equipo de alto nivel, lo que también significaba asumir la responsabilidad de dos salarios importantes.

Aunque al principio noté varias señales de alarma, las ignoré, esperando lo mejor y atribuyendo mi malestar a su falta de experiencia. Además, necesitaba ayuda y no tenía tiempo para empezar de nuevo el proceso de contratación y formación. Consejo de Reina: ésta *nunca* es una buena razón para retener a nadie en tu vida, y mucho menos a un miembro del equipo.

Tenía que salir de la ciudad para una sesión de fotos para una revista. Había pedido que, mientras estaba fuera, mis nuevas líderes crearan una formación para ayudar a mis clientas a utilizar un *marketing* eficaz para hacer crecer sus empresas emergentes. Me entusiasmaba ver qué tipo de creatividad fluía a través de ellas. Cuando volví a casa, pedí que me enseñaran lo que habían creado. Me dirigieron a un vídeo de iPhone que habían grabado para el grupo de Facebook de mi programa.

Para mi completo asombro, vi a estas dos colaboradoras de «alto nivel» que había contratado para representar la marca de lujo Divine Living como nunca las había visto antes. Una llevaba un sujetador negro con una diminuta camiseta blanca de tirantes y unas mallas multicolores, haciéndose una coleta en la parte superior de la cabeza y *haciendo girar un aro de hula-hula*. Estoy segura de que también mascaba chicle de forma visible y audible. La otra, mientras tanto, estaba en primer plano, grabándolas en modo *selfie*.

Esperando que se tratara de un borrador y no se hubiera publicado en directo en el grupo, pregunté qué estaba pasando. Compartieron su idea de que era una forma estupenda de mostrar a nuestras clientas, *que habían pagado cinco cifras* por estar en el programa de alto nivel, cómo destacar en Internet y llamar la atención para que pudieran atraer a sus propios clientes. Así que siguieron adelante y lo publicaron en el grupo con total confianza.

Me hervía la sangre y me salía humo por las orejas, haciendo saltar todas las alarmas de mi palpitante corazón, y no había suficientes aspersores contra incendios en toda California para apagar mi ira. ¡Esto es una *locura*! ¿En qué demonios estaban pensando? Había trabajado con una de las mejores agencias de publicidad de Nueva York, invirtiendo grandes sumas para establecer nuestra estética en la red. Mis clientas también habían invertido para estar en este programa y confiaban en mí para ofrecer un nivel de primera clase. En ese momento, Miranda de *El diablo viste de Prada* no tenía nada que envidiar a esta asesina siciliana.

Llega la Diva Dictadora

La *Diva Dictadora* que llevo dentro se ha apoderado de la situación. Es el arquetipo que dirige con miedo, haciendo que nos impongamos a los demás para dominar y asustar a la gente hasta la sumisión, dañando de forma innecesaria la confianza de todos. De un modo erróneo, la Diva Dictadora nos convence de que la única forma de «motivar» a las personas y conseguir que hagan lo que ella quiere es señalarles el enorme error de sus formas de actuar. Es una estrategia habitual que nos ha sido mostrada en el legado opresivo del liderazgo masculino. Puede resultar un poco más difícil aceptarlo o incluso darse cuenta de ello cuando *somos nosotras las que nos comunicamos de este modo*. Nuestra verdadera naturaleza no es ser dictadoras. Sin embargo, así es como podemos aparecer en el mundo si hemos recibido una programación falsa sobre el poder.

Por ejemplo, si tuviste un padre (o cualquier otro adulto en tu vida) que mandaba de forma estricta con la rigidez, la crítica y el castigo severo de un dictador, aprendiste que no hay lugar para la alianza. O todos obedecían por miedo a ir en contra de lo que él decía, o se resistían, contestaban, se rebelaban y hacían exactamente lo contrario de lo que él exigía.

Si todo el mundo tiene el mismo sistema operativo básico de querer amar y ser amado, ¿cómo se convierte uno en dictador? Las personas que crecen en este entorno de castigo consideran que reprender a la gente es normal, puesto que para ellas lo era. Es una explicación, no una justificación, de un comportamiento degradante. Tras escuchar miles de historias de clientas relacionadas con este tipo de programación, me he dado cuenta de que, irónicamente, muchos de estos dictadores estaban expresando, de forma retorcida, su lenguaje afectuoso.

Los padres Dictadores suelen estar tan empeñados en que sus hijos sean buenos ciudadanos y lo hagan «bien» que creen que les hacen un favor inculcándoles normas estrictas y un agudo sentido del bien y del mal. Obviamente, lo que sabemos sobre el condicionamiento es que esta falsa programación se transmite de una generación a otra.

Sé que ese fue mi caso. Durante mi infancia, los ancianos de la iglesia crearon una mentalidad según la cual todo lo que hacías era bueno o malo, correcto o incorrecto, siendo esto último un «pecado». Así que cuando me hice adulta, en mi exceso de celo por querer ofrecer lo mejor a mis clientas, pensé que estaba siendo responsable al poner el listón alto y asegurarme de que se cumplían las expectativas. Pensaba que eso era lo que hacían los «líderes». En mi fuero interno, creía que las personas rendirían mejor si sus errores tenían consecuencias y que eso les ayudaría a hacerlo bien en el futuro. ¿Te lo imaginas?

Lamentablemente, como en aquella época de mi carrera la Diva Dictadora tenía el micrófono, llamé a todo el mundo a la sala de juntas e interpreté perfectamente el papel de figura de autoridad castigadora. Les hice saber lo inapropiado y ajeno a la marca que era su vídeo, que daba ejemplo a mis clientas de cómo ser «horteras y excéntricas» en lugar de dedicarse a cualquier forma del *marketing* significativo o elegante que representaba nuestra empresa.

Si te preguntas por qué no fui más específica y pedí lo que quería en el futuro o directamente las despedí, es porque no he compartido contigo la oscilación del péndulo que sufrí, estrellándome contra la Víctima.

El velo de la Víctima

Al no ver que una Reina siempre tiene elección, dejé que la situación me victimizara. Después de reflexionar (y de recibir mucho asesoramiento de mis propios mentores), la única razón por la que me convertí en la Diva Dictadora fue que a mi víctima interior ni siquiera se le había ocurrido que podía dejar marchar a los miembros de mi equipo que no rendían lo suficiente. Estaba tan enfadada por estar pagando a personas que estaban tan alejadas de mi marca, que inconscientemente sentía que tenía que quedarme con ellas.

Cuando la *Víctima* corre su velo, no vemos que tengamos opciones o el poder de crear una solución. Al sentirnos estancadas, recurrimos al miedo, sin ver cómo establecer los sistemas y límites adecuados para protegernos. Los desafortunados patrones siguen repitiéndose, lo que constituye la máxima profecía autocumplida.

Esta vez, estaba tan aburrida de este tema recurrente en mí, que ni siquiera me atrevía a llamar y quejarme *otra vez* a otra amiga sobre mis ineptos «dramas de equipo». Así que me senté, recé y pedí un milagro. Pedí que se me mostrara la solución. Ya no necesitaba tener razón y ni siquiera me importaba lo que era justo; sólo quería salir de este doloroso y costoso patrón.

Cuando te vuelves humilde, el espíritu te proporciona la verdad. Una vez que estuve dispuesta a ver mi parte, el espíritu me reveló aquello a lo que antes estaba bloqueada, y aunque no fue un trago fácil, fue liberador a un nivel que nunca imaginé. El espíritu me mostró que estaba siendo una Dictadora y una Víctima. Me sentía mortificada: «¡Gina! Se supone que eres la "líder" de una empresa de empoderamiento femenino que enseña principios espirituales, ¿y *así* es como hablas a la gente?». Lo último que quería era que me vieran como una jefa malvada y opresiva.

En mi vergüenza y humillación, hice el clásico movimiento pendular de resistencia (Dictadora) a obediencia (Víctima). Declaré que nunca volvería a tachar a un miembro del equipo de «malo» por sus decisiones; pasara lo que pasara. Se desató una batalla campal en toda la empresa. Si alguien llegaba tarde, mi respuesta era: «¡Me alegro de verte! Gracias por venir hoy a trabajar. El tráfico ha debido de ser brutal, ¡lo siento!». El trabajo descuidado se elogiaba con: «¡Tiene una pinta fabulosa!». ¿Faltas de ortografía por todas partes? «Oye, nadie es perfecto, todo el mundo tiene un día malo. Deja que me ocupe de eso por ti».

Glenn me miraba atónito y me decía que tenía que poner límites y hablar claro. Me aterrorizaba no hacerlo bien. Mi instinto femenino herido tenía mis sentidos disparados por todas partes. Cuando era apropiado poner un límite, lo dejaba pasar, y cuando era más estricta, necesitaba ser más comprensiva.

Este círculo vicioso era frustrante para todos. Deseaba profundamente crear una cultura empresarial próspera, pero nada de lo que hacía era correcto. Un liderazgo eficaz en el que todos pudieran brillar parecía muy difícil de alcanzar, y todos los libros sobre el tema eran tan sumamente sosos y aburridos que me estaba acercando peligrosamente a cerrar mi empresa y optar por mi plan de escape y trabajar como camarera en Chipre.

Cómo lideran las Reinas

Es de esperar que las futuras generaciones de mujeres puedan ahorrarse unas cuantas canas en esto. La condición de Reina te libera del equilibrio entre la obediencia (Víctima) y la resistencia (Dictadora) en todos los ámbitos de la vida, desde el dormitorio hasta la sala de juntas o el podio presidencial. Mientras que el liderazgo masculino gira en torno al *Yo* del dictador, el liderazgo femenino gira en torno al *Nosotras*.

Una Reina se tiene en cuenta a sí misma *y* a los demás, así como a la totalidad. No descarta sus propias preferencias o expectativas por miedo a disgustar a los implicados. Tampoco lidera desde un lugar de «o se hace a mi manera o ahí está la puerta». En última instancia, este modelo de liderazgo consciente consiste en cuidar de quienquiera que esté a tu cargo: tus hijos, tu equipo, el grupo de amigas de tu hija, tu club de *bridge y* tú misma.

Al asumir el liderazgo femenino en mi empresa, me di cuenta de que tenía que asumir la responsabilidad de asegurarme de que mis propias expectativas eran claras y de que existían sistemas para ayudar a los miembros de mi equipo a hacer su trabajo lo mejor posible. Al recordar la debacle del *hula-hula,* comprendo que los miembros de mi equipo sólo hicieron lo que les pareció más oportuno. De todas formas, ¿cómo tenían acceso a publicar en el grupo de Facebook para clientas? No era su trabajo establecer un sistema en el que otros miembros del equipo con más experiencia pudieran aprobar su trabajo; era el mío.

Esto es aplicable a la familia o a cualquier grupo de personas. Como Reinas a cargo de nuestra propia experiencia, tenemos nuestras preferencias, y no hay nada «bueno» o «malo» en ellas. Tuve que aceptar mis propias expectativas sobre cómo me gustaría que se presentara mi marca y que funcionara mi empresa, sabiendo que esas normas serían atractivas para algunos y repulsivas para otros. En alianza, conseguí centrarme en aquellos para quienes mis preferencias encajaban de forma energética (y mejoré a la hora de detectar para quienes no encajaban).

Liderazgo intuitivo

Una líder femenina escucha a su intuición por encima de todo, ya que le permite discernir con rapidez y emitir juicios excelentes. Como Reinas, desarrollamos esta profunda confianza interior planteando preguntas al espíritu con regularidad, reflexionando sobre el resultado de seguir su guía, conociéndonos a nosotras mismas y estando en sintonía con nuestro cuerpo. El tiempo que invertimos en nuestra práctica espiritual y en los rituales femeninos puede ahorrarnos días, si no años, que de otro modo perderíamos en pensar demasiado, en la invisibilidad o en hablar de formas de las que nos arrepentiremos.

Conociendo el enorme poder de esta práctica, ahora incluso entreno a los miembros de mi equipo para que confíen también en su intuición. Por ejemplo, una vez mi fabulosa gestora de comunidades aprobó una publicación de una clienta en nuestro grupo de Facebook que no se ajustaba del todo a nuestras directrices. Afortunadamente, en ese momento yo ya me había aliado con mi estilo de liderazgo y no me había dejado llevar por el error. Supuse lo mejor, recordando que ella no intentaba hacer otra cosa que un buen trabajo. Así que me dirigí a ella con la mente abierta y le pregunté:

—Por curiosidad, ¿por qué has aprobado esta publicación?

—Estaba trabajando demasiado deprisa, y supongo que pensé que era inofensiva –respondió.

Fui más allá.

—¿Hubo algo en tu intuición que te indicara en algún momento que no era una publicación que debiera ser aprobada?

—Es curioso que lo menciones… –dijo–, mi intuición me alertó de que no era apropiada, pero luego me convencí a mí misma de que no era así y se me ocurrió una razón lógica por la que debía seguir adelante y aprobar esa publicación.

Afirmé que su intuición estaba en lo cierto. Tiene la capacidad de discernir cuando algo no va bien. Se marchó sintiéndose fortalecida en lugar de mal y se permitió tomar mejores decisiones en el futuro, basadas en la intuición. De hecho, ¡ahora está formando a nuevos miembros del equipo para que confíen también en su intuición! ¡Así es como funciona el verdadero liderazgo femenino!

Cuando el liderazgo es algo fabuloso

Saber quién eres como líder

Las Reinas tienen claro lo que valoran, defienden y desean. Gran parte de mi lucha se debió a que no era consciente de lo que estaba creando.

No había visualizado ni establecido intenciones sobre cómo sería la dinámica de mi equipo ideal, sino que me lo iba inventando sobre la marcha.

Por esencial que sea, la visión es uno de los elementos del liderazgo al que veo que las mujeres dedican *menos* tiempo. Estamos tan centradas en mantener el ritmo, tachar cosas de la lista de tareas pendientes y en hacer, hacer y hacer, que no nos detenemos a comprobar lo que estamos creando y si coincide con el nivel de experiencia vital que deseamos.

Crear intenciones conscientes te capacita para liderar de un modo que refleje tu personalidad. Como ahora tengo claro que gran parte de mi sistema de valores personales está vinculado al estilo de vida y a la forma de vivir, una de las formas en que abordo las nuevas contrataciones es: «¿Me gustaría cenar con esta persona?». Sí, deben tener todas las habilidades sólidas para el puesto, y organizar fabulosas cenas de equipo es una gran preferencia personal mía, así que me doy permiso para dirigir teniendo en cuenta ese valor.

Tu visión no se parece (y probablemente no se parecerá) en nada a la mía, y eso está perfectamente bien. Lo más importante es que la crees de forma consciente y te mantengas fiel a ella. Cuanto más visible seas a la hora de vivir tu visión, más gravitarán hacia ti las personas adecuadas de forma natural.

Cuenta con el apoyo necesario para hacer realidad tu visión

Las mujeres bienintencionadas y trabajadoras pueden hacer el trabajo de clarificar su visión. Podemos tenerlo todo escrito al detalle y crear elaborados tableros de Pinterest llenos de imágenes. Con demasiada frecuencia, la única razón por la que no alcanzamos el nivel de liderazgo del que somos capaces es que nuestro modo por defecto es: «Tengo que hacerlo todo yo». Es sólo una forma más de impedirnos recibir. En este caso, de *recibir* apoyo.

Los líderes delegan tanto como pueden y tan rápido como pueden

Cuando aprendí esta verdad, adquirí el hábito de preguntar: «¿Quién más puede hacer esto?». Incluso añadí una nota adhesiva en la parte superior de mi ordenador con esa pregunta para convertir este nuevo lema en un hábito natural. Al adoptar esta nueva mentalidad, dejé de estar disponible para una serie de tareas que, en primer lugar, me di cuenta de que no tenía sentido que hiciera. Dejé de estar «disponible» para limpiar la casa, llevar el coche al túnel de lavado, realizar ciertas tareas administrativas de mi empresa y hacer recados innecesarios que me quitaban horas al día; no porque esté por encima de hacer todo eso, sino porque sabía que, para crecer como líder, tendría que dominar el arte de delegar.

Para empezar, contratar a una asistenta una vez al mes fue un gran paso. Inmediatamente empecé a ver los beneficios de cómo me liberaba *y* a la vez ayudaba a la persona que buscaba ingresos. Independientemente de que nuestros sueños y proyectos sean grandes o pequeños, toda líder femenina merece estar bien respaldada. Para una mujer, tal vez se trate de ayuda en casa o con los niños para liberar tiempo para perseguir su visión. Para otra mujer, tal vez sea gastar diez dólares más para que le lleven la compra o le hagan la colada, de modo que pueda dedicar tiempo a una rutina de ejercicio físico. Para otra mujer, puede ser tan sencillo como pedir a su novio o marido que haga una reserva para cenar y ponga gasolina en el coche.

A las muchas mujeres que siguen aferrándose al concepto de que pueden «arreglárselas solas», quisiera recordarles que no conozco a ninguna mujer de éxito que *no* reciba apoyo de una forma u otra. Depende de Reinas como nosotras transformar la mentalidad de pensar que no podemos delegar, que tenemos que cambiar todos los pañales, corregir todas las erratas y dedicar cantidades interminables de tiempo a buscar la mejor oferta. Es hora de dejar de hacer trabajo innecesario y aprender a delegar para poder centrarnos de verdad en vivir el propósito de nuestra vida.

Sé compasiva, pero sin pedir disculpas

Asumir la responsabilidad de ser la líder significa que puedes diseñar la experiencia en torno a tus preferencias y los límites que te ayuden a hacer tu mejor trabajo.

Las mujeres a menudo temen que poner normas sea un comportamiento de Diva, aunque en realidad la mayoría de las personas anhelan expectativas claramente definidas para poder saber con confianza cómo hacer también su mejor trabajo. ¡Es el contenedor masculino el que permite a la parte femenina ser creativa, divertida y juguetona!

Una directriz clara que tengo para mi equipo remoto es estar disponible para trabajar de lunes a viernes, de nueve de la mañana a seis de la tarde. Aunque tienen flexibilidad en determinados proyectos, hemos descubierto que, para que nosotros como equipo seamos más productivos, estar localizables durante esas horas es lo mejor. Dicho esto, no dicto cada momento ni controlo cada hora; dejo que usen su propia intuición (ahora muy bien entrenada) para decidir cuándo es apropiado que disfruten de un almuerzo más largo o que trabajen de ocho de la mañana a cinco de la tarde, por ejemplo. Esta estructura les gusta y les permite enmarcar sus proyectos y planificar sus días en consecuencia.

Crea una cultura orientada al éxito

Como líder femenina, debes marcar la pauta y establecer una cultura. Una cultura proporciona el entorno que te ayuda a ti (y a los que diriges) a funcionar. Tanto si se trata de una cultura para tu hogar, familia, carrera, equipo o círculo de amigos, tú puedes diseñar cómo sería lo ideal para ti. ¿En qué crees? ¿Cuál es la misión? ¿En qué principios te basas? ¿Cuáles son tus aspectos no negociables y tus expectativas? ¿Rituales? ¿Estilos de comunicación? ¿Ética? ¿Cómo preparas a todos para el éxito, de modo que el grupo pueda prosperar constantemente?

Imaginar y compartir la cultura invita a los demás a aprenderla, adaptarla y vivir de acuerdo con ella. La intención y la energía van donde hay un propósito. Naturalmente, todo el mundo está conectado para querer «encajar». Una vez que todos tienen unas directrices claras y establecidas, es *mucho* más fácil que todos encajen y prosperen.

En mi empresa, deseaba crear una cultura en la que todo el mundo se sintiera capacitado y en la que los empleados «de primera» y los emprendedores se esforzaran por crecer. No quería crear una cultura que dependiera de que yo fuera la Dictadora o la que tirara constantemente de todos. Sabía que eso no ocurriría si alguien temía hacer algo mal, meterse en problemas, quedar como una tonta o incluso decepcionarme a mí o al equipo.

Así que, en Divine Living, establecimos una cultura de empresa en la que seguimos principios femeninos. Eso significa que cuando algo falla o cuando se cometen errores y equivocaciones, la única reacción que solemos tener es: «*¡Genial!* ¡Qué gran oportunidad de aprendizaje! ¡Estamos agradecidas de que el universo nos haya mostrado cómo podemos mejorar este sistema para hacerlo mejor la próxima vez y crecer!».

Así es cómo preparamos a todo el mundo para el éxito.

Pon el listón muy alto, para ti misma y para los demás

Las Reinas son muy exigentes. Esperan lo mejor de todos los que las rodean (pareja, estudiantes, hijos, mascotas, compañeros de trabajo y amigos incluidos).

Ponen sus expectativas muy altas y también demuestran la valentía de enfrentarse a ellas cuando no se cumplen. Por ejemplo, digamos que tu marido, hijo, miembro del equipo o familiar, no se ha comportado de la forma que tú preferías. Tú, como Reina, comunicas tus expectativas de forma cariñosa, directa y sin disculparte. Para el miembro del equipo que se ha acomodado un poco en su puesto y está bajando de nivel, podría ser algo así: «Me he dado cuenta de que éste no ha sido el trabajo magnífico que estoy acostumbrada a ver en ti, y agradecería que aportaras más factor sorpresa antes de presentármelo». O digamos que tienes mayores expectativas sobre lo agradable que debe ser hablar con tu madre. Puedes hacérselo saber: «Mamá, sé que me quieres y aprecio tu preocupación por mi matrimonio, pero no disfruto con la dinámica de que saques este tema a menos que yo lo haya iniciado primero. Si quiero hablar contigo de ello, lo mencionaré».

Cuando liderar con amor es la nueva normalidad

Tus compañeras Reinas te están reclutando para este nuevo estilo de liderazgo. El anticuado modelo masculino que excluye nuestros valores femeninos ya no funciona. Las líderes femeninas tienen una oportunidad importante y fabulosa de mostrar a los demás, a menudo por primera vez, cómo es liderar con amor, comunicar con compasión, pero sin pedir disculpas, y crear ganancias de forma habitual. Como Reinas, tenemos la audacia de ponernos a nosotras mismas en primer lugar, al tiempo que creamos los mejores resultados posibles para todos los que nos rodean. Depende de nosotras ejemplificar lo que significa decir no a estar «ocupadas» y decir sí a tener éxito de verdad. Cada vez que nos damos permiso para poner un límite, establecer una expectativa más alta y contratar a alguien que recoja a los niños los miércoles, se hace más fácil para nosotras y para la próxima generación de mujeres conseguir una nueva y espectacular normalidad en el estilo de liderazgo. Ha llegado tu invitación para liderar a la manera femenina.

20
Por fin famosa

Desde que tenía ocho años, *Fama* era mi programa de televisión favorito y mi razón de vivir los jueves por la noche. Veía a Debbie Allen en el papel de Lydia, la profesora de *ballet* con expectativas al más alto nivel vestida con sus leotardos y calentadores. Mientras golpeaba la pista de baile con su bastón de madera, su mensaje intimidaba tanto como inspiraba: «Tenéis grandes sueños. Queréis la fama. Pero la fama *cuesta*... y aquí es donde empezaréis a pagar: ¡con sudor!». Con esas palabras, ponía en marcha el programa y despertaba mis aspiraciones. Al instante, me veía reflejada en aquellos artistas. El hecho de que yo nunca deseara ser bailarina profesional no importaba, compartíamos puntos en común: todos queríamos ser *famosos*.

Yo me preparaba para ello, dando vueltas con mi tutú naranja con lentejuelas plateadas, actuando en todas las obras del colegio en las que me dejaban participar, y presentándome incansablemente a las audiciones para ser solista del coro (cosa que, como ya hemos comentado, nunca ocurrió). No importaba cuántas veces me rechazaran para un papel protagonista, la niña que llevaba dentro seguía teniendo la certeza y la ilusión de que, cuando fuera mayor, llegaría a ser el centro de atención.

Y entonces creció. Se convirtió en una adulta que circulaba por los ámbitos espiritual y del desarrollo personal, donde decir en voz alta que una deseaba la fama conduciría rápidamente al exilio y, sin embargo, como he observado tras veinte años de trabajo con todo tipo de mujeres de carrera, no conozco a *ninguna* que no ansíe a lo grande cualquiera que sea su versión de la fama (aunque estoy segura de que a casi nadie le importa que le acosen los *paparazzi* o que su atuendo para ir al supermercado aparezca en la revista *People*). La Señorita Perfecta se enorgullece de proclamar: «Busco contribuir y marcar una gran diferencia en el mundo», pero bajo ninguna circunstancia se dará permiso para desear la fama, y mucho menos para decirlo en voz alta, aunque ambas cosas sean igualmente ciertas.

Así que aclaremos esto: casi todas las mujeres desean *su* concepto de fama, pero nadie puede admitirlo con seguridad. Esto no quiere decir que quieras hacer una prueba para ser la sexta de las hermanas Kardashian. Para las mujeres espirituales motivadas como nosotras, estar ilusionadas con la fama se debe a que estamos entusiasmadas con el crecimiento y la contribución. Mucha gente tiene mucho que ganar al limitar ese crecimiento, manteniendo a las mujeres a raya y asegurándose de que sus vidas sigan siendo pequeñas y predecibles.

En el núcleo de esta cultura basada en el miedo está nuestro condicionamiento a creer que «más para mí equivale a menos para los demás». Esto no sólo es un mito cuando se trata de dinero, sino que también es falso cuando se trata de *atención*.

Los deseos nunca mueren

Por mucho que lo intentemos, negar lo que es natural e intentar controlar nuestros instintos no acabará con nuestros deseos originales. Como el agua, siempre encuentran la salida, aunque de forma distorsionada. Lo vemos en las mujeres todo el tiempo, cuando la Mártir ha hecho pedazos su autorización para ser la estrella (recuerda que la Mártir es el arquetipo que se pasa la vida renunciando a lo que quiere, llevando su sacrificio como una insignia de honor). Sin embargo, prohibirse a sí misma ser el centro de atención no eliminará el poder de estrella de una mujer, sólo distorsionará su brillo para que parezca estar necesitada y llamar la atención.

Esto le ocurrió recientemente a mi clienta Verónica. En una llamada de mentoría, me habló de un viejo patrón en el que había vuelto a caer durante un glamuroso viaje a Las Vegas con su marido y su grupo de amigos.

—Me encontré actuando como una idiota –me contó–. Sé que soy inteligente y que tengo éxito, probablemente más que algunos de los hombres que viajaron con nosotros. Sin embargo, allí estábamos con nuestros amigos de la universidad, viendo el espectáculo coreografiado de agua y luces en el exterior del Bellagio, y de repente aparecí como una mujer trofeo.

Verónica, que era joven, rubia y guapa, me dijo que en el instituto y en la universidad sentía que ser una «mujer trofeo» era lo que se esperaba de ella.

—Sentía que eso era lo que la gente quería de mí, así que lo potencié. Es frustrante porque he hecho mucho trabajo de desarrollo personal al respecto. Y entonces, durante setenta y dos horas en Las Vegas, me desprendí completamente de mi poder.

—¿Qué conseguiste con ello? –le pregunté.

—Atención –respondió con franqueza.

—¿Y así es como estás acostumbrada a llamar la atención? –pregunté para confirmarlo.

—Sí –admitió, avergonzada.

Sabiendo que esto no era propio de Verónica, continué.

—Veámoslo desde un ángulo compasivo. ¿Por qué buscabas llamar la atención de esos hombres?

—Vaya, eso suena horrible.

Qué valiente fue al mostrarse tan vulnerable y transparente delante de nuestro grupo de *coaching*.

—Supongo que simplemente me gusta la validación y la seguridad, tanto de hombres como de mujeres. Simplemente me gusta la atención.

—De acuerdo. ¿Puedes darte permiso para disfrutar de la atención?

—Sí, puedo, pero quiero que la atención venga de forma natural por ser quien soy de forma auténtica. No quiero tener que jugar a ser tonta para captarla.

Verónica, como podemos ver, al igual que muchas mujeres, disfruta recibiendo atención de los demás; es algo perfectamente natural. Sin embargo, temía el grave estigma social de ser vista como la mujer que «quiere llamar la atención», así que lo hacía «a escondidas», en total resistencia, acaparando la atención, como una niña pequeña que come una galleta a escondidas antes de cenar. Si se le diera permiso, la niña podría darse cuenta de que ni siquiera la quería, pero como sabía que estaba estrictamente prohibido, cayó en el juego.

Compartí esta analogía con Verónica, y continué:

—Por lo que he aprendido estando a tu lado, creo que para ti ni siquiera se trata de llamar la atención. Creo que estás en un punto de tu viaje en el que, como mujer joven, madre y esposa, es hora de que te alíes y te concedas permiso para ser la estrella de tu vida. El propósito de una estrella es emitir luz y calor mientras deslumbra y brilla. Hay pasión en ella. Es muy generosa.

—Eso hace que mi corazón se acelere un poco –respondió Verónica, comprendiendo por primera vez que su deseo de atención tenía que ver con la plena autoexpresión, el crecimiento, la diversión y la contribución.

En ese momento, tomó la audaz decisión de mostrarse como la superestrella que es, dándose carta blanca para brillar y compartir su personalidad, pasión, entusiasmo, feminidad y estilo, y recibir a cambio atención y reconocimiento.

La bendición de la fama

La era de las mujeres invisibles ha terminado de forma oficial. Nuestro anonimato permanente no beneficia a nadie. Cuanto más visibles y famosas seamos las mujeres, mayor será nuestro potencial de realización creativa y de hacer la gran contribución que este mundo necesita. Tener el valor, la confianza y la tenacidad de ser una Reina públicamente no es estar «hambrienta de atención». Es el acto generoso de hacer brillar tu luz. Tanto si tu sueño es ser reconocida en tu comunidad, ser una persona conocida o cualquier cosa intermedia, la fama es para ti.

Has esperado toda tu vida para ser una estrella: permiso concedido. Bienvenida a un mundo en el que tu vocabulario ya no incluye «No soy lo bastante buena», o «Eso no es posible para mí». No tenemos que preocuparnos por los troles y los hostigadores, porque estamos comprometidas con una visión más amplia y rodeadas de nuestra poderosa comunidad de Reinas. No tenemos que malgastar una energía preciosa preguntándonos constantemente qué piensa la gente de nosotras, porque sus juicios no tienen poder sobre una Reina.

Cada día nos brinda la oportunidad de centrarnos en lo que *es* posible. Sigue creciendo y aprendiendo las lecciones que te capacitan. Ser famosa no anula ser un ser humano. Podemos ser famosas *y* cometer errores. Podemos ser una estrella *y* equivocarnos a veces. La única forma de conciliar esto es centrarte en tu verdad, en tus deseos, en realizar tu entrenamiento espiritual todos los días, perfeccionar tu intuición y no pedir disculpas por lo que eres: una Reina.

Acepta tu llamada a jugar a lo grande

La era de la Reina permite la mezcla magistral de la energía masculina y la femenina. A través de esta poderosa combinación podemos ver las cosas no como son, sino como podrían ser, y también podemos verlas hasta el final.

El Dalái Lama dijo: «El mundo será salvado por la mujer occidental»; y tenía razón. Lo salvarán las mujeres que tienen poder y alma, además de la capacidad de ser visibles, firmar cheques, hablar desde el corazón y hacerlo todo en consonancia con los valores espirituales.

Las mujeres empoderadas y femeninas ya no tienen tiempo para sentarse y hablar de sentirse inseguras, de no estar preparadas para jugar a lo grande o de no saber lo suficiente para implicarse y marcar la diferencia. Mantente comprometida con tu grandeza; sigue haciendo de tu propósito tu prioridad; contrata a tu mentora para asegurar tu victoria; haz los ejercicios de este libro tantas veces como sea necesario para crear nuevos condicionamientos; transforma tu historia con el dinero y entrena a tu cerebro para cumplir tu misión; atrae a tu alma gemela y disfruta del amor que hace que vivir merezca la pena; atrae a la comunidad que anhelas y experimenta las amistades que mereces; y, sobre todo, abandona todos los arquetipos condicionados, falsos y limitadores que ya no te sirven. Ya no tienes que ocultarlo. Tu momento de ser Reina es ahora.

¿Quién crees que se ha preparado para cambiar radicalmente la experiencia de la humanidad en este planeta? *Nosotras*. Con el mercado internacional al alcance de la mano, los avances tecnológicos y un mayor acceso a la educación, ninguna generación anterior de mujeres en la historia ha estado más capacitada para modelar un liderazgo femenino lleno de amor, sanación y transformación en el escenario global.

Ser Reina es cambiar el mundo. En última instancia, eso es lo que estamos haciendo a nivel individual y colectivo.

Tu misión divina está esperando a que la reclames. Ahora te toca a ti ser la inspiración, hacer lo que han hecho todas las grandes mujeres legendarias: abandonar el «Oh, no; yo no», y sustituirlo por esto:

«Sí, aquí estoy. Sí, sí, sí. Querido Dios, por favor, úsame. Mi vida está a tu disposición. Sé que he sido llamada para un momento como éste, y elijo prestar servicio ahora, ser vista y declarar que soy lo suficientemente buena y que estoy aquí para marcar la diferencia. Amén».

Gracias por decir sí. Gracias por aparecer y tener el valor de ir a por ello. Gracias por adentrarte en lo desconocido, porque eso es lo que hacemos las mujeres sabias.

El mundo está esperando

El universo está enamorado de ti, querida amiga. Es muy generoso y no ha terminado de obsequiarte. En cada momento de tu condición de Reina, tienes el poder de convocar a la guía divina para que te eleve y añada el esplendor de las posibilidades infinitas a tu vida. El espíritu ya está fluyendo a través de ti, dispuesto a apoyarte en abundancia de formas que ni siquiera sabías que debías pedir. Tu destino divino ha sido predeterminado y planeado de antemano; limítate a no bloquearlo. Ábrete a recibir toda tu gloria y siéntete cómoda siendo la protagonista de tu vida.

Una iluminada sabe que su propósito único *debe* expresarse en su totalidad ante el mundo. Está destinado a ser compartido tanto por el que da como por el que recibe, creando así continuamente la doble bendición. La gente de este planeta está sufriendo, y ahora *eres* más necesaria que nunca. Los retos que has superado, las lecciones que has aprendido y los giros argumentales que has dominado te han preparado para marcar la diferencia definitiva en la vida de los demás.

Eres tan digna de una llamada como la Reina Esther, ¡y ha llegado tu «momento como éste»! Sí, ¡*estás* preparada! Cada palabra poderosa que dices, cada publicación positiva que haces, cada sonrisa tranquilizadora que compartes, cada vez que te arreglas demasiado sin disculparte por ello, cada día que dices sí a que se utilice tu vida, el efecto dominó de tu amor e influencia se expande. Por eso estás aquí, querida.

Cada mujer tiene una historia. Como Reina, tienes la audacia de hacer que la tuya sea épica. Trátate como el milagro que eres y podrás esperar milagros. Espera grandeza, apoyo, abundancia, amigos fascinantes, tu alma gemela, oportunidades en el centro del escenario y que la gente te escriba diciendo: «Has cambiado mi vida. ¡Gracias por aparecer e inspirarme! No sabía lo que era posible hasta que apareciste tú». Nunca sabes la vida de quién cambiará para siempre por haber compartido tus dones y talentos.

Como Reina, disfruta de las nuevas bendiciones de llevar tu corona. Tu vida más fabulosa empieza ahora.

Agradecimientos

Después de leer cientos de agradecimientos en otros libros, me siento humilde, agradecida y honrada de escribir ahora mi propia versión. En este momento comprendo más que nunca por qué tantos de ellos suenan igual. Realmente hace falta todo un pueblo. La forma en que ha surgido este libro ha sido únicamente gracias a todos los ángeles mensajeros que se han cruzado en mi vida a lo largo del camino. Mientras respiro profundamente... me gustaría dar las gracias a mis padres, Bob y Connie Ratliffe, que me inculcaron la fe en Dios y en que todo era posible. Gracias por vuestro amor y por todo lo que me habéis proporcionado y dado para que pueda ser la mujer que soy hoy.

A mi fabulosa agente, Wendy Sherman, realmente fuiste la respuesta a muchas oraciones. Estoy muy agradecida de que tu instinto femenino se disparara de inmediato hacia este proyecto y viera la posibilidad de que este libro se hiciera realidad. Has hecho de cada paso de este viaje un placer absoluto. Has sido en verdad un ángel.

A mi inteligente y elegante editor, Krishan Trotman, me siento enormemente bendecida por haber contado con tu amor, pasión, entusiasmo y visión para este libro. Tu entusiasmo sin límites por conseguir que este mensaje cambie la vida de las mujeres ha reconfortado mi corazón en cada página. A mi editora, Mary Ann Naples, lo que dicen de ti es cierto: eres una genia que tiene corazón, alma, profundidad y una gran personalidad. Michelle Aielli, tu entusiasmo y tenacidad son joyas únicas en el mundo y tu estilo de liderazgo emprendedor deslumbra allá donde vas. Michael Barrs, gracias por tus ideas innovadoras y tu duro trabajo. Amy Schneider, tus habilidades de corrección de textos son únicas; no sé cómo haces lo que haces, pero agradezco mucho tu atención milimétrica a cada detalle.

Y a todo el equipo de Hachette (Carrie Napolitano, Odette Fleming y Lauren Ollerhead), gracias por vuestra dedicación, profesionalidad y gran visión de este libro. Ha sido un absoluto sueño trabajar con vosotras, y no podría estar más orgullosa de los resultados finales que hemos creado juntas.

A los que han estado conmigo desde el principio: Marianne Williamson, mi Reina mentora original, has dado forma a mi vida de innumerables maneras y te estaré eternamente agradecida. Katherine Woodward Thomas, tu sabia guía femenina de los primeros años vive en mí hasta el día de hoy. Darlene Winter, te doy las gracias no sólo por los años de amistad, sino por los comentarios con bolígrafo rojo que sólo tú podrías aportar. Y a Jen Sincero, gracias por creer constantemente en este mensaje, por tu amistad y por ser la primera persona que pensó que yo era divertida. Esta aventura nunca habría sido lo mismo sin ti.

A aquellos por los que ni siquiera sabía que debía preguntar, Steve Dennis, tu profunda creencia en este mensaje y tus consejos sobre el proceso me aportaron el apoyo y la paz que tanto necesitaba. Jeniffer Racioppi, tu generoso y sabio consejo ha sido una brillante luz que me ha guiado desde el valle hasta la cima de la montaña y en cada paso intermedio. Te doy las gracias por seguir, a través del amor y de una sabiduría que va más allá de tus años, sacando a la luz la verdad y lo mejor de mí. Y a Ashley Stahl, cuya camaradería en la escritura me llenó de alegría cada minuto dedicado a escribir palabras en las páginas, y cuya amistad ha sido realmente una conexión divina.

A mi equipo: Kendall Dekreek, tu energía sin igual, tu diversión garantizada, tus divertidísimas sugerencias, tus incontables horas y tu pasión sin fin por este libro han sido la mayor fuente de compromiso, apoyo, entusiasmo y disciplina que una autora podría pedir. Rebeca Arango, después de cientos de miles de palabras mágicas juntas, me sorprende no saber cómo darte las gracias como es debido: tu ingenio, tus habilidades como escritora, tu profesionalidad, tu dedicación y tu genial trabajo en este proceso han superado cualquier regalo que pudiera haber imaginado. A todo el equipo de Divine Living, que se entrega tan generosamente a diario para hacer llegar el mensaje de la Reina a las vidas de mujeres de todo el mundo: sólo puedo hacer lo que hago gracias a vuestra increíble habilidad y apoyo.

A todas las preciosas, valientes e increíbles clientas con las que he tenido el privilegio y el honor de estar en este viaje durante más de dos décadas: seguís enseñándome, inspirándome y renovando mi propio compromiso con la condición de Reina.

Y a mi amado esposo, que ha creído en mí y me ha apoyado en cada paso del camino: soy la mujer más afortunada del mundo por experimentar el poder y la profundidad de ser amada por ti.

Índice

PARTE IV
La Reina totalmente financiada

PARTE V
Las Reinas se hacen realidad